매체와 텍스트

매체와 텍스트

강연임 지음

한국문화사

매체와 텍스트

초판인쇄 2013년 2월 18일
초판발행 2013년 2월 28일

지은이 강연임
펴낸이 김진수
펴낸곳 **한국문화사**
등 록 1991년 11월 9일 제2-1276호
주 소 서울특별시 성동구 아차산로 3(성수동 1가) 502호
전 화 (02)464-7708 / 3409-4488
전 송 (02)499-0846
이메일 hkm7708@hanmail.net
홈페이지 www.hankookmunhwasa.co.kr

책값은 뒤표지에 있습니다.

잘못된 책은 바꾸어 드립니다.
이 책의 내용은 저작권법에 따라 보호받고 있습니다.

ISBN 978-89-6817-026-3 93700

이 도서의 국립중앙도서관 출판시도서목록(CIP)은 e-CIP 홈페이지
(http://www.nl.go.kr/cip.php)에서 이용하실 수 있습니다.
(CIP제어번호: CIP2013001058)

머리말

　요즘은 정보의 전달과 수용이 대부분 매체를 통해서 이루어진다. 매체가 생활의 각 분야는 물론 교육이나 연구 등 전문 분야에서도 중시되기 때문이다. 그래서 매체를 도외시하면 정보의 전달과 수용이 어려운 환경이 되었다. 그만큼 현대는 매체가 강력한 의사소통 수단으로 부각되었음을 의미한다. 매체의 다양성만큼이나 매체에서 활용되는 텍스트도 유형이 여럿이다. 지면매체나 영상매체에서 효과적인 정보전달을 위해 다양한 텍스트를 양산한 까닭이다. 이를 감안할 때 매체와 텍스트에 대한 문제를 가능한 대로 모아서 살피는 것도 유용한 일이 될 수 있다. 이를 전제하여 이 책에서는 매체와 텍스트의 문제를 크게 세 분야로 나누어 살폈다.

　제1부에서는 '매체유형과 텍스트'의 관계를 살폈다. 여기에서는 모두 세 꼭지의 글을 실었다. '신문광고와 텍스트'에서는 신문광고의 텍스트성을 검토한 후 텍스트를 분석하면서 그 특성을 드러냈으며, '잡지광고와 텍스트'에서는 잡지광고의 결속구조와 결속성을 살핀 다음, 텍스트언어학적인 특성을 다양한 관점에서 고찰하였다. 마지막으로 '공익광고와 텍스트'에서는 공익광고의 텍스트 구조를 검토한 후 공익광고의 텍스트 기제와 기능, 그리고 텍스트언어학적 특징을 종합적으로 검토하였다.

　제2부에서는 '매체언어와 텍스트'에 대한 문제를 살폈다. 여기에서도 모두 세 꼭지의 글을 실었다. '매체언어와 대립어'에서는 화용적 대립어의 개념을 정립한 다음, 매체언어에 나타나는 화용적 대립어의 양상과 그 기능을 고찰하였으며, '매체언어와 외래어'에서는 매체언어에서 쓰이는 외래어의 실태를 살핀 후 외래어를 사용하는 언중의 의식을 고찰하였

다. 끝으로 '매체언어와 어휘의미'에서는 매체에서 어휘의미가 변용되는 양상을 살핀 다음, 어휘의미의 변용에 따른 국어교육적인 활용방안을 강구해 보았다.

제3부에서는 '매체예술과 텍스트'의 문제를 고찰하였다. 여기에서는 모두 네 꼭지의 글을 실었다. '대중가요와 외국어'에서는 대중가요에서 외국어 사용 양상을 살핀 다음, 외국어 사용의 문제점과 국어교육적 개선 방안을 모색해 보았으며, '오락프로그램과 자막어'에서는 오락프로그램 자막어의 유형을 설정한 다음, 자막어의 기능을 사례 중심으로 살펴보았다. '유머텍스트와 의사소통'에서는 '술 권하는 사회'를 중심으로 텍스트의 구조를 분석하고, 유머텍스트의 형성 기제와 텍스트언어학적 의미를 다루었으며, '부조리극과 텍스트성'에서는 부조리극인 <원고지>를 중심으로 텍스트의 결속구조와 결속성, 그리고 텍스트언어학적인 특성을 고찰하였다.

이 책에서 다룬 내용은 기왕에 썼던 글을 다듬고 기운 것이다. 그래서 선체적으로 일관성이 부족할 수도 있고, 어느 경우는 중복된 내용도 없지 않을 것이다. 그래도 전체의 기획에서 크게 벗어나지 않는 한 원래의 글을 살리고자 했다. 결과에 집착하기보다는 공부하는 과정이 이 책에 스미기를 바랐기 때문이다.

이 책에서 다룬 매체와 텍스트는 시류성과 시대성이 어느 정도 반영되어 있다. 그래서 이미 써놓은 글을 마냥 방치할 수 없어 이렇게라도 서둘러서 대중에게 공표하기로 했다. 핑계 아닌 핑계를 들어 간행하다보니 거칠거나 성근 부분이 많을 줄 안다. 혹시 미혹한 부분이 있으면 모두 필자의 어리석음에서 비롯된 것이다. 선학제현의 질정을 받아 미진한 부분을 채우겠다는 다짐으로 이 책을 감히 세상에 내놓는다.

작은 책으로나마 그간의 연구과정을 점검하게 된 것은 많은 분들의 도움 덕분이다. 학부에서부터 지금까지 공부할 수 있는 자산과 양식을 물려주신 모교의 은사님들, 생활과 공부를 겸할 수 있도록 밀고 끌어주시는 목원대학교의 선생님들께 고마운 마음뿐이다. 공부한다는 핑계로 가정사를 소홀히 해도 묵언수행하듯 인내해 주는 남편과 아이들에게도 고마울 따름이다. 미흡하지만 학문하는 자식으로 살아주기를 바라시는 부모님께 항상 죄짓는 마음이다. 얼마 전 유명을 달리하신 아버님 영전에 삼가 이 책을 바친다.

끝으로 어려운 사정에도 불구하고 출판을 기꺼이 맡아주신 한국문화사 김진수 사장님과 예쁜 모습으로 세상에 나갈 수 있도록 도움을 주신 조소연 선생님께 고마운 마음을 전한다.

2013년 1월
계사년 단일(旦日) 매곡재(梅谷齋)에서 뱀의 지혜를 생각하며.

｜차례｜

제1부 매체유형과 텍스트

제1장 신문광고와 텍스트 / 15
    1. 서론 / 15
    2. 신문광고와 텍스트성의 관계 / 17
    3. 신문광고의 텍스트언어학적 분석 / 21
    4. 신문광고의 텍스트언어학적 특성 / 32
    5. 결론 / 34
제2장 잡지광고와 텍스트 / 36
    1. 서론 / 36
    2. 잡지광고의 결속구조와 결속성 / 38
    3. 잡지광고의 텍스트언어학적 특성 / 48
    4. 결론 / 54
제3장 공익광고와 텍스트 / 57
    1. 서론 / 57
    2. 공익광고의 텍스트 구조 / 59
    3. 공익광고의 텍스트 기제와 기능 / 68
    4. 공익광고 텍스트의 특징 / 79
    5. 결론 / 82

제2부 매체언어와 텍스트

제1장 매체언어와 대립어 / 87
    1. 서론 / 87
    2. 화용적 대립어의 개념 / 89
    3. 매체언어의 화용적 대립어 양상 / 94

4. 화용적 대립어의 의미 기능 / 102
5. 결론 / 105
제2장 매체언어와 외래어 / 107
1. 서론 / 107
2. 매체언어와 외래어의 양상 / 110
3. 외래어의 사용과 언어의식 / 119
4. 결론 / 128
제3장 매체언어와 어휘의미 / 130
1. 서론 / 130
2. 매체에 의한 어휘의미의 변용 / 132
3. 어휘의미의 변용과 국어교육적 수용 / 144
4. 결론 / 150

제3부 매체예술과 텍스트

제1장 대중가요와 외국어 / 155
1. 서론 / 155
2. 대중가요의 외국어 사용양상 / 157
3. 대중가요의 외국어 사용의 문제점 / 165
4. 외국어 사용과 국어교육적 개선방안 / 171
5. 결론 / 176
제2장 오락프로그램과 자막어 / 179
1. 서론 / 179
2. 오락프로그램 자막어의 유형 / 182
3. 오락프로그램 자막어의 기능 / 192
4. 결론 / 200
제3장 유머텍스트와 의사소통 / 203
1. 서론 / 203
2. '술 권하는 사회'의 텍스트 구조 / 205

    3. 유머텍스트의 형성 기제 / 212
    4. 유머텍스트의 언어학적 의의 / 222
    5. 결론 / 226
제4장 부조리극과 텍스트성 / 229
    1. 서론 / 229
    2. 부조리극-<원고지>의 텍스트 구조 / 232
    3. 부조리극-<원고지>의 결속구조와 결속성 / 238
    4. 부조리극-<원고지>의 텍스트언어학적 특징 / 245
    5. 결론 / 253

참고문헌 / 257
찾아보기 / 268

제1부

매체유형과 텍스트

제1장 신문광고와 텍스트

제2장 잡지광고와 텍스트

제3장 공익광고와 텍스트

제1장 신문광고와 텍스트

1. 서론

　현대는 여러 종류의 매체를 통하여 언어생활이 이루어진다.[1] 그래서 청·화자가 얼굴을 맞대고 수행하는 대화를 통한 정보교환 이외에, 때로는 매체를 통하여 불특정 다수의 청자를 대상으로 정보전달이 이루어지는 경우가 빈발하게 되었다.[2] 이렇게 매체를 통한 담화에서 최근 들어 주목되는 것 중의 하나가 바로 광고이다. 실제로 우리는 광고시대라는 말처럼 알게 모르게 광고의 홍수 속에서 살고 있다. 이제는 광고를 제외하면 정보의 전달 및 수용이 제대로 이루어지지 않는 경우가 생길 정도로

---

[1] 텔레비전·라디오·신문·잡지 그리고 인터넷 등이 그것이다. 현대의 언중은 이들을 이용하여 원하는 정보를 전달·수용하는 비중이 점차 높아지고 있다. 이는 현대의 언어생활에서 정보교환의 수단이 그만큼 복잡해지고 다양해졌음을 의미하는 것이기도 하다.
[2] 매체를 통한 담화유형을 통칭하여 '매체담화'라 할 수 있다. 즉 일 대 일로 청·화자를 설정하지 않은 채 불특정 다수를 화자나 청자로 인식하고 매체를 통해 전개하는 것을 매체담화라 할 수 있다. 물론 이러한 담화에서도 일상담화 맥락에서처럼 신정보를 자연스럽게 받아들인다.

많은 종류의 광고가 우리 생활과 밀접한 관계를 맺고 있다. 따라서 언중들이 광고에서 새로운 정보나 원하는 정보를 얻는 일은 아주 자연스런 현상이 되었다. 다만 여기에서는 다양한 광고 중에서 신문광고만을 대상으로 텍스트언어학적인 특성을 살펴보고자 한다.

잘 아는 것처럼 신문은 유형에 따라 나름의 특성을 가지고 있다. 일간신문·연예신문·스포츠신문·경제신문·생활신문 등이 각각의 성격을 드러내기 때문이다. 따라서 그곳에 게재되는 기사도 얼마간은 다른 양상을 보일 수밖에 없고 더불어 실리는 광고 또한 유형상의 특성을 보이기 마련이다. 어쨌든 이러한 신문광고는 언어·그림 및 도형 등을 매체로 독자들에게 원하는 정보를 제공하고, 독자들은 그 텍스트를 바탕으로 필요한 정보를 획득하게 된다. 그렇기 때문에 이 신문광고문은 의사소통에 필요한 적합성과 사회적 수용성을 나름대로 갖추어야 한다. 이는 신문광고가 크건 작건 간에 각각 텍스트성을 형성하고 있음을 의미하는 것이라 하겠다.

따라서 이 장에서는 현대사회에서 정보전달 및 수용의 중요한 수단으로 작용하는 신문광고의 텍스트언어학적 특징을 살펴보고자 한다. 먼저 신문광고와[3] 텍스트성의 문제를 살펴보도록 하겠다. 이는 광고문의 텍스트 자질 문제를 확인하는 일이 되겠다. 이어서 신문광고문의 텍스트언어학적 실태를 결속구조와 결속성을 중심으로 살펴본 다음,[4] 그 특성을 검토해 보도록 하겠다.

---

[3] 일간 신문은 발행 부수나 사회적인 영향력 면에서 중시된다. 그리하여 광고문도 언중들과 밀접하게 관련되어 어느 정도 보편성을 확보하고 있다.
[4] 텍스트성에 대해서는 Beaugrande & Dressler(1981)가 제시한 일곱 가지 기준 중에서 특히 강조되는 '결속구조'와 '결속성'을 바탕으로 텍스트성을 분석하겠다.

2. 신문광고와 텍스트성의 관계

　대체로 우리는 광고를 '상품에 대한 선전' 정도로 인식하는 경우가 많다. 그래서 소비자들도 광고를 통해 광고물에 대한 정보를 얻고, 그것을 바탕으로 구매에까지 이르게 된다. 그런데 이러한 광고에서는 상품에 대한 정보를 수신자에게 가장 빨리, 그리고 정확하고도 함축성 있게 제공·설득하는 기능이 중시된다. 광고가 신속성과 정보성을 가장 중시하는 담화유형이기 때문이다. 이렇게 상품에 대한 정보를 제공하고, 그 정보를 토대로 소비자들이 구매하는 전 과정을 일반적으로 광고행위라고 할 수 있다. 현대 사회는 이러한 광고와 밀접한 관계를 맺을 수밖에 없다. 실제로 광고를 바탕으로 한 의사소통은 이제 우리의 언어생활에서 중요한 요소가 되었다. 이는 광고문구에 대하여 나름의 의미체계와 구조를 갖춘 텍스트로 인식할 필요가 있음을 의미하는 것이기도 하다.

　일반적으로 일상담화가 정해진 청·화자들 사이에서의 상호적인 정보교환이라면, 광고는 화자가 불특정 다수인 수용층을 상정한 후 일방적으로 정보를 전달하는 특성을 갖는다. 따라서 광고에서는 확정된 상대를 설정하지 않은 채 효과적인 의사전달을 도모해야 한다. 하지만 광고가 의도한 내용을 효과적으로 전달하기 위해서는 일상담화에서와 마찬가지로 담화상황에 의한 적합성과 수용층에 대한 용인가능성이 담보되어야 한다. 이는 광고가 텍스트언어학적인 견지에서 텍스트성을 확보하고 있어야 함을 말하는 것이다.

　잘 아는 것처럼 광고는 언어정보와 기호정보 그리고 이미지정보와 상황정보 등 다양한 정보원들의 결합으로 구성된다.5) 말하자면 광고는 각

---

5) 일례로 텔레비전에 나오는 광고는 광고 자체의 언어정보 외에 부가되는 영상정보나 음악, 그리고 그림정보나 문자정보 등 다양한 정보원들이 복합적으로 작용한다. 그래서 경우에 따라서는 광고에서 사용되는 언어정보보다 부가되는 영상

종 정보원의 유기적인 결합으로 하나의 텍스트를 형성한다. 그 중에서 신문과 같은 지면광고에서는 언어정보에 의한 의사전달이 가장 중요한 기제로 작용할 수 있다. 물론 다른 정보원도 의사전달에서 중요한 기제로 작용할 수 있으나, 한정된 지면 안에서는 유동적인 정보원보다는 부동적인 언어정보, 즉 문자정보가 가장 중요한 정보원으로 작용하기 마련이다.6) 일반적으로 광고문구인 언어정보는 표제와 부제, 그리고 본문과 마지막 정리로 구성된다. 이러한 광고문구의 틀 안에서 하나의 텍스트로서 결속구조를 형성하고, 그것을 바탕으로 의미적 결속성과 정보성 나아가 의도성·용인성·상황성·상호텍스트성을 획득해야 한다.

특히 이 장에서 살펴볼 신문의 광고문구는 지면광고라는 한정된 범주 안에서 다루는 것이다. 그런데 이 신문광고도 다른 광고와 마찬가지로 독자에게 광고자의 광고의도를 더 효과적으로 전달하는 데 그 목적이 있다. 독자가 광고로 인해 상품의 구입에까지 이르게 하는 것이 광고의 최종적인 목표이기 때문이다. 그럴지라도 정보를 받아들이는 과정은 일상적인 담화에서의 정보획득 과정과 유사할 수밖에 없다. 대체로 일상담화에서의 정보획득은 화자가 제공한 신정보를 청자가 자신이 가지고 있는 구정보와 결합시켜 제3의 새로운 정보를 추론하면서 가능할 수 있다. 그리하여 제3의 정보에 가감되는 청자의 주관적인 해석과 이해를 바탕으로 새로운 정보구조를 형성하게 된다.7) 그런데 신문광고에서의 정보전달 역시 이와 유사하게 이루어진다. 말하자면 화자의 전달의지인 광고

정보나 음악정보가 더 중요하게 기능하기도 한다. 이를 감안할 때 광고는 본질적으로 다양한 부가 정보원의 결합체라고 할 수 있다.
6) 따라서 이 장에서는 다른 정보원은 배제하고 언어정보만을 그 주요대상으로 삼아 텍스트성을 살펴볼 것이다.
7) 담화상황에서의 정보획득은 인지정보와 발화정보, 그리고 상황정보의 유기적인 연결을 통해 가능할 수 있다. 이들은 어느 한쪽으로 기울어지는 이분법적인 사고보다는 여러 가지 정도자질에 의한 재해석을 요구한다.

예8) 청자의 관심을 집중시킨 후 광고텍스트를 제시하는데, 청자는 그 제시된 광고텍스트에 자신의 인지정보와 상황정보를 결합하며 인지적으로 추론하고, 그것을 바탕으로 신정보의 이해는 물론 행동변화까지 촉발하게 된다. 다만 광고텍스트의 최종 목표라 할 수 있는 청자의 행동유발이 일상적인 담화에서의 정보전달과 다른 점이라고 할 수 있다.9) 이를 도식화하여 제시하면 다음과 같다.

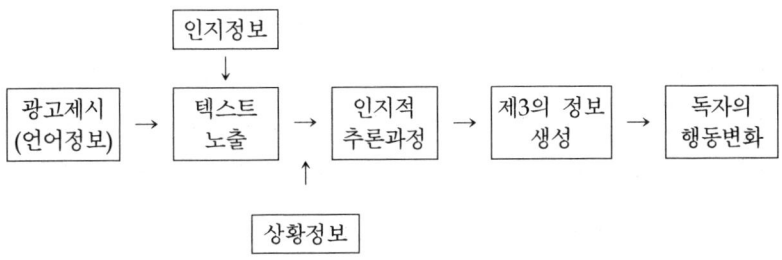

이러한 과정을 거쳐 독자들은 광고에서 새로운 정보를 획득하게 된다. 물론 이러한 정보처리의 과정이 일회적인 일상담화와는 달리 반복해서 일어나는 특징이 있다. 이는 반복을 통해 독자가 점진적으로 광고의 의도

---

8) 청자에게 있어서 이는 새로운 정보에 해당된다 하겠다.
9) 광고심리학에서 고객이 구매에까지 이르는 과정을 AIDMA 법칙에 따라 다음과 같이 나타내고 있다.(김혜숙, 2000 재인용) "광고에 대한 접촉→인지반응→태도변화/주의→흥미→욕구→기억→구매행위"가 그것이다. 한편 이를 바탕으로 김혜숙에서는 광고텍스트의 의사전달 효과를 다음과 같이 정리하였다.

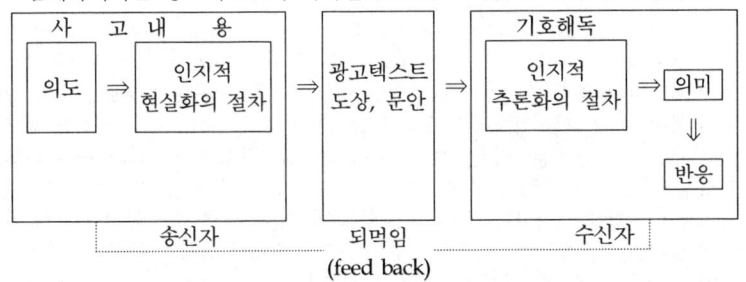

에 근접케 함으로써 결국은 강력한 정보전달의 효과를 도모한 것이라 하겠다. 이러한 과정 때문에 광고는 하나의 텍스트로 자리잡을 수 있었던 것이다.

위와 같은 정보 전달과 수용 과정을 거치는 광고가 더 완비된 텍스트로 자리매김하기 위해서는 일반적으로 논의되는 텍스트성을 골고루 충족시켜야 한다. 따라서 여기에서는 Beaugrande & Dressler의 텍스트성에 준해서 신문광고의 텍스트성을 가늠해 보도록 하겠다. 일반적으로 텍스트를 텍스트답게 만드는 텍스트성(textuality)으로 제시되는 기준을 일곱 가지-결속구조·결속성·의도성·용인성·정보성·상황성·상호텍스트성-정도로 정리할 수 있는데, 일련의 문장들이 모여서 하나의 텍스트를 형성하기 위해서는 위의 기준을 충족시켜야 한다. 그래야만 텍스트로서의 기능을 제대로 수행할 수 있기 때문이다.10) 이는 신문광고가 위의 텍스트성을 골고루 만족시킬 때 비로소 텍스트로서의 생명력이 확보됨을 의미

---

10) 텍스트성에 대해서는 이미 다양한 논의가 있었다. 그 중에서 Beaugrande & Dressler가 제시한 텍스트성의 특징은 다음과 같다. 첫 번째는 결속구조로, 이는 담화 속의 어떤 요소를 해석하는 일이 다른 요소를 해석하는 것과 의존 관계인 경우에 나타난다. 그래서 이는 텍스트 요소들 사이에 존재하는 문법적 연결 관계를 의미한다. 이러한 결속구조를 위한 기제로는 회기·환언·대용·생략·시제·접속 등이 있다. 이들은 각각의 문장이 정보전달을 위해 서로 간에 결속될 수 있도록 돕는다. 두 번째는 결속성으로, 이는 문장 간의 내용적·인지적 결속관계에 초점을 맞춘 것이다. 대체로 결속구조가 문장 안에서 통사적 관계를 다룬 것이라면, 결속성은 의미적 관계에 초점을 맞춘 것이다. 세 번째는 텍스트 생산자의 입장을 충족시키는 의도성이라 할 수 있다. 모든 텍스트는 궁극적으로 생산자의 의도에 따라 수용자에게 전달될 수밖에 없기 때문이다. 네 번째는 용인성으로, 이는 한정된 청자에게 유용하고 적합한 정보로 받아들여졌을 때 획득된다. 다섯 번째는 정보성으로, 이는 텍스트가 일련의 정보를 갖고 있어야 하며, 그 정보를 청자에게 효과적으로 전달되도록 하는 것이다. 물론 정보성은 추론과정이 비명시적일수록 그 가치가 높아진다고 할 수 있다. 여섯 번째는 상황성으로, 이는 텍스트가 발화상황과 매우 밀접한 관련을 맺기에 의사소통도 상황에 적합해야 한다는 것이다. 마지막으로 상호텍스트성은 문장들 간의 관계를 말하는 것으로, 텍스트유형이나 다른 텍스트와의 관계에 의해 형성된다.(하인츠 피터 지음, 이성만 옮김(1995), 텍스트언어학 입문. 한국문화사, 참조)

하는 것이기도 하다. 그런데 신문광고의 각 텍스트는 이런 일련의 텍스트성을 상당 부분 충족하고 있다. 그렇기 때문에 신문광고는 텍스트로서의 자질을 나름대로 구비한 것으로 볼 수 있다. 하지만 여기에서는 텍스트성의 일차적 구조라 할 수 있는 결속구조와 결속성을 주요 논의의 대상으로 삼고자 한다. 다른 텍스트성에 대한 논의 역시 중시되어야 하겠으나, 텍스트로서 갖춰야 하는 기본이 결속구조와 결속성이기에 우선적으로 이들에 한정하여 논의하기로 한다. 이는 앞서 언급한 것처럼 신문광고가 하나의 텍스트로서 타당한지의 여부를 일차적으로 확인하는 것이기도 하다. 더욱이 문법적인 결속구조와 이를 바탕으로 하는 의미적인 결속성의 논의가 먼저 이루어져야만 주제전달이라는 내용 면에서의 텍스트성도 쉽게 이해할 수 있다.

3. 신문광고의 텍스트언어학적 분석

앞에서 간략히 살펴본 텍스트성과 신문광고와의 관계를 이제 더 구체적으로 확인해 보도록 하겠다. 말하자면 신문광고 텍스트의 결속구조와 광고 내용의 핵심이라고 할 수 있는 결속성이 어떻게 실현되고 있는지 구체적인 광고문구를 대상으로 살펴보기로 하겠다.

3.1. 텍스트의 결속구조

잘 아는 것처럼 Beaugrande & Dressler를 위시한 텍스트언어학자들이 제시한 결속구조는 텍스트의 표층 구성 요소들 간의 문법적 의존관계를 의미한다. 즉 결속구조를 의사소통을 위한 통사적인 특질의 하나로 이해할 수 있다. 이러한 결속구조를 나타내는 장치들은 담화에서 언표화되며 각 문장들의 연결성을 담보해준다. 그러한 것으로 회기(recurrence), 대용형(proforms), 생략(ellipsis), 상(aspect), 접속표현(junctive expressions), 기능적 문장 투시법(functional sentence perspective), 억양(intonation) 등을 들 수 있다. 다만 여기에서는 신문광고와 관계하여 회기·대용형·생략을 중심으로 살펴보도록 한다. 실제로 이들이 지면광고에서 많이 활용되는 결속기제이기도 하다.

3.1.1. 회기(recurrence)

잘 아는 바와 같이 회기는 같은 언어요소를 반복해서 사용하는 경우를 말한다. 이 회기는 한 텍스트 안에서 결속성과 더불어 결속구조를 강화하기 위해 사용되는 언어기제로, 같은 언어요소의 반복과 변형된 언어요소의 반복으로 나눌 수 있다. 특히 후자의 경우는 그 특성상 병행구문이나 환언이라 할 수 있는데,[11] 병행구문은 같은 표층형식에 다른 의미내용을 채워서 사용하는 것이고, 환언은 표현을 바꾸어 의미내용을 반복하는 것이라 할 수 있다. 다음의 광고를 보자.

① 평생 모은 돈 학교에 전달……
<u>이 작은 뉴스에</u>
잠깐 삶을 돌아보게 됩니다.
자원봉사 발길 줄이어……
<u>이 작은 뉴스에</u>
순간 가슴이 따뜻해집니다.
전셋값 점점 안정세……
<u>이 작은 뉴스에</u>

---

[11] 이현호(1994), 『한국 현대시의 담화·화용론적 연구』, 한국문화사, 33쪽 참조.

다시 힘을 내게 됩니다.
일손 바쁜 농촌에 젊은이들 발이어……
<u>이 작은 뉴스에</u>
작은 희망을 가져봅니다.
<u>좋은 뉴스가 더 많아</u>
세상은 살 만합니다.
<u>좋은 뉴스가 더 많은 세상</u>
(2001년 10월 5일 중앙일보)

② 세상이 여자에게 눈을 뜨고 있습니다.
<u>여자의 감성과 상상력으로</u> 세상은 더 따뜻하고 풍요로워지고 있습니다.
<u>여자의 지성으로</u> 세상이 한 걸음 앞서갑니다.
<u>여자의 감성으로</u> 세상이 1도씩만큼 따뜻해집니다.
<u>여자의 상상력으로</u> 즐거운 일이 더 많아집니다.
……
(2001년 10월 9일 중앙일보)

위의 예를 보면 회기가 빈번하게 사용되고 있음을 알 수 있다. ①에서는 '이 작은 뉴스에'가 각 연에서 이어짐으로써 일차적으로는 통사적 연결성을 획득하고 있으며, 나아가서는 의미적 결속성까지 확보하고 있다. '이 작은 뉴스'를 연결고리로 하여 각 연의 구조가 긴밀하게 이어질 뿐만 아니라, 전체적으로도 통일감을 주기 때문이다. 실제로 각 연의 형식구조가 '뉴스의 내용+이 작은 뉴스가+그로 인한 결과'로 이어지다가, 마지막의 두 연에서 위의 내용을 바탕으로 광고자의 평과 함께 광고대상이 부각되도록 했다. 그리하여 형식이나 의미에서 완결성이 획득된다. 또한 '좋은 뉴스' 역시 두 번의 회기로 인해 마지막의 두 연이 긴밀하게 연결된다. ②에서도 '여자의~'가 반복 회기됨으로써 일치된 구조는 물론, 내용에서도 일관되도록 했다. '여자의 ~으로' 다음에 결과가 이어지는 이러한 회기는 전체적으로 통일성을 부여함은 물론, 핵심적인 내용이 부각되어 광고의 주제를 파악하는 데도 도움이 된다. 이러한 회기는 광고텍스트의 형식적인 통일성뿐만 아니라, 주제전달에 있어서도 일관성을 확보하여 주목할 만하다. 물론 지나친 회기의 사용은 청자의 집중력을 감소시키는 역작용도 없지 않지만, 광고텍스트의 분량을 감안할 때 그런 일은 쉽게 일어나지 않는다.

③ ……
    공부할 때 쓰는 말투는 따로 있습니다.
    우등생의 기초공사―문리터짐한자
    지금 시작하세요, '우등생 만들기'
    지금 시작하세요, 몇 달이면 달라집니다.
                                      (2001년 10월 4일 동아일보)

④ 더 조용하게!
    더 안전하게!
    옵티마가 새로워졌습니다.
    뉴 옵티마 탄생   (2001년 9월 30일 동아일보)

위 ③에서는 '지금 시작하세요'의 회기로 인해 다음에 나타나는 정보가 더욱 강조되도록 했다. 이는 광고의 효과가 그만큼 강화되었음을 의미하는 것이다. 이를테면 지금 제시되는 광고물과 함께 공부하면 우등생이 될 수 있다는 의미를 더욱 강조한 것이다. ④에서는 '더~'를 회기함으로써 통사적인 연결성과 함께 뒤에 나오는 광고물에 모든 것이 집약되도록 했다. 그리고 '옵티마가 새로워졌습니다'의 '옵티마'를 다음 줄에서 '뉴 옵티마'로 다시 회기함으로써 의미적 연결성까지 담보하고 있다. 이처럼 회기는 텍스트 안에서의 통사적인 연결수단, 즉 형식적 흐름은 물론 의미적인 연결성까지 보장하여 주목된다.

3.1.2. 대용형(proforms)

 잘 아는 것처럼 대용은 일반적으로 대명사를 이용한 회기의 한 방법으로 알려져 있다. 앞에서 언급한 정보를 다시 반복하지 않고 간단한 대명사를 이용하여 언급함으로써 그것을 구정보화함은 물론, 새로운 정보에 초점이 놓이도록 한 것이다.

⑤ ······
　 소수의 고객께만 바칩니다
　 가치를 아는 사람, <u>당신</u>은 다릅니다.　　(2001년 10월 4일 동아일보)

⑥ 허걱 @@ 펜티엄4 프로세서 1.7GHz PC가 이 가격이라구?
　 오홋! <u>거기</u>다 화상통신 카메라가 2대나 공짜?
　 당근이쥐. <u>이거</u> 완존히- 잠시도 떨어질 수 없는
　 우리같은 닭살커플에게 ^^ 딱이네.　　(2001년 9월 25일 동아일보)

 위 ⑤와 ⑥을 보면 대용에 의한 결속구조가 주목된다. ⑤에서는 '소수의 고객→가치를 아는 사람→당신'의 의미망을 형성한다. 이들은 먼저 제시된 정보 '소수의 고객'과 '가치를 아는 사람' 다음에 대명사 '당신'으로 전조응함으로써 이미 형성된 개념의 연장사용은 물론, 공지시의 방향에서 일반성이 형성된다고 하겠다. ⑥에서도 역시 '거기'라는 대명사는 선행발화 '펜티엄4 프로세서 1.7GHz PC가 이 가격이라구'를 전조응하고 있다. 그리하여 이전 발화를 구정보화하고 다음에 제시되는 '화상통신 카메라가 2대'라는 신정보를 강조하는 효과가 있다. 즉 이미 발화된 언어정보를 간단한 대용형으로 언급함으로써 사고의 신속성은 물론, 새로운 정보에 더 관심을 가지도록 돕고 있다. 다음에 제시되는 대용형 '이거'는 '이것'의 구어형으로 이 역시 선행화자의 발화 전부를 가리킨다. 마찬가

지로 이전 발화내용을 간단한 대용형으로 처리함으로써 선·후행발화를 통사적으로 연결시켜 줄 뿐만 아니라, 새로이 제시되는 정보를 부각하는 효과까지 거두고 있다. 광고텍스트에서는 이러한 대용형이 다른 결속기제에 비하면 사용빈도가 낮다. 이는 광고텍스트가 내용이 그리 길지 않기 때문이라 하겠다. 실제로 광고는 다른 텍스트보다 짧은 분량에다 원하는 정보를 함축적으로 제시해야 하기 때문에 대용형이 빈번히 활용되기 어렵다.

3.1.3. 생략(ellipsis)

생략은 광고텍스트에서 자주 사용되는 결속기제이다. 정보의 신속한 전달을 염두에 두면서도 제한된 분량 안에서 텍스트를 형성해야 하기 때문이다. 광고텍스트에서는 제시된 구정보나 청자가 이미 알고 있다고 전제되는 인지정보를 과감히 생략한다. 실제로 생략기제는 통사적 연결성뿐만 아니라, 의미적 결속성까지 보장하기 때문에 광고텍스트에서 중시될 수밖에 없다.

⑦ 인생은 게임이다.
Ø1 열정이 있습니다. Ø1 스타일이 있습니다.
Ø1 골프용품에서 스포츠웨어까지 - Ø2
<u>신세계 강남점</u> 1주년을 축하하며 당신을 초대합니다.
(2001년 10월 5일 중앙일보)

⑧ 정말이지 시원하게 쭈욱 Ø1 한 번 볼 수만 있다면 더 바랄게 없겠죠.
변이 좋아졌다는 분들이 많은 「불가리스」를 꾸준히 드셔보세요.
위산에도 강력한 생명력을 발휘하는 유산균의 배합과
남양유업의 앞선 발효기술로 만드는 <u>「불가리스」</u>
역시 Ø2 좋다는 것을 확실하게 느끼실 것입니다.
(2001년 10월 9일 중앙일보)

⑦에서의 Ø1은 선행발화에서 지속적으로 생략된다. 정보에 대한 궁금증을 증폭하다가 마지막 부분에서 인상적으로 발화하기 위함이다. 일반적인 생략은 이미 발화된 구정보를 후행발화에서 생략하는 데 반해, 여기에서는 처음부터 생략발화를 활용함으로써 생략발화에 대한 기대치를 상승시킨다. 그런 다음 마지막에 가서 생략발화에 대한 정보를 제시·강조하고 있다.12) 이는 생략정보에 대한 궁금증을 유발·고조시키다가 끝부분에 가서 청자에게 생략정보를 강하게 인식시키는 장점이 있다. Ø2는 순행생략으로써 이전 발화에서 언표화된 요소 '있습니다'를 나타낸다. 이로 볼 때 선행생략이든 역행생략이든 간에 비초점화되는 정보를 생략함으로써 신속한 정보전달을 도모함은 물론, 신정보나 초점정보에 역점이 놓이도록 했음을 알 수 있다. ⑧에서도 Ø1은 역행생략으로 생략정보에 대한 궁금증을 유발한 다음에 언표화하고 있다. 그로 인해 통사적인 연결성을 획득할 뿐만 아니라, 의미적인 결속성도 보장할 수 있다. 물론 새로운 정보를 극적으로 제시하는 효과도 거둘 수 있다. Ø2는 선행발화에서의 구정보 '불가리스'를 다시 언급하지 않음으로써 그에 대한 화자의 평가내용이 신정보로 부각되도록 하였다.

⑨ 200억 짜리 새 이유식 남양 스텝 그래뉼 생
　Ø 지금까지 보지 못한 생생한 새 입자로 만들어라!
　Ø 물에 남김없이 잘 풀려, 아기 몸에 쏙쏙 흡수되게 하라!
　　　　　　　　　　　　　(2001년 10월 9일 중앙일보)

⑩ 3개월 후면 아이가 영어를 술~ 술~ 읽을 수 있는 이유!
　매직 파닉스는 배우는 재미가 다르기 때문입니다.
　　　　　　　　　　　　　(2001년 10월 9일 중앙일보)

---

12) 이러한 생략을 방향성에 초점을 맞추어 역행생략이라고 한다. 반면 이미 제시된 구정보를 생략하는 경우는 순행생략이라 칭하는데, 이는 생략의 일반적인 방향이기도 하다.

⑨와 ⑩에서도 생략은 중요한 결속기제로 활용되고 있다. ⑨에서 처음 제시된 정보 '남양스텝 그래뉼 생'은 이후 발화에서는 구정보로 처리하고, 그 정보의 장점에 해당하는 새로운 신정보만을 제시한다. 그리하여 구정보화된 '남양스텝 그래뉼 생'에 대한 새로운 정보에 초점이 놓이도록 하였다. 나아가 구정보를 생략함으로써 두 문장 간의 통사적 연결성이 긴밀해졌음도 알 수 있다. ⑩에서도 역시 두 번째 발화의 결과에 해당하는 내용이 먼저 언표화되어 구정보로 처리되었다. 말하자면 '매직 파닉스는 배우는 재미가 다르기 때문에'에 해당하는 결과인 '3개월 후면 아이가 영어를 술술 읽을 수 있는 이유'를 먼저 제시하여 구정보화시키고 광고의도인 상품을 다음에 발화하였다. 원인과 결과의 선후를 바꿈으로써 광고대상인 '매직 파닉스'에 의미의 초점이 놓이도록 한 것이다. 이러한 생략은 경제성의 원리에 따라 각 문장 간의 통사적 연결성을 견고히 함은 물론, 의미적 결속성까지도 획득하게 해준다. 광고텍스트는 그 특성상 분량 면에서 상당한 제약을 받기 때문에 생략을 활용한 결속구조가 필연적이다. 이는 광고텍스트에서 생략이 생산적으로 작용하고 있음을 의미하는 것이기도 하다.13)

3.2. 텍스트의 결속성

이제까지 광고텍스트의 결속구조에 대하여 살펴보았다. 결속구조는

---

13) 이외에 결속구조를 위한 기제로는 시제와 상, 접속표현, 기능적 문장 투시법 그리고 억양 등을 들 수 있다. 시제와 상은 사상의 상대적 시간, 경계, 단일성, 순서 등을 표시하는 결속구조적 장치이다. 접속은 부가관계, 택일관계, 대립관계 그리고 인과관계, 시간·법 등을 통한 종속관계를 명시한다. 기능적 문장 투시법은 지식이나 정보 우선도와 절과 문장의 어순 사이의 상관관계이며, 억양은 청취 가능한 음조와 조성의 특징적인 억양 곡선을 텍스트에 부과하여 사용자의 기대·태도·의도 그리고 반응에 대한 주요 단서를 제공하는 것이다. (이현호, 1994. 36~37쪽 재인용)

텍스트의 표층구조를 중심으로, 그 통사적 관계에 초점을 맞춘 표면적인 연결관계라 할 수 있다. 말하자면 여러 결속기제들이 원활히 작용하면서 각 문장 간의 통사적인 연결성을 견고하게 만드는 것이라 할 수 있다. 반면에 결속성은 결속구조와는 다소 다른 층위의 특징이라고 할 수 있다. 결속성이 문장 간의 표층구조에 의한 연결관계보다는 의미구조상에서의 연결성을 말하기 때문이다. 이 결속성은 텍스트성에서 중시되는 요소로 한 텍스트 전체의 내용이 하나의 주제를 향해 얼마나 응집되어 있는지를 판가름하는 데 유용하다.

⑪ 무슬림 사회의 진정한 모습을 담은 세계 여행 문학의 진수
　이슬람 사회를 근원적으로 이해하고 싶은 사람들을 위한 필독서
　인류 역사상 가장 위대한 여행가 이븐 바투타의 30년 10만㎞ 여정의 생생한 기록
　　　　　－이븐 바투타 여행기　(2001년 10월 5일 중앙일보)

⑫ 잇몸질환, 풍치, 심한 입냄새!
　치아를 잃을 수도 있습니다.
　　　　　－센스민트　　　　(2001년 10월 5일 중앙일보)

위의 예 ⑪과 ⑫에서는 각각 의미적 결속성을 이루어 텍스트를 형성하고 있다. ⑪에서는 화자와 청자의 인지정보 중 '책 프레임'을 이용하여 광고를 전개한 것이다. 즉 '여행문학의 진수→필독서→기록'이라는 인지구조 프레임을 활용하여 이 정보들이 모두 기행문이라는 의미적 결속성을 형성하고, 이 모든 것이 마지막 '이븐 바투타 여행기'에 결집되도록 하였다. 결속성은 이처럼 텍스트 전체를 통하여 청자가 주제적·의미적으로 적합성을 획득할 수 있느냐에 의해 결정된다. ⑫에서는 '충치 프레임'을 이용하여 의미적 결속성을 획득하고 있다. 말하자면 '잇몸질환, 풍

치, 입냄새'는 모두 충치에 관련된 의미내용들로, 이를 발전시켜 '치아를 잃을 수도 있다'는 의미적 연결고리를 형성한 다음, '센스민트'에 모든 의미가 응집되도록 했다. 따라서 이러한 결속성은 텍스트의 언어적 특징이라기보다는 그 텍스트를 해석하는 청자의 정보처리 과정과 그에 따른 결과에 의한 것이라고 할 수 있다. 이러한 과정에서 중시되는 것이 바로 청자의 인지구조 속에 자리하고 있는 상황정보나 인지정보이다.14) 이들의 상호 결합에 의해 보다 정확하고 합리적인 정보추론이 가능할 수 있기 때문이다.

⑬ ……
　비오비타 유산균이 40년간 좋아졌습니다.
　장이 튼튼해야 잘 자란다는데……
　장이 걱정이세요?
　분유나 이유식으로 키우세요?
　변비 설사가 잦으세요?
　잘 먹고 영양균형도 잘 맞았으면 하시죠?
　　　　　　　　　　(2001년 10월 4일 동아일보)

⑭ 노박씨 이야기
　나이와 세대를 초월하여 마음을 뒤흔드는 마법 같은 책
　사랑에 빠진 이들
　사랑을 잃고 아파하는 이들
　그리고 사랑을 찾아 방황하는 모든 이들에게……
　　　　　　　　　　(2001년 9월 30일 동아일보)

⑮ 2001년 가을
　대한민국 임산부들이 행복해집니다.

---

14) 이현호(1994)에 의하면 휘베거(Viehweger 1989 : 263~272)에서는 정보처리의 과정에서 언어적 지식, 백과사전적 지식, 언표내적 지식, 스키마적 지식, 대화원리의 지식이 모듈로 상호작용함으로써 결속성 획득에 일조한다고 제시한다.

임신빈혈약 때문에 걱정이 많으시죠?
엄마나 아기 건강을 위해 임신빈혈약은 꼼꼼히 따져보고 선택하셔야 합니다.
새로 나온 훼럼플러스.

(2001년 9월 28일 동아일보)

위의 광고텍스트들은 모두 일관된 주제로 전개되어 의미적 결속성을 획득한다. 먼저 ⑬에서는 제시된 정보 '비오비타'의 효능에 따른 의미프레임을 이용하여 나머지 발화들이 연결된다. 그리하여 청자는 '비오비타'의 효능 정보에 의지하면서 나머지 발화들이 그것과 연결되어 있음을 추론한다. 즉 직접적으로 제시하기보다는 청자가 추론케 함으로써 더욱 강한 의미적 결속성을 획득하도록 한 것이다. ⑭에서는 '노박씨 이야기→마법같은 책'의 의미구조 때문에 후행발화의 '사람들'에게는 그 책이 마법과 같음을 강조하고 있다. 그리하여 그들에게 마치 마법처럼 불행에서 벗어나 행복에 이를 수 있다는 정보추론을 유도하고 있다. ⑮에서 역시 '임산부→임신빈혈약→엄마나 아기건강→훼럼플러스'의 의미구조가 '임산부 프레임'에 의해 의미적 결속성을 획득하고 있다. 그리하여 청자가 여타의 부가정보를 바탕으로 임산부에게 좋은 빈혈약이 '훼럼플러스'라는 광고의 주제에 도달하게 함은 물론, 그것을 구매하도록 종용하기도 한다.

위에서 살펴본 바와 같이 결속성은 텍스트 전체를 하나의 주제로 응집되도록 기능하면서, 동시에 청자로 하여금 그 주제에 쉽게 접근할 수 있도록 정보처리의 과정을 유도한다. 이러한 결속성은 결속구조를 위해 사용되었던 기제의 도움을 받기도 하지만, 심층구조로 들어갈수록 청자가 원활하게 정보를 처리하는 과정을 통해 강화되기도 한다. 그래서 이 결속성은 결속구조와 마찬가지로 텍스트성을 규정짓는 중요한 요소라 할 수 있다. 사실 이 결속성이 광고텍스트의 주제전달을 명확하게 하기 때문에 주목해야 마땅하다.

4. 신문광고의 텍스트언어학적 특성

위에서는 신문광고에 나타나는 텍스트성에 대해 결속구조와 결속성을 중심으로 살펴보았다. 신문광고는 분량에 상관없이 텍스트로서의 기본 구조를 갖추고 있다. 말하자면 결속구조와 결속성을 중심으로 텍스트성을 형성하면서 완결된 구조를 지향한다. 이제 그 특성을 둘로 나누어 살펴보면 다음과 같다.

첫째, 신문광고의 텍스트언어학적 특성으로 먼저 결속성을 통한 주제 응집력을 들 수 있다. 모든 텍스트가 마찬가지이겠지만, 특히 신문광고에서는 하나의 주제를 향해 모든 정보원들이 결집된다. 그렇게 할 때 청자에게 일관된 주제를 효과적으로 전달할 수 있기 때문이다.

⑯ 남과 다른 차를 타는 기쁨을 드립니다.
SM5 에디시옹 스페시알!
특별한 SM5입니다.
컬러도, 인테리어도, 오디오도 특별합니다.
그래서 이름도 특별하다는 뜻의
'에디시옹 스페시알'입니다.
소수의 고객께만 바칩니다.
가치를 아는 사람, 당신은 다릅니다.   (2001년 10월 4일 동아일보)

위 ⑯의 예를 보면 '에디시옹 스페시알은 다른 차와는 다르다'는 주제로 텍스트가 응집되어 있다. 즉 각각의 발화마다 '특별'하다는 프레임을 연결고리로 하여 효과적인 주제전달을 도모하고 있다. '남과 다른→스페시알→특별→소수→다르다'는 의미적 연결성을 바탕으로 주제를 효과적으로 응집·표출하였다. 이러한 주제응집력은 한정된 지면 안에서 정보전달의 효과를 극대화하여 나타난 특성이라 하겠다.

둘째, 신문광고는 결속구조를 위해 생략이나 회기를 빈번히 사용하면서 주제를 강조하고 있다. 특히 생략기제는 한정된 지면 안에서 화자의 의도를 명확하게 전달하기 위하여 수시로 활용된다. 이는 이미 알고 있거나 구정보화된 정보원을 과감히 생략하고 신정보만을 연결고리로 하여 정보를 신속하게 전달해야 하기 때문이다. 뿐만 아니라 전달정보의 강조를 위해 회기를 빈번히 사용하기도 한다. 결국은 생략과 회기가 결속구조를 강화하는 데 크게 기여함을 알 수 있다.

⑰ Ø1 잡지의 모습을 하고 있지만
　Ø1 잡지 이상을 담고 있습니다.
　자유로운 정신, 여유있는 생활, <u>DOVE</u>는 즐거운 라이프 스타일 그 자체입니다.
　　　　　　　　　　　　　　　(2001년 9월 25일 동아일보)

⑱ 변비 설사 모르는 <u>우리 아기</u>
　장이 튼튼한 <u>우리 아기</u>
　엄마도 Ø1 먹고 크셨다구요?
　<u>비오비타 유산균</u>이 40년간 좋아졌습니다.
　　　　　　　　　　　　　　　(2001년 10월 4일 동아일보)

위 ⑰과 ⑱의 광고는 각각 생략과 회기를 사용하여 보다 강력한 결속구조를 형성하고 있다. ⑰에서의 생략정보는 뒤에 나오는 'DOVE'로 전달하고자 하는 정보는 '잡지 이상의 잡지로서 자유롭고 여유있는 생활을 제공할 수 있는 잡지'이다. 잡지명을 생략하고 나중에 한 번만 제시함으로써 정보에 대한 강조의 효과까지도 거둔 것이다. ⑱에서는 회기를 사용하여 전달정보를 강조하였다. 즉 '변비설사 없고, 장이 튼튼한' 정보를 강조적으로 전달하기 위해 같은 구조를 반복·제시한 것이다. 그리고 마지막 어구를 '우리 아기'로 마무리함으로써 형식적인 통일성도 꾀하고 있다. 그리하여 마지막에 제시하는 '비오비타'는 아기의 건강한 상태를 유지하는 데 필요하다는 암시를 준다. 이렇게 신문광고에서는 전달정보를 강조하기 위한 수단으로, 생략이나 회기를 적극적으로 사용하고 있다. 그것이 텍스트 전체의 결속구조를 강화하는 방법이기 때문이다.

5. 결론

이상으로 신문광고텍스트에 나타나는 결속구조와 결속성을 중심으로 그 텍스트성에 대해 살펴보았다. 신문광고텍스트는 다른 텍스트와는 달리 화자가 일방적으로 불특정 다수를 상대로 정보를 전달하되, 그러한 발화가 지속적으로 이루어지는 점이 특징이라 하겠다. 나아가 정보전달의 결과로 청자의 구매의욕을 고취하여 물품구매라는 또 다른 행위로 나타나야 비로소 소기의 목적을 달성했다고 할 수 있다.

이 글에서는 신문광고문의 다양한 특성 중에서 텍스트로 규정지을 수 있는 결속구조와 결속성을 바탕으로 텍스트성에 대해 살펴보았다. 신문광고텍스트는 표층구조에서 여러 결속기제를 사용하여 통사적 연결성을 획득함은 물론, 심층구조에서도 의미적 결속성을 잘 갖추고 있다. 이 글에서 살펴본 신문광고텍스트의 결속구조와 결속성 그리고 그 특성을 요약·제시하는 것으로 결론을 대신하고자 한다.

첫째, 신문광고텍스트의 결속구조에서는 회기와 환언, 그리고 대용과 생략을 중심으로 그 텍스트성을 살펴보았다. 신문광고텍스트에서 회기나 환언은 같은 통사구조나 어구를 지속적으로 반복함으로써 전체 텍스트의 결속구조를 강화하고 있다. 실제로 신문광고텍스트에서는 회기를 빈번하게 활용하면서 통사적인 연결성과 주제집약성을 도모한다. 대용도 이미 제시한 정보를 반복하지 않고 대용형을 사용함으로써 신속하게 정보를 전달하는 장점이 있을 뿐만 아니라, 청자가 신정보에 관심을 갖도록 돕는다. 하지만 대용은 짧은 광고텍스트의 특성상 빈번히 활용되지는 않는다. 마지막으로 생략은 발화상황에서 중시되지 않는 언어정보를 언표화하지 않음으로써, 청자가 신정보에 관심을 기울이도록 한다. 광고텍스트에서는 특히 생략이 결속구조를 강화하는 기제로 중시된다. 실제로 광고텍스트는 분량의 제한 때문에 생략기제를 활용한 결속구조를 중시할 수밖에 없다. 이는 생략정보가 독자로 하여금 주제에 쉽게 접근하도록 도와 가능한 것이다.

둘째, 신문광고텍스트는 결속성을 바탕으로 단일한 주제를 지향하고 있다. 결속성은 정보처리 과정에서 생성된 텍스트성이라고 말할 수 있다. 화자가 전달한 주제를 파악할 때 청자는 제시된 의미프레임을 활용하여 추론과정을 거친다. 그러는 과정에서 단일한 주제가 부각되고, 이를 바탕으로 텍스트의 의미적 결속성이 담보되는 것이다. 따라서 결속성은 텍스트를 더 텍스트답게 만드는 요소라 할 수 있다. 실제로 결속성은 청자가 정보처리 과정에서 광고의도에 근접할 수 있도록 유도한다.

셋째, 신문광고텍스트의 텍스트언어학적 특성을 응집성을 중심으로 살펴보았다. 응집성은 전체 텍스트에서 하나의 주제프레임으로 초점을 모으는 것이라고 할 수 있다. 이는 제시된 모든 정보가 하나의 주제를 향해 결속되도록 의도한 결과라 하겠다. 그렇게 함으로써 전달주제를 강조하는 효과도 거둘 수 있다. 그러기 위해 생략이나 회기 등의 기제를 활용하여 의도한 주제를 강화한 것이라 하겠다. 이는 텍스트에서 정보를 효과적으로 집약·표출하여 전달정보를 강조한 것이기도 하다.

제2장 잡지광고와 텍스트

1. 서론

현대는 점점 다양해지는 사회생활로 인하여 의사소통의 수단도 그만큼 복잡해지고 있다. 그래서 언중들은 특이한 언어상황에서도 원하는 정보를 자유자재로 전달하거나 획득할 수 있게 되었다. 이러한 현상을 반영한 것으로, 최근 들어 각광받는 분야가 바로 매체를 통한 담화라 할 수 있다. 즉 텔레비전, 라디오, 인터넷, 신문, 잡지 등 각종 매체를 통해서 원하는 정보를 전달하거나 습득하는 경우가 이에 해당된다. 갈수록 정보성을 중시하는 현대사회에서 이러한 매체의 역할은 더욱 강조될 수밖에 없다.

매체를 통한 담화는 대체로 화자가 가상의 청자를 설정하고, 그에게 일방적으로 새로운 정보를 전달하는 형태가 대부분이다. 이를테면 일상적인 담화에서처럼 구체적인 청화자가 설정되기보다는 화자가 불특정 다수의 청자를 상대로 새로운 정보를 전달하는 경우를 말한다. 여기에서도 화자는 일반 대중을 청자로 설정하되, 그들과 얼굴을 대면하면서 의사소통을 진행하는 것처럼 새로운 정보를 전달하고 있다. 이러한 상황을 가장 잘 드러내는 장르 중의 하나가 바로 매체를 통한 광고라 할 수 있다.

잘 아는 것처럼 광고는 현대 언어생활에서 많은 비중을 차지하고 있다. 그만큼 우리는 광고의 홍수 속에서 살고 있는 셈이다. 그리하여 현대의 언중은 광고에 대하여 아주 익숙할 수밖에 없다. 실제로 가상의 청자인 소비자들 중 상당수는 광고를 접하면서 새로운 정보를 획득하고 있다. 그리고 그 새로운 정보를 바탕으로 상품을 구매하는 경우가 상당히 많다. 따라서 광고 역시 의사 전달·수용의 중요한 수단으로 우리 실생활과 밀접하게 관련되어 있음을 알 수 있다.

그런데 텔레비전이나 라디오 광고는 광고 자체에 부가적인 요소들이 결부됨으로써 신정보를 더욱 효과적으로 전달한다. 예를 들면 부가되는 음악적 요소나 영상자료, 그리고 화면을 통한 언어자료 등이 어우러져 보다 인상적으로 새로운 정보를 전달한다. 반면 신문이나 잡지의 광고는 한정된 지면에 단순히 그림이나 언어자료를 바탕으로 새로운 정보를 전달한다.[1] 따라서 이러한 지면광고는 아무래도 언어자료에 크게 의존할 수밖에 없다. 이는 지면광고 텍스트가 강한 결속력이 필요함을 의미하는 것이기도 하다. 이 지면광고는 단순한 정보만을 이용해야 하기 때문에 그 구조의 짜임새가 아주 중요할 수 있다. 한정된 지면 안에서 응집된 텍스트로서의 기능이 제대로 발휘되기 위해서는 긴밀한 구조가 무엇보다도 중요하기 때문이다.

이 장에서는 이러한 점에 착안하여 지면광고의 텍스트언어학적 특징에 대해 살펴보고자 한다. 그 중에서도 잡지에 나오는 광고만을 선별하여 논의를 전개하도록 하겠다.[2] 먼저 선별한 잡지광고에[3] 대하여 결속구조

---

[1] 지면광고의 대표적인 것으로 신문과 잡지를 들 수 있다. 다만 여기에서는 잡지 광고에 한정해서 텍스트언어학적인 특성을 살펴보도록 하겠다.
[2] 일반적으로 잡지는 그 성격에 따라 다양한 기사를 다루면서 사이사이에 광고를

와 결속성을 바탕으로 그 텍스트성을 검토한 다음, 이를 바탕으로 잡지광고의 텍스트언어학적인 특성을 살펴보도록 하겠다.

2. 잡지광고의 결속구조와 결속성

잘 아는 것처럼 Beaugrande & Dressler는 텍스트를 결정짓는 요소로 일곱 가지를 제시한다. 즉 결속구조, 결속성, 의도성, 용인성, 정보성, 상황성, 상호텍스트성이 그것이다. 그래서 이러한 텍스트성이 충족되기만 하면, 그 분량에 관계없이 하나의 텍스트로 기능할 수 있다고 본다. 그 중에서도 주목되는 것이 바로 결속구조와 결속성이다. 이들이 하나의 텍스트가 주제를 향해 얼마나 응집되고, 또 이를 바탕으로 주제전달의 효과를 얼마나 거두는지를 결정하기 때문이다. 따라서 이 글에서도 잡지광고를 대상으로 결속구조와 결속성을 살펴보기로 하겠다.

게재한다. 따라서 이 잡지의 구매층에 따라 게재되는 광고의 내용도 다를 수 있다. 하지만 이 장에서는 일반적으로 여성잡지로 지칭되는 것을 분석대상으로 삼았다. 이는 여성이 잡지의 넓은 구매층이기도 하지만, 실은 이들 잡지에 보편적이고 대중적인 광고가 상당수 게재되기 때문이다. 나아가 이들 여성 잡지에 게재된 광고들이 각 잡지마다 비슷하거나 혹은 같기 때문에, 몇 가지 종류의 여성잡지에 게재된 광고문만을 취합·논의하도록 한다. 그래도 대부분의 잡지 광고문을 연구하는 결과와 같기 때문이다.
3) 이 장에서 사용한 잡지는 대표적인 여성잡지로 일컬어지는 것을 선정하였다. 즉 20대들이 주로 구독하는 『쎄씨』와 『에꼴』 그리고 30대와 40대가 주로 찾는 『여성중앙』과 『리빙센스』를 바탕으로 그곳에 게재된 광고텍스트를 임의로 선정하였다.(리빙센스 2001년 10, 11월호·여성중앙 2001년 10, 11월호·쎄씨 2001년 10, 11월호·에꼴 2001년 10, 11월호) 물론 이러한 잡지광고가 그 대상이 주로 여성이라는 한계도 있지만, 우리나라의 잡지 구매층의 대다수가 여성이라는 점을 감안하면 그렇게 편협한 자료만은 아니다. 그리고 이들 잡지에 수록된 광고가 호수에 상관없이 거의 비슷하기에 중복되는 것을 피하고 변별적인 것만 선택했음을 밝혀 둔다.

2.1. 결속구조

이현호(1994)에 의하면 결속구조는 텍스트 표층구조에서 나타나는 문법적인 혹은 통사적인 의존관계라 할 수 있다.4) 말하자면 의사소통을 위한 통사적인 특질로 결속구조를 파악한 것이다. 이러한 결속구조를 나타내주는 기제는 회기(recurrence), 대용형(pro-forms), 생략(ellipsis), 상(aspect), 접속표현(junctive expressions), 기능적 문장 투시법(functional sentence perpective), 억양(intonation) 등을 들 수 있다. 이들 기제들은 텍스트 내에서 긴밀히 연결되며 텍스트 전체의 결속구조를 강화할 뿐만 아니라, 의미적 결속력을 고양하는 데도 일조한다. 다만 여기에서는 잡지 광고문에서 자주 나타나는 결속기제인 회기, 대용형 그리고 생략을 중심으로 텍스트성을 살펴보도록 한다.5)

2.1.1. 회기(recurrence)

회기는 한 번 나타난 언어요소를 다시 반복하여 사용하는 것을 말한다. 이 회기는 구체적인 용법에 따라 부분회기와 전체회기, 그리고 병행구문

---

4) 김태옥·이현호는 결속구조의 개념을 통사구조의 개념과 구분하기도 한다. 이는 통사구조 및 문법구조가 실제 통화상에서 활용되며 구현한 것이 결속구조이기 때문이다. 실제로 결속구조는 통사구조나 문법구조가 실제 통화과정에서 다른 요인들과의 상호작용까지를 포함하고 있다.(김태옥·이현호(1995), 담화 연구의 텍스트성 이론과 적합성 이론, 10쪽 참조)
5) 나머지 결속기제인 시제와 상, 접속표현, 기능적 문장투시법 등은 차후의 과제로 남긴다. 따라서 이 장에서는 주로 회기와 대용형 그리고 생략만을 대상으로 살펴볼 것이다. 참고로 시제와 상은 사상의 상대적 시간, 경계, 단일성, 순서 등을 표시하는 결속구조의 장치이다. 접속표현은 부가적 관계, 택일적 관계, 대립관계, 인과관계, 시간, 법 등을 통한 종속관계를 명시하는 것이며, 기능적 문장 투시법은 지식이나 정보 우선도와, 절과 문장의 어순 사이의 상관관계를 의미하는 것이다. 억양은 청취 가능한 음조와 조성의 특징적인 곡선을 텍스트에 부과하여 사용자의 기대, 태도, 의도 그리고 반응에 대한 주요 단서를 제공하는 것이다.(이현호(1994), 34~36쪽 참조)

과 환언 등으로 나눌 수 있다. 부분회기는 일부분만을 반복하여 제시하는 것이고, 전체회기는 완전히 같은 언어요소를 반복하는 경우이다. 이 회기는 이미 제시된 정보를 반복한다는 측면에서 강조의 효과를 거둘 수 있지만, 지나치게 자주 사용하면 오히려 정보성을 이완시키는 역효과를 가져올 수도 있다. 이를테면 청자에게 정보를 반복·제공하여 지루함은 물론, 광고에 대한 집중력을 감소시키는 결과가 초래될 수도 있다.

이러한 점 때문에 병행구문이나 환언으로 반복 제시하여 효과를 도모하기도 한다. 잘 아는 것처럼 병행구문은 같은 통사구조 안에서 의미만 변형시켜 지속적으로 제시하는 경우이고, 환언은 같은 의미정보를 표면형식을 바꿔서 제시하는 경우를 말한다. 이러한 병행구문이나 환언은 정보전달에 있어서 긴장감을 조성할 수 있을 뿐만 아니라, 형식적인 측면에서도 통일성을 획득하는 강점이 있다.6) 따라서 병행구문과 환언은 결속구조를 강화하는 데 유용한 기제라 할 수 있다. 그러한 실태를 잡지광고를 통해 구체적으로 살펴보도록 한다.

① Design by Nature 구정마루
　　수풀 속을 걷듯……
　　푸른 하늘 아래 서 있는 듯……
　　자연에 가장 가깝게
　　자연이 디자인한 마루
　　구정마루
　　자연에서 시작된 Design입니다.

② 아기피부 수호천사 아토피앙

---

6) 회기, 병행구문, 환언은 텍스트의 의미내용과 그 내용을 전달하는 표층 구조 사이의 관계를 효과적으로 나타내기 위해서 사용되는데, 그 강조되는 관계를 등가성(equivalence)이라 할 수 있다. 따라서 이 장치들은 무엇보다도 의미 내용의 안정성과 정확성이 중요한 관건이다.(김태옥·이현호(1995) 12쪽 재인용)

민감한 <u>아기피부</u>를 위한 저자극, 고보습 스킨케어
잠도 못 자고, 온 종일 긁적긁적…… 목욕을 해도 그때만 잠시뿐……
아토피 피부는 알레르기성 질환으로 피부가 건조하고 각질이 일어나며
심하면 갈라지고 진물도 나와 아기를 괴롭힙니다.
이젠 <u>아기피부</u> 수호천사 아토피앙을 만나세요.
<u>아기의 피부</u>가 편안하게 잠을 잡니다.

위의 예문 ①과 ②를 보면 회기를 사용하여 전체 텍스트의 결속구조가 강화되었음을 알 수 있다. ①에서는 '자연'을 지속적으로 반복함으로써, 전체적으로 '자연'이라는 의미를 부각시켰다. 중간에 '수풀'이나 '푸른 하늘' 역시 자연과 상통하는 개념이기 때문에 의미연결에 무리가 생기지 않는다. ②에서는 '아기피부'를 지속적으로 회기함으로써 전체 주제인 '아기피부를 위한 스킨케어 아토피앙'을 무리없이 강조하였다. 이러한 회기는 청자로 하여금 텍스트 전체에서 의도한 이야기의 맥락이 무엇인지 인지시키는 데 도움이 된다.

③ 아기들 보리차도 맑고 순~한게 좋아요.
　동서 유아용 순보리차
　<u>기다렸어요!</u>
　아기용 보리차는 언제쯤 나오나 했는데
　제 맘을 어떻게 알았는지……
　<u>반가웠죠!</u>
　우리 아기에게 꼭 필요한 거라
　나오자마자 아기 엄마들 사이에서 인기예요!
　<u>고마워요!</u>
　아기에게 맞춘 순한 보리차가 나왔다니
　이젠 따로따로 준비하는 수고를 덜게 됐어요!

④ <u>37도</u> 아기목욕물

  42도 아빠샤워물
  35도 주방에서 쓰는 물
  디지털로 원하는 온도를 자유롭게
  디지털로 원하는 온도를 일정하게
  린나이 가스보일러 디지텍
  린나이 가스보일러는 디지털입니다.

 ③과 ④에서는 위의 회기에서 약간의 변화를 준 병행구문을 사용하였다. ③에서는 '기다렸어요(A)→반가웠죠(B)→고마워요(C)'의 병행구문을 통해 사고의 진행과정을 효과적으로 보이고 있다. 그렇게 함으로써 전체적으로 통일감을 확보하여 청자에게 짜임새 있는 구조로 전달되도록 했다. 청자는 이러한 타이트한 구조 안에서 원하는 정보를 신속하고도 정확하게 획득한다. ④는 전체 텍스트를 크게 세 부분으로 분절할 수 있다. 우선 '각 상황에 맞는 온도 설정→그러한 온도를 디지털로 제공 가능→린나이 가스보일러가 수행함'의 전체 콘셉트에 맞추어 텍스트를 구비하였다. 이러한 내용 전개를 위해 병행구문과 환언 등의 회기를 적절히 반복한 것이다. 이렇게 회기를 중심으로 이루어진 결속구조는 텍스트를 보다 안정감있게 연결시키는 특징이 있다. 그리하여 청자로 하여금 제시된 정보를 보다 효과적으로 획득할 수 있도록 돕는다. 회기는 잡지광고에서 매우 빈번하게 사용되는데, 이는 청자에게 상품정보를 효과적으로 인식시키고, 그것을 바탕으로 상품구매에까지 나아갈 수 있도록 고려했기 때문이다. 이렇게 광고텍스트는 그 필요성에 따라 일반텍스트보다 회기를 빈번히 사용할 수 있다.

  ⑤ 세상을 유혹하라
    진한 향기는 와인보다 달콤하고
    부드러운 맛은 키스보다 황홀하다
    악마의 유혹 프렌치카페

 위 ⑤의 경우도 병행구문을 사용하여 화자의 광고의도를 효과적으로 전달한다. 말하자면 'A는 B보다 C하고 D는 E보다 F하다'는 구문을 이용하여 '프렌치카페'의 특징인 '진한 향기'와 '부드러운 맛'을 강조하였다. 이처럼 병행구문은 짜인 틀을 제시함으로써, 단일한 이미지 전달이라는 장점을 가지기도 한다.

2.1.2. 대용형(pro-forms)

대용형은 일반적으로 텍스트 안에서 이미 제시된 내용을 대명사를 활용하여 언급하는 경우를 말한다. 텍스트 안에서 의미의 초점요소가 되지 못하는 언어표현에 대해 짧고 간략한 대용형으로 제시함으로써, 전체 텍스트의 전개에 경제성을 담보하는 것이라 하겠다. 그런데 잡지광고의 경우 이러한 대용형의 사용이 다른 결속구조의 기제들보다는 드문 편이다. 이는 광고의 특성상 한정된 지면 안에서 정보전달이 이루어져야 하기 때문이다. 이를테면 제한된 분량 안에서 의도하는 정보를 충분히 제공해야 하기 때문에 되도록 대용형 사용을 자제하는 것이다. 이를 감안하면 광고에서 제시되는 언어정보는 신정보이거나 혹은 초점정보로 기능할 필요가 있다. 따라서 간혹 보이는 대용형도 청자를 지칭하는 삼인칭대명사 정도에 그치는 경우가 대부분이다.

⑥ 큰 그늘, 상쾌한 바람, 잎이 내는 향기
<u>당신</u>과 있으면 가까이 가게 됩니다.
나도 모르게……
나무를 닮은 남자, 댄 하버.

⑦ <u>그녀</u>의 자리를 향기로 채워준 커피-롯데 리치빌
<u>그녀</u>가 떠나고, <u>그녀</u>의 추억이 생각날 때
텅빈 내 마음을 채워준 향기가 있습니다.

위의 ⑥과 ⑦을 보면 일반적인 대용형 '당신'과 '그녀'를 활용하고 있다. ⑥에서는 이른바 후조응으로 '당신'을 제시하였다. 곧 '댄 하버'라는 광고대상을 대용형으로 먼저 제시하고 나중에 신정보로서 '댄하버'를 언급한 것이다. 반면 ⑦에서는 '그녀'라는 일반적인 대용형을 제시했는데, 이는 특정 인물이기보다는 일반적인 상황설정에 따른 대용형이라 할 수 있다. 말하자면 '청자에게 있어서 누군가'가 그 대상이 되는 것이다. 잡지광고는 제한된 지면 안에서 신정보를 효과적으로 제시해야 하기 때문에 이러한 대용형은 다른 결속기제에 비해 사용 빈도가 낮을 수밖에 없다.

2.1.3. 생략(ellipsis)

생략은 잡지광고뿐만 아니라 일반적인 텍스트에서도 가장 빈번하게 사용하는 결속기제이다. 새로운 정보를 추구하고, 그것을 신속하게 전달받기를 원하는 언어심리의 작용 때문이라 할 수 있다. 텍스트 전개에서 이미 제시된 신정보는 발화자의 특별한 발화의도가 개입되지 않는 한 반복되지 않는다. 오히려 그것을 생략하고 다른 신정보를 연속적으로 제시함으로써 신속한 정보전달과 원활한 의사소통을 모색한다. 이러한 점 때문에 잡지광고에서도 생략이 빈번히 활용되고 있다.

⑧ Ø 빼자!
여자들이여. 이제 자신있게 Ø 빼자.
당당하고 아름답게 사는 여자를 위하여 -
오늘부터 몸도 마음도 자신있게 변신하자!

⑨ ……
내가 왜 「아인슈타인」만 고집하는지 남편도 알고 있죠.
Ø DHA가 천연적으로 들어있는 것도 놀라운데
Ø 유난히 까다로운 별도관리를 거친다니 일반 우유와는 품질부터 다르겠죠?
……

⑧에서 생략정보 '살'은 텍스트가 끝날 때까지 언급되지 않는다. 하지만 언어정보로 제시하지 않았을지라도 뒤의 신정보 '빼자'를 통하여 확인할 수 있다. 그렇게 함으로써 더욱 강한 정보전달의 효과를 거둘 수 있다. 나아가 이 생략이 텍스트 전체의 결속성까지도 강화시켜준다. 이를 테면 '살'을 생략하고 주제정보인 '빼자'를 초점화시킴으로써 전체 텍스트의 결속력을 강화한 것이다. ⑨에서는 제시된 신정보 '아인슈타인'을 생략하고 그것에 대한 화자의 평가내용만을 언급한다. 제시된 제품에 대해서는 이미 인지도가 형성되었기 때문에 그에 대한 평가가 다음 인지정보로 온 것이다. 그렇게 함으로써 사고의 진전과 함께 신속한 정보전달을 도모할 수 있다.

⑩ 대한민국 미씨 패션이 시작되는 곳,
　제일평화시장이 새롭게 문을 엽니다.
　∅ 대폭 확대된 명품매장, 편리한 쇼핑을 위한
　매장 구성, 더욱 여유로워진 주차장까지 —
　∅ 이름은 시장이지만 품질은 백화점입니다.

⑪ 아기를 위한 선택,
　아기과학, 누크입니다!
　∅ 엄마젖을 빠는 것과 흡사한 치의학적 수유용품입니다.
　∅ 아래턱이나 치열에 문제가 생기지 않도록
　아기의 구강구조까지 생각하였습니다.
　∅ 배앓이를 방지하는 Air System까지……
　모양은 흉내낼 수 있어도 이러한 누크의 아기과학은 따라올 수 없습니다.

⑩과 ⑪에서도 생략이 중요한 결속기제로 작용하고 있다. ⑩에서는 제시된 신정보이자 광고의 주제인 '제일평화시장'을 처음에 언급한 이래 지속적으로 생략한다. '제일평화시장'의 장점이 새로운 신정보로 부각되

어야 하기 때문에 생략한 것이다. 그리하여 청자는 이를 바탕으로 광고주제에 한층 더 근접할 수 있게 된다. ⑪에서도 역시 '아기과학, 누크'를 처음에 신정보로 제시한 이래 생략정보로 처리하였다. 그것의 장점들이 다음 발화의 신정보로 자리해야 하기 때문이다. 신정보로 제시되었을지라도 이미 구정보로 인식되었다면 굳이 발화할 필요가 없는 것이다. 그리고 생략된 정보는 새로 제시된 신정보의 인지정보 속에 이미 포함되어 있기 때문에 언표화하지 않는 것이 사고의 신속한 전개에도 도움이 된다.7)

2.2. 결속성

결속성은 하나의 텍스트 안에서 실현되는 여러 기제들이 주제를 향해 연결 및 집약되는 적합성의 관계라 할 수 있다. 즉 주제를 보다 효과적으로 부각하기 위한 의미적 연결이 결속성이라 할 수 있다. 따라서 이 결속성은 각각의 발화들이 의미의 연속성을 획득할 때 비로소 얻어질 수 있다. 이러한 의미의 결속성은 광고의 주제와 맥을 같이한다. 그런데 이 주제의 결속성을 위해서는 주변 정보원의 도움이 필요하다. 실제로 제시된 광고텍스트에 부가되는 인지정보나 상황정보 그리고 청자가 가지고 있는 기존의 언어정보 등이 연합해야만 주제를 효과적으로 부각할 수 있다. 따라서 위에서 살펴본 결속구조가 통사적 차원의 표면적인 응집력이라면, 결속성은 의미적 차원의 내면적 응집력이라 할 수 있다.

일반적으로 결속성은 텍스트 안에서 표면적인 의미연쇄망으로 표출되기도 하나, 이러한 의미 연쇄망을 넘어서 복잡한 연상과정을 거치는 것들

---

7) 그리고 마지막에 '아기과학 누크'를 회기함으로써 한 번 더 정리하는 효과를 거둔다. 화자가 아기과학 누크로 시작하여 마지막에도 아기과학 누크로 끝냄으로써 강조의 효과를 도모했는데, 청자는 이러한 구조물에서 형식적인 안정감과 내용전개의 명확함을 동시에 충족할 수 있다.

도 상당수이다. 즉 발화된 언어요소를 바탕으로 주변정보원을 활용하여 의미가 적용되기도 한다. 그러나 주변정보원을 활용한 의미의 적용이 화자가 전달하고자 하는 주제에서 벗어나면 안 된다. 결속성 자체가 주제로의 응집성을 의미하기 때문이다. 다음의 예를 보자.

⑫ 감기도 부전자전? 감기약도 부전자전?
우리집 <u>종합감기약, 콜디</u>
아이도 <u>콜록</u>, 아빠도 <u>콜록</u>!
이젠 <u>감기약</u>도 아이, 어른 함께 복용하세요.
어린이용 <u>시럽</u>과 어른용 <u>캡슐</u>이 있는
<u>콜디</u> 하나면 되니까요.
아이 <u>감기</u>는 물론 어른 감기까지
우리집 <u>종합감기약, 콜디</u>로 해결하세요.

⑬ 이제껏 <u>티슈</u>까지는 신경쓰지 안으셨죠?
무심코 사용하는 <u>티슈</u>가 당신의 피부를 아프게 할지도 모릅니다.
이젠, 알로에와 비타민 E로 피부에 촉촉하고 부드러운 <u>티슈</u>,
먼지없이 깨끗해서 민감한 피부에도 자극없는 <u>티슈</u>,
3겹으로 도톰하고 잘 찢어지지 않아 클렌징시 더 좋은 <u>티슈</u>,
메이크업 지울 땐 메이크업 전용 <u>티슈</u>,
<u>크리넥스 알로에 플러스 티슈</u>.

위 광고 ⑫와 ⑬을 살펴보면 텍스트 전개가 하나의 프레임을 향해 결속되었음을 알 수 있다. ⑫의 경우 각 발화의 연결체는 '감기'이다. 감기-프레임을 바탕으로 전체 텍스트가 '감기약은 콜디'라는 주제로 응집된다. 이러한 의미의 결속력은 전체 텍스트의 주제를 파악하는 데 아주 중요하다. ⑬에서는 전체 텍스트의 의미구조가 '티슈'로 한정된다. 물론 최종적으로는 마지막의 발화 '크리넥스 알로에 티슈'로 집약된다. 이전 발화의 핵심이 모두 티슈에 모아지고, 마침내 마지막의 광고대상으로 모든 것이 결속되기 때문이다. 따라서 여기에서의 결속성은 마지막 주제를

효과적으로 부각하기 위한 의미적 연결수단이라고 할 수 있다. 아울러 이것은 텍스트의 전체구조를 더 탄탄하게 만들어주기도 한다. 텍스트 전개상 필요없는 언급은 주제응집력을 저하시켜 결속성 하락을 야기한다. 대부분의 광고문에서 응집력이나 결속성에 주안점을 두고 텍스트를 구성하는 이유도 여기에 있다.

⑭ 알뜰한 사치
사치라고만 여기던 원목바닥이 알뜰해집니다.
원목의 느낌을 그대로! 가격은 절반으로!
합리적인 선택 - LG우드라인

⑮ 다리 성형 안했다.
세븐라이너 했다.
감추고 싶은 다리를 보여주고 싶은 다리로!
이제 세븐라이너가 디자인해 드립니다.

⑭에서는 '알뜰하다'는 주제가 'LG우드라인'으로 연결된다. 그렇게 함으로써 주부들이 알뜰하게 원목바닥을 구매하도록 종용한다. 나아가 그것이 합리적인 선택이라는 결론으로 연결되도록 했다. ⑮에서는 '예쁜 다리'라는 주제 프레임을 위해 다리에 대한 디자인 개념을 도입하여 주제를 응집하고 있다. 이처럼 텍스트 안에서 제시되는 각종의 개념은 모두 정해진 주제를 향해 연결되며, 이로 인해 텍스트의 결속력이 향상된다.

3. 잡지광고의 텍스트언어학적 특성

3.1. 구어적인 대화발화체

잡지광고는 일반 담화상황과는 다소 다른 모습으로 전개된다. 일반 담화에서는 정해진 청자와 화자가 서로의 필요에 따라 테마를 가지고 정보를 교환하는 반면에, 잡지광고에서는 일방적인 화자-광고주가 일반 대중을 청자로 상정하고 자신이 의도한 정보만을 전달하기 때문이다. 그러다 보니 일반 담화처럼 서로 간에 주고받는 대화이기보다는 화자가 일방적으로 제시하는 대화형이 대부분이다. 즉 불특정 다수인 청자를 상정한 후에 화자가 일방적으로 대화를 이끌어 간다. 그러한 상황이기에 얼마나 설득력있고 합리적으로 텍스트를 전개하느냐에 따라 광고의 성패가 결정된다. 대체로 청자는 광고를 보고 그 상황에 동조하거나 외면한다. 그런데 광고에 대해 청자가 동조하면 이는 구매욕구로 이어지고, 최종적으로는 구매행위로 연결될 수 있다. 최종 구매행위가 수반될 때 비로소 광고가 성공적으로 이루어진 것이라 할 수 있다.

⑯ ……
　아침에 입은 내의, 오후가 되면 세균이 득실득실!
　아무리 세탁해도 내의엔 세균이 남기 마련이죠.
　세균없는 내의가 건강한 내의!
　항균내의 BYC 데오니아로 건강과 위생을 지키세요.

⑰ 우리 아기 피부에 뭐라도 나면 정말 조심스러워요.
　어린 아기에게 처음부터 강한 약을 바를 순 없잖아요.
　순하면서 잘 듣는 그런 약이 없을까 고민이었죠.
　그러다 알크로반을 만났어요.
　우리 아기 피부 정말 깨끗해졌어요.

위의 두 광고텍스트는 모두 상대를 향해서 이야기하는 방식으로 전개된다. 즉 눈앞에 가상의 청자를 상정한 다음 그 청자에게 자신의 이야기를 전개한다. 그런데 여기에서의 그 청자가 바로 광고를 보는 독자라는 점이다. 실제로 광고에서의 화자는 청자를 상정하고, 그 청자에게 매우 친근한 어조로 자신의 이야기를 전개한다. 물론 청자는 화자로부터 친근한 이야기를 들으면서 새로운 정보를 획득한다. 이렇게 잡지광고는 청자와 화자가 직접 대면할 수 없기 때문에 청자가 눈앞에 있다는 가정하에 텍스트를 전개한다. 이러한 대화구조는 청자가 화자 앞에서 이야기를 듣는 것처럼 착각하여 광고효과를 높일 수 있고, 마침내는 상품의 구매로까지 이어지도록 한다.

물론 이러한 대화체 외에 독백체로 구성되는 광고도 있다. 그러나 이 역시 가상의 청자를 대상으로 이야기를 전개하는 독백체라서 구어문체의 특성을 보인다.

⑱ ······
이제부터는 여자로서 당당히 <u>살아야지</u>······
마음의 여유뿐만 아니라 몸매까지도
여자라면 누구나 탐낼만한,
매력적인 처녀 때의 모습을 되찾아
변신의 주인공이 <u>될 테야</u>······

위의 광고에서는 청자가 설정되지 않은 듯하다. 화자가 자신에게 이야기하는 듯한 독백체를 구사했기 때문이다. 그러나 이러한 독백체도 화자 자신이 곧 청자가 됨으로써 더 극적인 광고효과를 도모한 경우에 해당된다. 즉 광고의 주체인 화자가 곧바로 청자로 바뀌어 광고에서처럼 원하는 모습으로 변신할 것을 다짐한다. 그렇기 때문에 청자는 이러한 광고를 보면서 본인이 곧 화자가 되기도 하는 것이다. 따라서 이러한 독백체도 대화의 한 유형이기에 전체적으로 구어체로 조직됨은 당연한 일이다.

3.2. 수미쌍관의 구조

수미쌍관법은 일반적으로 시와 같은 문학장르에서 많이 사용된다. 이 방법은 처음에 제시한 주제를 나중에 다시 확인함으로써 텍스트 전체의 구조적인 안정감 확보는 물론, 의미를 강조하는 효과까지 거둘 수 있다. 그런데 이러한 수미쌍관 구조가 잡지광고에서도 일반적으로 사용된다는 점이다. 이러한 구조를 선호하는 것은 처음에 제시한 개념을 마지막에 다시 한 번 정리·강조함으로써 광고효과를 극대화하기 위해서이다. 수미쌍관은 앞에서 살펴본 결속기제 중 회기나 병행구문과 일맥상통할 수 있다. 따라서 텍스트 전체의 결속구조를 강화함은 물론, 주제전달의 명료성까지도 담보하는 기제라 하겠다.

⑲ <u>Design by Nature 구정마루</u>
   수풀 속을 걷듯……
   푸른 하늘 아래 서 있는 듯……
   자연에 가장 가깝게
   자연이 디자인한 마루
   <u>구정마루</u>
   <u>자연에서 시작된 Design입니다.</u>

⑳ <u>새로나온 필립스 에주어 4000 -</u>
   옷감까지 보호해주는 커리자 열판이
   다림질을 더 쉽게 만들어 드립니다.
   옷감까지 생각하는 다리미
   <u>필립스 에주어 4000뿐입니다.</u>

⑲와 ⑳에서는 처음 제시된 주제어가 마지막에 다시 언급된다. 그리하여 광고의 주제를 자연스럽게 정리·요약하는 효과를 거두고 있다. ⑲

에서는 주제어 '구정마루'가 중간에 '자연'이라는 프레임에 의해 전개되다가 마지막 발화에서 다시 반복된다. ⑳에서도 처음에 제시된 신정보 '필립스 에주어 4000'이 마지막 부분에서 재차 발화됨으로써 주제어를 다시 한 번 강조하고 있다. 이러한 수미쌍관의 구조를 도식화하면 다음과 같다.

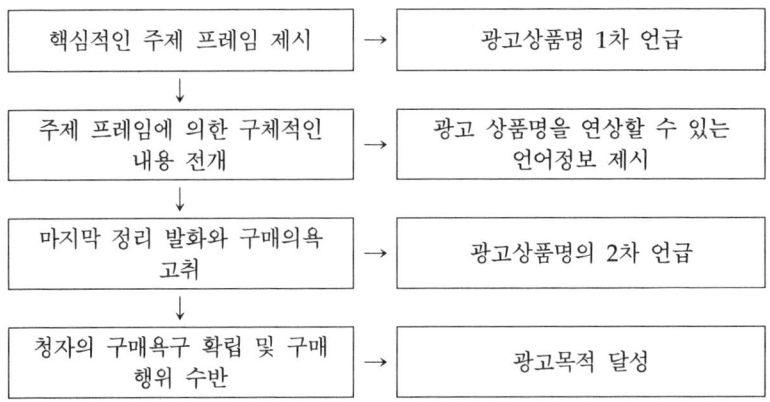

이러한 수미쌍관의 구조는 청자에게 구조적인 안정감을 줄 뿐만 아니라, 자연스럽게 주제어에 근접할 수 있도록 돕는다. 이렇게 청자에게 주제를 강하게 인식시켜 궁극적으로는 해당 제품의 구매를 유도한다. 그리고 청자가 그러한 의도에 동조하여 구매를 실행할 때 비로소 광고의 목적이 달성된다고 할 수 있다.

3.3. 주제 집약적인 표제발화

광고는 일반적으로 표제어, 본문 그리고 부제발화 등으로 구성된다. 물론 더 세분할 수도 있지만 크게 보아 위의 형태를 기본적으로 유지한다. 이들 중 처음의 표제발화가 그 기능상 상당히 중요하다. 그것은 청자들이 일차적으로 표제발화만으로 그 광고의 나머지 부분에 대한 수용 여부를 판단하기 때문이다. 그래서 광고의 간판 역할을 담당하는 것이 바로 표제라 하겠다.8) 실제로 잡지광고의 표제발화는 대체로 주제를 집약·표출하는 특성이 있다.

 ㉑ 세상에 태어나서
   처음 만나는 행복!
   <u>해피랜드</u>
   ……

 ㉒ 주름 앞에 팽팽한 자신감
   <u>헤라 링클 트리트 EX</u>
   ……

㉑과 ㉒에서도 첫 발화가 주제집약적인 표제발화로 구성되어 있다. ㉑에서는 주제어 '해피랜드'를 일차적으로 언급하고 있다. 그리고 나머지 본문 발화에서 구체적인 행복 프레임을 전개해 나가는 것이다. ㉒에서도 표제발화가 주제의 단독 제시로 이루어진다. 곧 '헤라 링클 트리트 EX'를 단독 제시함으로써, 청자가 바로 주제 포착의 과정으로 들어갈 수 있도록 유도한다. 그런 다음 나머지 본문발화에서 팽팽한 주름의 프레임을 구체적으로 전개한다. 이러한 표제발화는 상품에 대한 강조효과가 크기 때문에 광고텍스트에서 선호할 수밖에 없다.9)

---

8) 신문광고나 신문기사의 경우는 그 정도가 더욱 심할 수 있다. 신문은 잡지보다는 다소 긴 기사나 광고가 게재되는 경우가 많다. 그럴 때 독자들은 통상적으로 기사의 제목인 표제어를 보고 기사를 읽을 것인지의 여부를 결정한다. 그만큼 표제어가 주는 인상이 중요하다고 할 수 있다. 이러한 현상은 신속성을 중시하는 최근의 언중에게는 더 중요한 인자로 작용한다.
9) 표제발화를 비롯한 일반적인 광고의 구조를 도식화하면 다음과 같다.

㉓ 아기에게 잘 맞고 더 좋으라고 / 모유처럼 4 : 6 단백비율을 지켰습니다./
더 좋은 유아식 -「남양 임페리얼 드림」

㉔ 아기들 보리차도 맑고 순~한 게 좋아요! - 동서 유아용 순보리차

㉕ 365일 삶은 효과!
100% 항균청정내의 - BYC 데오니아

위의 표제발화 역시 주제발화의 단독 제시로 이루어졌다. 공통되는 구조는 '광고의 가장 핵심적인 이미지 + 주제어(광고상품명)'라 할 수 있다. 이러한 구조가 잡지광고의 표제발화로 선호되는 이유는 일차 제시만으로도 최소한의 정보를 제공할 수 있기 때문이다. 신속성을 추구하는 최근의 언중은 이러한 표제발화만으로 나머지 광고에 대한 취사선택을 결정한다.

4. 결론

이상으로 잡지광고의 텍스트성을 살핀 후 이를 바탕으로 텍스트언어학적인 특성을 고찰해 보았다. 잡지광고는 한정된 지면 안에서 충분한 정보를 제공해야 하기 때문에 일반텍스트보다는 의미적 결속력을 중시한다. 이는 화자가 불특정다수를 상대로 가상의 세계에서 신정보를 효과적으로 전달해야 할 필요성 때문에 나타난 현상이다. 지금까지의 논의를 간략히 요약·제시함으로써 결론을 대신하고자 한다.

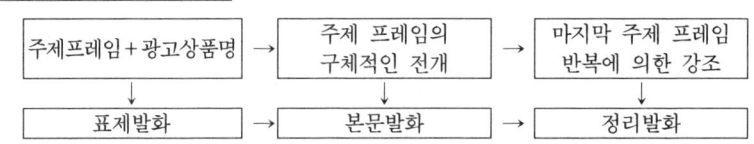

첫째, 회기·대용형·생략을 중심으로 잡지광고의 결속구조를 살펴보았다. 회기는 같은 언어정보를 반복하는 것으로 광고텍스트 전체의 의미연결성을 강화한다. 회기의 변형인 병행구문이나 환언 등도 다양하게 사용되며 결속구조를 강화하고 있다. 대용형은 이미 제시된 정보를 다시 언급하지 않기 위하여 활용하는데, 잡지광고의 경우 한정된 지면 관계로 이러한 대용형의 사용이 그다지 활발하지는 못하다. 생략은 제시된 정보를 언표화하지 않는 것으로, 의미의 결속성을 담보하는 중요한 기제로 작용한다. 특히 한정된 지면에 실리는 잡지광고에서는 비초점정보, 혹은 부가정보로 추론 가능한 언어정보는 과감하게 생략한다.

둘째, 잡지광고는 설정된 주제 프레임에 맞춘 강한 결속성이 중시된다. 즉 앞에서 살펴본 결속기제들이 작용하여 강한 의미적 결속성을 구축하는 것이다. 실제로 잡지광고에서는 하나의 프레임이 설정되면 이를 전개시키는 데 필요한 의미적 연결성과 주제로의 응집성을 강조한다. 이에 반하여 주제전달에 불필요한 언어정보는 과감히 생략한다. 이는 한정된 분량 안에서 주제를 신속하고도 효과적으로 전달해야 하는 잡지광고의 특성 때문이라 할 수 있다.

셋째, 잡지광고의 텍스트언어학적 특성을 살폈다. 먼저 구어적인 대화 발화체를 들 수 있다. 잡지광고는 불특정다수의 청자를 대상으로 가상의 상황에서 일방적으로 정보를 제공한다. 따라서 화자는 가상의 청자를 대상으로 대화상황을 전개하되, 친근함을 유발하기 위하여 구어체를 구사한다. 청자들은 이러한 광고를 부담감없이 받아들이면서 새로운 정보를 얻고, 광고주는 원하는 최종 목적을 달성하는 것이다. 다음으로 수미쌍관 구조를 들 수 있다. 이는 처음에 제시된 언어정보를 마지막 발화에서 다시 한 번 언급함으로써 전체 구조에 안정감을 줄 뿐만 아니라, 의미적으로도 매끄럽게 정리되어 결속성을 강화하는 효과가 있다. 실제로 청자는 이러한 수미쌍관 구조의 광고텍스트를 접하면 더 정확하게 주제에 접근할 수 있다. 마지막으로 주제집약적인 표제발화를 들 수 있다. 일반적으로 표제발화는 전달하고자 하는 상품의 중심 프레임+광고상품명으로 구성된다. 따라서 처음 제시하는 발화에서 이미 청자는 광고의 핵심적인 정보를 획득하게 되는 것이다. 이를 바탕으로 광고텍스트에 대한 취사선택이 결정되며, 나아가 상품에 대한 이미지나 구매행동의 유발에까지도 영향을 미친다. 따라서 대부분의 광고텍스트는 처음의 표제발화만으로도 최소한의 정보를 제공할 수 있도록 감안한다.

제3장 공익광고와 텍스트

1. 서론

광고는 현대인의 언어생활에서 빼놓을 수 없는 정보매체가 되었다. 우리는 수많은 광고문구를 접하고, 그것을 기억하고 또 활용한다. 그리고 광고표현이 우리의 언어생활을 즐거우면서도 새롭게 만든다. 그래서 광고의 홍보성과 언어의 창조성이 결합된 광고문구가 우리의 인지구조 안에 다양한 형태로 자리잡게 된 것이다.

우리 생활에서 많은 부분을 차지하는 광고는 그 목적에 따라 크게 영리광고와 비영리광고로 나뉜다. 영리광고의 경우 소비자의 물건 구매가 최종 목적이라면, 비영리광고는 물건 구매와는 관계없이 시청자의 편익 추구를 위한 것이다. 이에는 각종 공익광고나 안내광고 등이 해당될 수 있다. 특히 공익광고는 불특정다수의 안전과 편익을 위한 것으로 계몽적 성격이 강하다.(박영준 외, 2006 : 149-150) 최근에는 공익성(共益性)과 광고성(廣告性)이 결합된 공익광고를 다수 확인할 수 있다.

공익광고는 영리광고와는 달리 공공의 이익과 편익을 위해 제작·유포되기 때문에 사회문제를 직접적으로 지적하고 그 해결책을 모색한다. 그러다 보니 공익광고에 사용되는 광고문구는 상업광고에 비해 구체적이면서도 직접적으로 제시되는 경우가 많다. 때로는 명령적이거나 다소 선동적인 문구가 삽입되기도 한다. 그래서 영리광고에 비해 언어적 묘미가 다소 덜하여 예술적 감흥이 부족할 수도 있다. 그러나 최근에 등장하는 공익광고는 목적성을 직접 드러낼지라도 언어적 묘미를 감안한 표현이 적지 않다. 다양한 기법과 참신한 표현으로 언어 유희적인 감흥을 고조하여 상업광고 못지않은 신선함과 재미를 주기 위함이다. 더불어 공익광고의 목적을 독자에게 명령적으로 요구하지 않고, 부탁이나 권유·호소 등의 다소 부드러운 화법으로 제시하는 경우가 많아졌다.[1]

공익광고는 하나의 일관된 주제를 전달한다는 측면에서 훌륭한 텍스트라 할 수 있다. 하나의 주제를 향해 각 발화문이 긴밀하게 연결되기에 광고텍스트로서 독특한 면이 없지 않다.[2] 따라서 이 글에서는 공익광고의 텍스트 구조를 파악한 다음, 텍스트의 기제와 기능에 대해 살펴보고자 한다. 이를 토대로 공익광고 텍스트의 특성을 검토해 보고자 한다. 이 글에서는 한국공익광고협의회에서 제작한 2000년 이후의 광고를 분석대상으로 선정하였다.[3]

---

1) 화법의 변환은 일종의 화술의 변화라 할 수 있다. 이를테면 요령의 화술이나 아량의 화술을 통해 청자의 부담은 줄이면서 화자의 부담은 늘이는 것이라 하겠다. 그렇게 함으로써 청자가 혜택을 받는 것처럼 착각하여 심리적인 여유로움까지 갖게 된다. 이는 공익광고에 대한 거부감 상쇄 효과를 거둔 것으로 볼 수 있다.
2) 텍스트유형은 전달매체에 의해 크게 발화텍스트, 작품텍스트, 문서텍스트, 영상텍스트로 나눌 수 있다. 문서텍스트에는 광고텍스트를 비롯하여 공문서·영수증·논문·신문 등 문자로 기록된 실용텍스트가 포함된다.(고영근, 1999 : 264-269)
3) 광고는 영상과 언어정보의 복합작용으로 정보전달이 이루어진다. 그러나 영상정보의 분석과 적용은 언어학적인 측면에서 다루기에는 무리가 있기에 부득이 언어정보로 이루어진 지면매체의 공익광고만을 선별하였다. 지면매체 중에서도 신문이나 잡지에 게재된 공익광고만을 분석대상으로 한정했다.

2. 공익광고의 텍스트 구조

공익광고에서는 독자들이 전달내용을 효과적으로 수용할 수 있도록 다양한 방안을 모색한다. 독자들이 인상적이면서도 절박하게 수용하는 방법을 강구하다 보니, 공익광고는 자연스럽게 형식이나 내용에서 어느 정도 전형성을 갖게 되었다. 형식에서는 안정된 틀을 주요하게 생각했으며, 내용에서는 전달정보를 강조하기 위하여 층위적 구조를 중시하였다. 이를 염두에 두고 이 절에서는 형식과 내용의 측면에서 공익광고의 텍스트구조를 살펴보도록 한다.

2.1. 형식구조

대부분의 광고는 '표제-(부제)-본문-슬로건-로고-광고주'의 순서로 짜인다.[4] 그래서인지 공익광고도 이러한 순서에 따라 형식구조를 취하고 있다. 물론 상업광고와는 달리 슬로건이나 광고주가 메인화면의 하단에 작은 크기로 제시되지만 전체적인 순서는 이와 유사하다. 다음의 공익광고문구를 보자.

① 표 제 : 우리 아이들에게 무엇을 물려주시겠습니까?
　 본 문 : 한 번 쓰고 버리는 일회용품, 우리 후손에게는 엄청난 쓰레기로 남겨집니다. 일회용품 분해시간이 적게는 20년에서 길게는 500년 이상 걸리거든요.

---

4) 예를 들면 다음과 같다.
　표제 : 아무에게나 드릴 수 없는 보배로운 氣이기에
　본문 : 대청 적송의 백년 순결과 5가지 특선 한방성분을 담아 / 귀하고 귀한 당신을 위해 태어났습니다. / 복합적인 나이 고민이 진행되는 피부에 / 찾아온 보배로운 생명의 氣- / 설화수 위에 설화수
　슬로건 : 설화수 진설 크림
　로고 및 광고주 : 雪花秀

슬로건 : 일회용품 - 하루 하나씩만 줄여도 미래가 깨끗해집니다.
광고주 : 한국공익광고협의회(2006)

위의 광고문구의 순서는 일반적인 공익광고의 틀에서 크게 벗어나지 않는다. 표제에서 전달하고자 하는 내용을 가시적으로 드러내고, 본문에서 이를 확장시켜 내용을 구체적으로 전개한 다음, 슬로건에서 가장 중요한 주제를 요약·전달하기 때문이다. ①의 표제에서는 '무엇을 물려줄 것인가?'를 통해 문제를 유도·제시하고, 그에 맞춰 본문에서는 '물려주고 싶지 않지만 물려줘야 하는 쓰레기'의 상황을 설명한다. 그리고 슬로건에서 주제인 '일회용품을 줄이자'를 집약적으로 제시한 후 마지막 광고주로 한국공익광고협의회를 제시한다. 대부분의 공익광고는 이러한 순서로 형식구조가 짜인다. 이제 각 단계에 해당하는 내용을 구체적으로 살펴보도록 한다.

공익광고의 제일 앞에 제시되는 것은 표제이다. 일반적으로 이 표제는 본문보다는 큰 활자로 제시된다. 활자가 크면 독자의 관심을 끄는 데 도움이 되기 때문이다. 또한 표제는 본문의 내용과 자연스럽게 연결되어야 한다. 표제가 본문과 긴밀히 연결될 때 광고의 효과도 그만큼 커지기 때문이다. 따라서 공익광고의 표제에서는 본문의 내용과 연결고리를 적절히 맺기 위하여 다양한 문형을 구사한다. 이에 해당하는 문형으로는 주제문을 직접 제시하는 평서문(감탄문 포함), 주제를 독자에게 유도하는 의문문, 그리고 행동을 요청하는 청유문 등을 들 수 있다. 실제로 지금까지 구사되었던 공익광고의 표제를 살펴보면 다음과 같다.

〈표1〉 표제의 문장 유형

평서문 표제	* 부정이 부실을 만듭니다.(2005) * 간접흡연의 가장 큰 피해자는 따로 있었습니다.(2005) * 플러그 휴식 - 11%의 에너지가 돌아옵니다.(2004) * 빛나는 사인이 있는가 하면 빛내는 사인이 있습니다.(2003) * 편리함은 짧고 쓰레기는 길다!(2006)
의문문 표제	* 이런 모습, 상상은 해 보셨나요?(2006) * 우리 아이들에게 무엇을 물려주시겠습니까?(2006) * 語?(2003) * 혹시 자녀의 반도 모르면서 반등수만을 알려고 하지는 않습니까?(2000)
청유문 표제	* 한 잔 비우셨다면, 운전할 마음도 비우십시오.(2006) * 5초만 돌아봐 주세요!(2006) * 붉은 힘을 모읍시다!(2002)

위의 표에서 살펴본 것처럼 공익광고의 표제는 문제를 직접적으로 제시하는 평서문이나 문제를 유도하는 의문문, 그리고 문제를 호소하는 청유문의 형식을 취하고 있다. 그렇지만 표제어에서 일반적인 문형은 평서문이다. 평서문이 객관적인 관점을 고수하여 독자들이 거부감 없이 받아들일 수 있기 때문이다.

표제 다음에는 본문이 배치된다. 본문은 표제에서 제시했던 내용을 구체적으로 설명하는 부분이다. 강하게 함축하여 상징적·중의적 성격을 갖는 표제어의 의미를 합리적으로 풀어내는 부분이 본문이다. 그래서 본문은 대체로 평서문으로 기술하면서 쉬운 문장구조를 갖게 된다. 그뿐만 아니라 설명방식을 취하여 누구나 알기 쉽게 구성하는 것이 일반적이다.

본문 다음에는 슬로건이 배치된다. 대체로 본문이 전개되고 슬로건에서 주제를 집약적으로 제시한다. 일부는 슬로건을 더욱 강조하기 위해 활자를 본문보다 크고 표제보다는 작게 제시하기도 한다. 그럴 경우 시각적인 효과로 슬로건이 자연스럽게 본문보다 전경화될 수 있다. 다음의 광고문구를 보자.

② 쓰레기는 죽지 않는다. 다만 재활용될 뿐이다!
재활용원료로 쓰기 위해 연간 1조 7천억 원어치나 되는 쓰레기를 수입하고 있는 걸 아십니까? 그런데 알고 보면,
버려지는 쓰레기의 60% 이상이 재활용 가능한 것들입니다.
경제를 살리고 환경을 지키는 일, 바로 우리의 작은 실천에서 출발합니다!
버리면 쓰레기가 되지만, 다시 쓰면 자원이 됩니다.(2003)

위의 공익광고를 보면 마지막 슬로건에 해당되는 문구를 본문보다 큰 활자로 배치함으로써 표제에서 문제를 제기한 이후, 하단의 슬로건에서 주제를 강조하는 효과를 거두고 있다.

마지막으로 로고나 광고주가 배치된다. 그렇지만 공익광고에서는 상업광고에 비해 로고나 광고주가 가시화되지 않는다. 공익광고에서는 물건구매를 유도하지 않기 때문에 굳이 로고나 광고주가 부각될 필요가 없다. 따라서 로고나 광고주의 경우는 상업광고와 달리 화면 아래나 한쪽 구석에 간단하게 배치되는 경우가 많다. 이는 공익광고의 광고주가 누구인지 독자가 암묵적으로 알고 있기에 이런 사실을 굳이 부각할 필요가 없었던 것이다.

따라서 공익광고의 형식구조는 '표제-본문-슬로건-(광고주)'으로 간단하게 정리할 수 있다. 이러한 형식구조를 바탕으로 때로는 표제에서 문형의 변화를 주거나 슬로건에서 활자 크기에 변화를 주어 독자들의 관심을 촉발할 따름이다.

2.2. 내용구조

공익광고의 내용구조는 앞에서 살핀 형식구조의 순서에 따라 일반적으로 '문제제기→상황설명→해결책 제시→주제 강조'로 이루어진다. 이러한 내용구조가 공익광고의 전형적인 틀이라 할 수 있다. 그렇지만 전달

내용의 성격에 따라서는 위에서 제시한 구조를 일탈하기도 한다. 상황설명을 생략한 채 문제제기 다음에 곧바로 해결책과 주제 강조로 이어지는 경우도 있다. 따라서 여기에서는 '문제제기→상황설명→해결책 제시→주제 강조'를 전형으로 삼아 내용구조를 살핀 다음, 파생형인 '문제제기→해결책 제시→주제 강조'의 내용구조도 간략히 언급하고자 한다.
다음은 공익광고가 구비해야 할 내용구조를 잘 나타내고 있다.

③ 표제(문제제기) : 편리함은 짧고 쓰레기는 길다!
상황설명 : 20년에서 500년 이상까지 걸리는 일회용품 분해시간-
해결책 제시 : 하루에 5천만 국민이 종이컵, 비닐봉지 하나씩만 줄여도 하루에 5천만 개의 일회용품 쓰레기가 줄어듭니다.
주제 반복 : 일회용품-하루 하나씩만 줄여도 미래가 깨끗해집니다.(2006)

위의 공익광고를 보면 표제에 해당되는 '편리함은~길다!'는 문제를 제기하면서 동시에 주제를 상징적으로 전달한다. 그리고 다음의 '20년에서~분해시간'까지는 당면한 문제 상황에 대한 설명이고, 이어서 이 문제에 대한 해결책 혹은 우리가 나아가야 할 방향을 제시한다. 그리고 마지막 슬로건에 해당되는 부분에서 주제를 구체화하여 강조하고 있다. 따라서 독자는 자연스럽게 처음의 표제에서 암묵적으로 주제를 제시받고, 본문에서 문제의 심각성을 인식한 다음, 슬로건의 마지막 부분에서 나름대로 해결책을 모색하면서 주제에 대한 인식을 확고히 한다.
이제 각 단계에 해당하는 내용을 구체적으로 살펴보도록 한다. 공익광고에서는 먼저 주제를 암시하면서 문제를 제기한다. 문제를 제기할 때에는 직접 제시하는 유형과 유도 제시하는 유형으로 나눌 수 있다. 다음의 예를 보자.

④　a. 손 씻기는 또 하나의 백신입니다.(2005)
　　　 "엄마 눈은 달마시안"(2004)
　　 b. 이런 모습, 상상은 해 보셨나요?(2006)
　　　 우리 아이들에게 무엇을 물려주시겠습니까?(2006)

④ a의 예는 문제를 직접 제시하는 유형이고, b는 문제를 유도하며 제시하는 유형이다. a의 경우는 문제를 직접적으로 제시하기 때문에 독자는 전달하고자 하는 핵심내용을 바로 받아들이는 반면, b의 경우는 주어진 질문을 토대로 독자가 이어지는 본문에서 발화의도를 찾아야 한다. 문제를 직접 제시하는 a와 같은 경우는 핵심의미를 바로 전달받기 때문에 독자는 추론이나 사고과정을 거치지 않는다. 따라서 직접 제시 유형은 광고에서 목적하는 신정보를 바로 습득하고 인지할 수 있는 강점이 있다. b처럼 문제 유도형 질문의 경우는 던져진 질문에 대한 호기심과 그것에 대한 추론의 과정을 거치면서 본문의 정보를 습득하게 된다. 따라서 유도형 문제제기에서는 광고의 목적을 스스로 찾아서 인지해야 하기 때문에 독자가 전달정보를 심도 있게 수용하는 강점이 있다.

문제제기 다음에 이어지는 상황설명에서는 제시된 문제에 대한 상황을 간략하게 언급한다. 그렇게 하면 독자가 문제의 심각성을 인지하고 해결책을 모색하게 된다. 다음의 예에서 이러한 특징을 찾아볼 수 있다.

⑤　문제제기 : 우리 아이들에게 무엇을 물려주시겠습니까?
　　상황설명 : 한 번 쓰고 버리는 일회용품, 우리 후손에게는 엄청난 쓰레기로 남습니다. 일회용품 분해시간이 적게는 20년에서 길게는 500년 이상까지 걸리거든요.
　　해 결 책 : 일회용품-하루 하나씩만 줄여도
　　주제 강조 : 미래가 깨끗해집니다.(2006)

위의 광고를 보면 제기된 문제에 대해 상황을 설명하고, 이어서 이러한 문제의 해결책으로 '하루 하나씩만 줄이자'를 제시한다. 이처럼 상황설명에서는 제시된 문제를 구체적인 사례나 수치를 들어서 제시함으로써 독자가 문제에 대해 심각하게 인지할 수 있도록 한다. 문제제기로 독자에게 강한 인상을 주어 관심을 촉발한 다음, 상황설명을 통하여 문제의 심각성을 제고한 것이다. 그렇게 해야만 이어지는 해결책을 통해 주제를 강조하는 효과를 거둘 수 있기 때문이다.

상황설명에 이어 해결책이 제시된다. 물론 해결책을 제시하는 동시에 주제를 강조하는 경우도 있지만, 해결책을 제시한 다음에 주제를 강조하여 전달효과를 극대화하는 것이 일반적이다. 해결책에서는 앞에서 제시한 문제 상황을 타개할 방안을 모색하는데, 인용문 ⑤에서는 '일회용품 하루에 하나씩만 줄여도'가 될 수 있다. 이는 물론 주제인 '미래가 깨끗해집니다'를 강조하기 위한 방편이다. 환경문제 해결의 방안으로 일회용품을 줄이면 궁극적으로는 문제가 해결되어 미래가 깨끗해진다는 주제를 부각한 것이다.5) 다음의 인용문을 더 보도록 하자.

⑥ a. 손씻기는 또 하나의 백신입니다.
   콜레라, 감기, 눈병, 식중독 등 전염병의 70%는 손을 통해 전염됩니다.
   손만 깨끗이 씻어도 70%의 전염병이 예방됩니다.
   세상에서 가장 손쉬운 건강법, 손 씻기는 또 하나의 백신입니다.(2005)
   b. 대화하자, 부모와 자식으로
   '나에 대해서 전혀 알아주지 않아'
   '내 말 따위는 들어주지도 않아'
   이렇듯 아이들은 혼자서 싸우고 있습니다.
   '열심히 해'라는 말은 아이들에게 와 닿지 않습니다.
   차근차근 이야기합시다. 더 많이 이야기합시다.

---

5) 이 광고의 경우 해결책에 해당되는 부분이 한 줄 건너 배열되었고, 또 글자가 본문보다는 조금 크기 때문에 주제 강조의 기능도 겸하게 된다.

부모와 자식으로 대화를 하지 않은 지 얼마나 되었습니까?
아이가 제일 이야기하고 싶은 사람은 당신입니다.(2005)

위의 인용문에서도 상황설명이 이루어진 다음에 해결책을 제시하고 있다. 즉 a의 경우 본문에서 '콜레라, 감기, 눈병, 식중독 등 전염병의 70%는 손을 통해 전염됩니다'로 상황을 설명한 다음에 그에 대한 해결책으로 '손만 ~ 예방됩니다'를 제시하였다. b의 인용문에서는 부모 자식 간에 대화가 단절된 상황을 설명한 다음에 그 해결책으로 '차근차근 ~ 이야기합시다'를 제시하고 있다. 물론 이 해결책은 바로 이어지는 주제의 강조와도 밀접한 관계가 있다.

해결책이 제시된 다음에는 주제를 강조한다. 그래서 해결책은 종종 주제를 부각하는 인자로 활용되기도 한다. 실제로 해결책이 주제로 연결되는 경우가 많다. 앞에서 살핀 ⑥ a의 경우 해결책은 '손만~예방됩니다'이다. 이 해결책을 통하여 주제인 '씻기는 또 하나의 백신입니다'를 부각한 것이다. 즉 손 씻는 행위 자체가 70%에 달하는 전염병을 예방하는 백신이라는 점을 강조한 것이다. 따라서 마지막 문장은 이 광고문의 핵심이면서 주제에 해당된다. 또한 ⑥ b의 해결책은 '차근차근 이야기합시다. 더 많이 이야기합시다'이다. 문제해결의 방안이 바로 차분하면서도 많은 대화라는 점이다. 그런 다음에 주제에 해당하는 것으로 부모의 관심이 필요함을 강조한 '아이가 ~ 당신입니다'를 제시하였다. 그렇게 함으로써 부모의 관심이 아이를 올바르게 이끌 수 있음을 강조한 것이다.

공익광고의 일반적인 내용구조는 위에서처럼 네 단계로 구비된다. 그런데 광고내용이나 전달의 효과를 감안하여 단계를 생략하는 경우도 있다. 즉 상황설명을 생략하는 것이 그것이다. 이때는 문제를 제기한 다음, 인상적인 내용을 해결책으로 나열하다가 마지막 부분에서 주제를 강조하는 특징이 있다. 이 유형은 구체적인 사항을 나열하다가 그를 총화한 주제를 제시한다는 점에서 귀납적인 구성이라 할 만하다. 이에 해당하는 예문을 들어보면 다음과 같다.

⑦ a. 5초만 돌아봐 주세요!
전철에서 신문 접는 시간 5초
현관문 열어주는 시간 8초
넘어진 자전거 일으켜주는 시간 17초
버스 타는 휠체어 돕는 시간 30초
세상을 아름답게 하는 시간
하루 1분이면 충분합니다.(2006)
b. 안전교육이 비상구입니다.
공공시설에선 소화기, 비상구 등 안전시설을 먼저 확인!
고층건물에서는 엘리베이터보다 계단으로 대피!
고함보다는 각종 도구를 이용하여 구조요청!
유리창과 반대방향으로 얼굴을 향하게 하며 대피!
휴지 10장의 위력, 방독면과 같습니다.
안전을 생활화합시다.(2003)

위 광고텍스트의 경우는 문제를 제기한 후 해결책을 나열하다가 주제를 부각하였다. 즉 상황설명 없이 해결책을 통해 주제를 강조한 것이다. 이는 굳이 설명하지 않아도 독자가 어떤 상황인지 충분히 인지하여 가능할 수 있었다.

⑦ a의 경우 주변에서 쉽게 실천할 수 있는 선행을 시간단위로 나열한 다음, 마지막에 가서 선행에 걸리는 시간이 결코 길지 않음을 확인하였다. 즉 이웃을 배려하는 마음이 많지 않은 요즘의 상황을 전제하면서, 해결책으로 아주 짧은 시간 내에 선행이 가능함을 들고 잠시라도 이웃을 배려하는 마음이 필요함을 강조한 것이다. ⑦ b의 경우 안전생활의 수칙을 하나하나 나열하고 마침내 안전을 생활화하자는 주제를 강조하고 있

다. 우리가 흔히 겪을 수 있는 위기 상황에서 대처하는 요령을 해결책으로 제시하고, 그러한 것을 항시 숙지하여 안전생활에 만전을 기하자는 주제를 강조한 것이다.

위와 같이 공익광고 중에는 문제를 제기하고 해결책을 다양하게 나열한 다음에 주제를 강조하는 귀납형 내용구조도 있다. 하지만 공익광고의 본령은 '문제제기→상황설명→해결책 제시→주제 강조'라 할 수 있다. 위의 축약형 구조가 전달효과를 극대화하기 위한 방편으로 쓰이긴 했지만, 공익광고의 다수는 여전히 네 단계로 구성되는 것이 보통이다. 이를 감안하여 공익광고의 내용구조를 표로 정리하면 다음과 같다.

〈표2〉 공익광고의 내용 구조

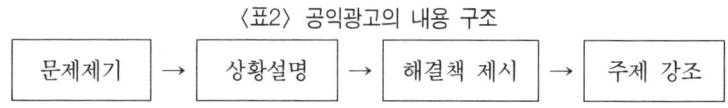

표에서 보는 것처럼 공익광고 텍스트의 내용구조는 크게 '문제제기→상황설명→해결책 제시→주제 강조'로 구성된다. 문제제기를 통해 관심을 촉발한 다음, 상황을 구체적으로 설명하고, 그에 대한 대책을 강구한 후 주제를 강조한 것이다. 이러한 내용구조를 바탕으로 독자는 공익광고의 정보를 효과적으로 전달받게 된다. 특히 문제제기에서부터 주제 강조에 이르기까지 긴밀히 연결된 사슬구조를 바탕으로, 독자에게 추론 가능한 사고를 유도하여 전달효과가 강화될 수 있다.

3. 공익광고의 텍스트 기제와 기능

공익광고는 불특정다수에게 권유하는 담론이라 할 수 있다. 즉 윤리적·교훈적 내용을 실천규범으로 설정하고, 그에 따라 독자가 사고하거나 행동하기를 촉구하는 텍스트라 하겠다. 이러한 목적 때문에 표현이나 구조가 상업광고와는 변별될 수밖에 없다. 이는 소비자를 유인하는 상업광고와는 달리 윤리도덕을 강조하여 나타난 결과라 하겠다. 따라서 그에 상응하여 표현이나 구조에서도 나름의 특성을 갖게 된 것이다. 이를 감안하여 이 절에서는 표현과 구조에서 활용한 기제와 그것의 기능에 대하여 검토해 보고자 한다.

3.1. 표현상의 기제와 기능

공익광고는 불특정다수에게 도덕적이거나 윤리적인 내용을 권유하는 텍스트이다. 그렇기 때문에 상업광고처럼 자극적으로 정보를 전달하기 어렵다. 또한 유도식 방법을 구사하여 독자의 감정을 자극해서도 안 된다. 그래서 독자가 수긍하면서 큰 거부감 없이 받아들이도록 다양한 방법을 동원해야 한다. 그 일환이 바로 표현을 부드럽게 하여 안정된 마음으로 광고를 수용할 수 있도록 하는 것이다. 다만 여기에서는 공익광고에서 자주 구사되는 비유적 표현이나 완곡 표현에 한정해서 살펴보고자 한다.

3.1.1. 비유적 표제를 통한 전달정보의 강화

광고에서 표제어의 역할은 무척 중요하다. 표제어는 광고의 내용을 포괄해야 함은 물론, 광고의 주제도 효과적으로 전달해야 하기 때문이다. 독자는 표제어만 보고 그 광고를 읽을 것인지 말 것인지를 결정짓는다. 따라서 표제어는 주제를 함축적으로 담아야 하고, 그러면서 독자로 하여금 호기심을 가질 수 있도록 제시되어야 한다. 그를 위해 공익광고에서 두드러지게 구사하는 표현 중의 하나가 바로 비유적 표제어이다.

비유는 문학적 표현에서 사용되는 것으로 생각할 수 있지만, 사실은 일상생활의 다양한 언어표현에서 더 자주 활용되곤 한다. 관용적 표현이나 신문의 표제어, 속담, 유행어구 등 다양한 분야의 언어표현에서 빈번하게 사용되기 때문이다. 공익광고의 표제어도 예외는 아니다. 다음의 인용문을 보도록 하자.

⑭ a. 한 잔 비우셨다면, 운전할 마음도 비우십시오.(2006)
　b. 편리함은 짧고 쓰레기는 길다!(2006)
　c. 손 씻기는 또 하나의 백신입니다.(2005)
　d. 플러그 휴식 - 11%의 에너지가 돌아옵니다.(2004)
　e. 엄마 눈은 달마시안.(2004)

위에 제시된 표제어는 모두 비유적 표현에 근거한다. a에서는 '비우다'의 의미 확장을 바탕으로 '운전할 마음'도 비우는 것으로 비유하고 있다. 술잔에서 술을 비우듯이 운전할 마음도 비울 수 있는 대상으로 표현한 것이다. b에서는 '편리함'과 '쓰레기'를 대비시키면서 비유적으로 표현하였다. 그리하여 '순간 편하게 버리는 쓰레기와 그것을 치우려면 오랜 시간이 걸린다'는 메시지를 전달한다. c는 '손을 자주 씻자'는 주제를 전달하기 위해 손 씻기를 백신에 비유해 표현하고 있다. 그리하여 우리가 건강을 위해 맞는 다양한 종류의 백신처럼 '손 씻기'도 백신과 같은 기능이 있음을 강조한 것이다. d에서는 전기 절약을 강조하는 내용인데, 전기를 아껴 쓰는 것을 '플러그 휴식'으로 표현하고 있다. 그래서 사람이 쉬는 것처럼 플러그를 사용하지 않는 것도 휴식으로 표현하면서 전기 사용의 자제를 강조한다. 마지막 e에서는 가정폭력의 위험성을 강조하는 광고로, 매 맞는 엄마의 눈을 달마시안에 비유하였다. 그래서 독자로 하여금 달마시안과 매 맞은 엄마의 눈을 동시에 연상하게 함으로써, 시각적 효과를 통해 주제전달력을 높인 것이다.

　공익광고의 표제어에서는 비유적 표현이 아주 일반적이다. 이는 비유가 부드러우면서도 강한 인상을 주는 표현법이기 때문이다. 또한 비유적 표제어의 사용이 광고가 갖는 강한 목적의식을 완화시킴은 물론, 독자로 하여금 호기심을 유발시키는 효과도 거둘 수 있다. 게다가 독자는 새로운 표현을 접함으로써 언어표현의 참신성을 획득하기도 한다. 어쨌든 공익광고의 비유적 표제는 참신한 표현 때문에 주제전달이 용이하고, 이를 바탕으로 독자는 전달정보에 대한 관심과 행동변화를 가져올 수 있다.

3.1.2. 완곡한 종결어미를 통한 표현효과의 제고

공익광고에서 자주 구사하는 직접적인 주제 제시는 간혹 독자에게 계몽성과 강압성으로 다가올 수 있다. 그러나 최근의 공익광고에서는 이런 강압적인 주제 제시보다는 독자의 마음을 움직일 수 있는 부드러운 문구를 많이 활용한다. 독자의 마음에서 거부감을 덜면서 동시에 전달하고자 하는 메시지를 여유로운 마음으로 받아들이도록 유도하기 위해서이다. 그러는 과정에서 문학적인 표현도 빈번하게 활용된다.

강압성을 덜고 부드러움을 강조하기 위한 일환으로 '-합시다, -하자, -해요' 등의 청유형이나 객관적 상황설명을 위해 평서형이나 의문형을 자주 사용하고 있다. 다음의 예를 보자.

⑮ 평서형 문형
세상을 아름답게 하는 시간 하루 1분이면 충분합니다.(2006)
일회용품-하루 하나씩만 줄여도 미래가 깨끗해집니다.(2006)
아이가 제일 이야기하고 싶은 사람은 당신입니다.(2005)
엄마가 멍들면 아이도 멍듭니다.(2004)
나눔이 있는 세상은 365일 따뜻합니다.(2003)

⑯ 의문형 문형
우리 아이들에게 무엇을 물려주시겠습니까?(2006)
혹시 자녀의 반도 모르면서 반 등수만을 알려고 하지는 않습니까?(2000)

인용문 ⑮에서는 '합니다체'를 활용하여 부드럽게 문제를 제기하고 있다. 평서문을 활용하여 독자가 느낄 수 있는 거부감을 배제하면서, 그 이면에 숨겨진 주제를 생각게 하는 표현법이라 할 수 있다. '세상을 아름답게 하는 시간 하루 1분이면 충분합니다'에서는 각박하게 사는 세상살이에서 잠시라도 이웃을 돌아보는 여유를 강조한 것이고, '일회용품, 하루 하나씩 줄여도 미래가 깨끗해집니다'에서는 '우리가 하루에 하나씩이라도 줄입시다. 그렇게 하는 게 어때요? 그렇게 해요' 등의 전달 주제를 추론할 수 있도록 했다. 또한 '아이가 제일 이야기하고 싶은 사람은 당신입니다'에서는 부모자식 간의 대화나 유대감의 중요성을 추론하도록 했으며, '엄마가 멍들면 아이도 멍듭니다'에서는 가정폭력이나 가정교육의 문제점을 생각하게 한다. 그리고 '나눔이 있는 세상은 365일 따뜻합니다'에서는 남을 배려하는 진정한 사회인이 되어야 할 필요성을 살필 수 있다. 이렇게 공익광고에서는 평서문을 통해 함축된 의미를 독자가 직접 찾아 인지할 수 있도록 배려하고 있다. 완곡한 표현을 통해 억지스러운 강요라는 느낌이 들지 않도록 감안한 결과라 하겠다.

인용문 ⑯은 의문문을 통해 독자들의 관심을 촉발하면서 정보전달을 꾀하고 있다. 의문문을 구사하면 물음에 대한 답변을 스스로 생각하기 때문에 이면에 함축된 주제를 전달하는 데 도움이 된다. 또한 독자 스스로 물음에 대한 반성적 생각을 가지면서 주제에 접근하여 주제에 대한 행동 유발의 효과도 그만큼 커질 수 있다. 실제로 '우리 아이들에게 무엇을 물려주시겠습니까?'의 질문에 대해서는 순간적으로 많은 생각을 하게 된다. 이렇게 관심을 촉발한 다음, 깨끗한 환경을 제시하면 그 문제에 대해 깊이 인식하는 효과를 거둘 수 있다. 또한 '혹시 자녀의 반도 모르면서 반 등수만을 알려고 하지는 않습니까?'에서는 자식을 마치 공부만 하는 비인격체로 대하지 않았는지 스스로 반성케 함은 물론, 앞으로 자녀를 세심하게 배려하는 마음을 갖도록 유도한다. 위의 의문형은 강요보다는 반성적인 마음으로 전달정보를 수용하도록 할 뿐만 아니라 앞으로의 다짐까지 이끌어낸다는 점에서 주목할 만하다. 물론 이것이 가능할 수 있었던 것은 의문형을 통해 독자의 마음을 사로잡은 완곡 표현 때문이라 하겠다.

위에서처럼 완곡 표현을 구사하면 독자는 제시된 주제구에 숨어있는 의미를 추론하여 행동촉구 주제, 즉 행동유발 주제를 다시 한 번 도출하게 된다. 이러한 사고의 전환을 도식화하면 다음과 같다.

〈표3〉 완곡 표현에 따른 주제추론 도식

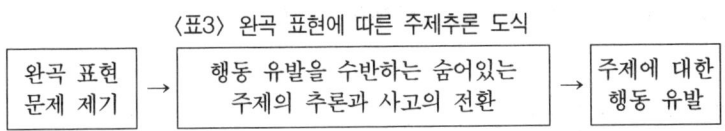

전달하고자 하는 주제를 직접적으로 '-합시다, 하세요' 등의 강요보다는 평서형이나 의문형을 선택함으로써, 독자가 자연스럽게 주제를 추론하도록 한다. 이는 독자가 거부감을 갖지 않고 '그렇게 해볼까?' 하는 자성적 사고를 갖도록 유도한 것이기도 하다.6) 이런 종결형의 표현은 공익광고에 대한 이미지를 개선할 뿐만 아니라, 심리적인 거부감을 제거함으로써 광고의 목적도 수월하게 달성할 수 있다.

3.2. 구조상의 기제와 기능

공익광고는 전체적으로나 부분적으로 정보를 효과적으로 전달하기 위하여 구조적인 장치를 마련하고 있다. 안정된 구조를 바탕으로 정보를

---

6) 일반적으로 사람들은 강제적인 명령이나 권고의 내용을 들으면 거부감을 갖게 된다. 따라서 좋은 내용이라도 표현 면에서 강압적인 느낌이 들면, 청자나 독자는 외면하게 된다.

전달할 때 독자가 해당 정보를 심도 있게 인지하기 때문이다. 그래서 공익광고 텍스트에서는 마지막 부분인 슬로건에서 주제를 직접 강조하는 경우가 많다. 특히 앞에서 살핀 '문제제기→해결책 제시→주제 강조' 구문에서는 전적으로 마지막 부분에서 주제를 도출할 수밖에 없다. 따라서 전반적으로 보았을 때 구조상의 특성 중의 하나로 귀납법을 통한 주제의 직접 제시를 들 수 있겠다. 또한 공익광고 텍스트에서는 결속구조를 강화하고, 이것을 토대로 결속성을 담보하기도 한다. 따라서 여기에서는 이 두 가지 점만을 들어서 살펴보도록 하겠다.

3.2.1. 귀납적 구조를 통한 주제의 직접 제시

공익광고 텍스트의 구조는 '문제제기→상황설명→해결책 제시→주제 강조'의 형태를 구비한 것이 있는가 하면, '문제제기→해결책 제시→주제 강조'로 구비된 것도 있다. 전자의 경우는 양괄식이거나 미괄식으로 주제를 제시하는데, 대부분 슬로건 부분에서 주제를 강조하는 경우가 많아 귀납적인 구조가 우세하다. 후자의 경우도 문제제기 다음에 해결책을 나열하고 곧바로 주제를 강조하기 때문에 이 또한 귀납적 방식을 취하고 있다.

실제로 공익광고는 상품구매를 유도하기보다는 많은 사람들의 편리한 생활을 위하여 만들어지기에 계몽적인 성격이 강하다. 따라서 어떤 내용이 되었든지 독자들이 주제를 쉽게 수용할 수 있어야 한다. 즉 상업광고보다는 주제를 쉽게 파악할 수 있도록 구조를 짜야 한다.[7] 이는 주제전달이 구체적이고 가시적이어야 함을 뜻하는 것이다. 사실 2000년부터 2006

---

[7] 최근에 나온 광고 중에는 주제를 쉽게 도출하기 어려운 경우도 있다. 광고가 끝날 때까지 상품에 대해 전혀 언급하지 않음은 물론, 무슨 상품을 광고하는지, 광고의 주제가 무엇인지 추론하기조차 어려운 것도 있다. 물론 이렇게 생소하게 만드는 것도 하나의 전략이라고 할 수 있지만, 공익광고의 경우는 주제 도출이 어려울수록 공익을 위하는 대의를 상실하기 쉽다.

년까지 살펴본 공익광고 텍스트는 주제를 직접적으로 제시하고 있다. 다음의 예에서 그러한 특징을 찾아볼 수 있다.

⑰ 5초만 돌아봐주세요!
전철에서 신문 접는 시간 5초
……
세상을 아름답게 하는 시간/하루 1분이면 충분합니다.(2006)

⑱ 키를 뽑으면 저금통이 됩니다.
계속되는 고유가 시대
……
차를 두고 걷는 습관 하나가 나 자신과 국가 경제를 건강하게 만듭니다.(2005)

⑲ 대화가 통하는 아름다운 세상
생각을 모아 큰 그림을 그릴 때입니다.
……
대화가 통하는 세상 - 모두가 함께 만듭시다.(2004)

위의 공익광고 텍스트는 모두 그 주제가 마지막에 가서 구체적이면서도 직접적으로 제시된다. 일반적인 광고의 경우 주제를 함축적·상징적으로 표현하거나 아예 주제가 가시화되지 않기도 한다. 그것이 또한 독자의 호기심으로 연결되어 오히려 주제를 가시화시킨 광고보다 더 효과적일 때도 있다. 그러나 공익광고의 경우는 예상되는 독자가 특정계층이 아니라 일반대중이기 때문에 주제를 지나치게 신비화하거나 함축하는 것은 그리 바람직하지 못하다. 오히려 쉽게, 그리고 직접적으로 주제를 강조해야 광고효과가 더욱 커질 수 있다.[8] 따라서 공익광고 텍스트에서

---

8) 공익광고의 특성상 주제의 추론과정을 지나치게 강화하면 청자가 부담을 느낄 수 있다. 즉 특정계층을 대상으로 하기보다는 일반 대중을 아울러야 하기 때문

는 고도의 상징이나 함축적인 기교보다는 구체적이고 직접적인 표현으로 주제를 제시하곤 한다.

⑳ 일회용품-하루 하나씩만 줄여도 미래가 깨끗해집니다!(2006)
아이가 제일 이야기하고 싶은 사람은 당신입니다.(2005)
올바른 언어생활로 우리말을 지킵시다.(2003)
안전을 생활화합시다.(2003)

위의 예문도 모두 주제가 마지막에 제시된 광고문이다. 따라서 독자는 광고의 주제를 직접적으로 전달받게 된다. 이는 공익광고의 특성상 불특정 다수가 모두 이해하고 받아들일 수 있는 구조를 사용해야만 주제를 효과적으로 전달할 수 있기 때문이다.

공익광고 텍스트는 그것이 네 단계로 구성되었든 아니면 세 단계로 구성되었든 간에 모두 마지막 부분에 가서 주제를 강조한다. 아무래도 이는 특정 구매계층을 의도한 상업광고와는 달리 모든 사람이 공유해야 하는 특수 상황 때문이라 할 수 있다.

3.2.2. 결속구조를 통한 결속성 강화

결속구조와 결속성은 텍스트가 갖춰야 하는 기본적인 요소 중의 하나이다. 하나의 주제하에 전개되는 각 문장의 결합은 결속구조와 결속성의 관계 때문에 독립적인 텍스트 단위를 구성하게 된다. 그래서 텍스트는 결속구조에서 시작하여 결속성으로 마무리된다 해도 과언이 아니다. 이처럼 하나의 일관된 주제를 향해 결집되는 것이 텍스트라 할 수 있다.[9]

에 주제를 쉽게 도출할 수 있도록 구성하는 것이 효과적이다.
9) 결속구조는 텍스트가 갖춰야 하는 통사적 자질로 표층텍스트에 나타나는 문법적 기제를 의미한다. 즉 회기(recurrence), 대용(proform), 생략(ellipsis), 상(aspect), 접속표현(junctive expressions), 기능적 문장투시(functional sentence perspective), 억양(intonation) 등이 그것이다. 결속성은 텍스트의 의미적 연속

이로 볼 때 공익광고는 일관된 주제 아래 결속구조와 결속성이 잘 구비된 텍스트라고 할 수 있다. 다음의 예를 보자.

㉑ 이런 모습, 상상은 해 보셨나요?
    a. 아이보다 어른이 많은 나라, 상상해 보셨나요?
    b. 2004년 OECD국가 중 최저 출산율의 나라,
    c. 세계에서 고령화가 가장 빨리 진행 중인 나라,
    d. 2050년 노인인구비율이 37.3%에 이르는 나라,
    그곳이 다름 아닌 우리나라입니다.
    내 아이를 갖는 기쁨과 나라의 미래를 함께 생각해 주세요.
    아이들이 대한민국의 희망입니다.(2006)

위의 예는 출산장려의 공익광고로, 주제는 '우리나라의 희망인 아이들을 많이 낳읍시다'이다. 위 광고는 결속구조의 장치와 결속성이 잘 갖추어진 텍스트라 할 만하다. 결속구조의 측면에서 보면 새로운 화제 '이런 모습, 상상은 해 보셨나요?'를 독자에게 제시한다. 그럼으로써 독자로 하여금 '이런 모습?→어떤 모습인데?'라는 호기심을 유발시킨다. 그리고 결속구조 장치 '환언'을 이용하여 앞서 제시한 '이런 모습'의 구체적인 내용을 다음 줄 a에서 d까지 제시한다.10) 그리고 이렇게 제시한 내용을 '그곳'이라는 대용어를 이용해 반복하고, 이제까지 언급한 '~나라'가 '우리나라'라고 마지막에 언급한다. 물론 이는 강조의 효과를 얻기 위해서이다. 또 다른 결속기제로 병행구문이 활용되기도 한다.11) 본문에 사용

성을 바탕으로 한 상호 적합성의 관계라 할 수 있다. 인지의미적 관점에서, 텍스트 내에서 형성된 의미적 연결체들이 주제로 집중되는 것을 결속성이라 할 수 있다.(이현호, 1994, 31-47쪽)
10) '환언'은 앞서 제시된 어휘의 표현을 바꾸어 의미내용을 회기하는 것을 말한다. 즉 앞서 제시한 어휘의 내용을 같은 어휘로 반복하지 않고, 다른 표현을 사용하여 언급하는 결속기제이다.
11) 병행구문은 같은 표층표현 형식에 다른 의미내용을 채워서 사용하는 결속기제이다.

된 a에서 d까지에는 '~나라'라는 문형을 반복하여 사용하고 있는데, 이것이 전체적인 결속구조를 강화하는 데 일조하고 있다.

이 광고텍스트는 결속구조를 바탕으로 의미적 결속성도 확보하고 있다. 전체 텍스트의 주제인 '출산장려'를 향해 각각의 내용이 긴밀하게 연결되기 때문이다. 즉 '아이보다 어른이 많은 나라→최저출산율→고령화→노인인구비율→우리나라'로 일관되게 논지를 전개하고, 이를 바탕으로 '내 아이를 갖는 기쁨→나라의 미래→아이가 대한민국의 희망'이라는 결론으로 텍스트를 마무리한다. 그리하여 현재 우리나라가 처한 상황을 설명하고, 이런 상황을 극복할 수 있는 방안을 제시하여 각각의 발화가 모두 주제를 향해 배치되도록 하였다. 전체적으로 다섯 개밖에 되지 않는 문장이지만, 이것이 오히려 주제로의 결속성을 더욱 긴밀하게 만든 것으로 볼 수 있다. 그리하여 텍스트 전체적으로 구조의 탄탄함과 함께 의미의 긴밀성도 확보될 수 있었다.

다음에 제시하는 예에서도 이러한 결속구조와 결속성이 잘 나타난다.

㉒ 마약은 스스로 파는 무덤입니다.
　괴로운 일, 힘든 일을 잊기 위해 도피를 선택하시겠습니까?
　한 순간의 호기심에서 스스로 인생의 무덤을 파시겠습니까?
　순간의 고통을 잊기 위해, 순간의 쾌락을 얻기 위해 선택한 마약……
　마약은 나약한 사람들이 선택한 인생의 무덤입니다.(2002)

위의 인용문은 마약퇴치 광고로 역시 결속구조와 결속성이 강화되어 있다. 처음에 제시된 '마약→무덤'의 구조가 마지막에서도 제시됨으로써 수미상관의 결속구조를 갖추었기 때문이다. 또한 본문에 사용된 '-시겠습니까?'의 반복과 '~ 위해' 구문의 반복으로 구조적 통일성도 획득하고 있다.

구조적 통일성의 기반 위에 의미적 결속성도 강화되었다. 즉 '도피＋

호기심'에서 출발하여 '고통망각＋쾌락획득'의 과정이 '마약'이라는 의미망을 구축하게 되며, 이렇게 구축된 '마약'이 '인생의 무덤'으로 귀결토록 하였다. 그리하여 전체 텍스트가 일관되게 '마약은 인생을 망칩니다'의 주제를 향해 결집되도록 하였다.

이상에서 보는 바와 같이 공익광고 텍스트는 결속구조가 확보되고, 이것이 결속성을 강화하는 인자로 작용함을 알 수 있다. 결속구조와 결속성이 공익광고 텍스트를 더 완전한 텍스트가 되도록 한 것이다. 나아가 결속구조와 결속성에 의해 주제도 더 효과적으로 제시될 수 있다.

4. 공익광고 텍스트의 특징

공익광고는 기본적으로 윤리적·도덕적인 내용을 불특정 다수에게 정중하게 권유하는 텍스트이다. 그래서 자연스럽게 그와 관련하여 여러 가지 특성이 나타날 수밖에 없다. 일반적인 발화가 담화맥락이나 발화상황을 중시하는 것처럼, 공익광고 텍스트 또한 독자(청자)를 전제하면서 맥락이나 상황을 고려하기 때문이다. 따라서 여기에서는 공익광고 텍스트의 특성을 화자와 청자, 발화의도와 수용자의 태도, 그리고 발화 문형의 격식 등을 감안하여 고찰해 보고자 한다.

첫째, 공익광고 텍스트에서는 화자와 독자(청자)의 관계가 긴밀하다는 점이다. 이는 전달 정보가 화자나 독자 모두가 실천해야 할 사항이라는 점에서 필연적이다. 공익광고 텍스트에서는 이렇게 화자와 독자가 일체감을 형성하기 때문에 불특정 다수인 독자를 굳이 언급할 필요가 없다. 부득이 언급할 경우는 '우리'로 표현하여 화자와 독자를 하나로 아우르곤 한다. 이는 공익광고에서 통일성이나 일체성을 강조한 결과이기도 하다. 간혹 독자를 지칭해야 할 경우에는 2인칭대명사 '당신'으로 정중하게 언표화한다.

㉓ 세상을 아름답게 하는 시간 하루 1분이면 충분합니다.(2006)
부정부패를 몰아내고 깨끗한 사회를 만드는 일-
우리의 책임이자, 다음 세대를 위한 당연한 의무입니다.(2005)
당신이 버린 담배, 돌이킬 수 없는 산불이 되어 당신의 생명보다 더 빠르게 산의 생명을 앗아갑니다.(2005)
월드컵과 아시안게임을 개최하는 우리의 얼굴입니다.(2002)

위에 제시된 공익광고의 경우 화자와 독자는 언급되지 않는다. 언급되더라도 독자에 대해서는 '당신'으로 발화한다. 또한 화자와 독자를 동시에 발화할 경우 대명사 '우리'로 발화하여 광고의 정보가 독자에게만 적용되는 것이 아니라 화자에게도 중요함을 드러낸다. 그렇게 함으로써 화자 자신도 광고의 전달 정보처럼 사고하거나 행동할 것이라고 암묵적으로 밝힌다. 이렇게 공익광고 텍스트에서는 주제를 일방적으로 전달하지 않고, 화자와 독자 모두가 공유해야 할 대상으로 인식한다. 이는 짧은 광고문일지라도 화자와 청자의 관계를 전제하면서, 독자의 마음을 헤아린 발화이기에 가능하다.

둘째, 공익광고 텍스트에서는 독자가 행동하기 이전 단계까지만 명확하게 발화하고, 행동이행과 관련된 주제는 독자가 스스로 추론하도록 한다. 독자 스스로 발화된 정보를 바탕으로 행동이행에 대한 주제를 도출하기 때문에 그만큼 전달 정보도 다양해질 수 있다. 이는 발화된 것보다 다의적인 의미를 독자가 인지하도록 한 특성이 있다. 다음의 인용문을 보자.

㉔ a. 일회용품-하루 하나씩만 줄여도 미래가 깨끗해집니다.(2006)
b. 세상에서 가장 손쉬운 건강법, 손 씻기는 또 하나의 백신입니다.(2005)
c. 차를 두고 걷는 습관 하나가 나 자신과 국가 경제를 건강하게 만듭니다.(2005)

위에 제시된 광고문구는 모두 상황설명을 바탕으로 도출된 주제이다. 독자는 이렇게 도출된 주제를 바탕으로 행동이행과 관련된 주제를 재추론하게 된다. 그래서 행동이행의 주제는 마치 독자가 자의적으로 선택한 것과 같은 효과를 갖는다. a광고에서는 '일회용품을 하루 하나만 줄여도 미래가 깨끗해진다니, 나도 하루에 하나씩 줄여야겠다'는 행동이행의 주제를 자연스럽게 추론할 수 있다. b의 경우도 '손 씻기가 아주 좋은 백신이라니, 나도 손을 씻어야겠다'는 행동이행의 주제가 추론된다. c 역시 '차를 두고 다니는 습관이 나와 국가경제를 돕는 방법이라니, 나도 차를 두고 다니는 습관을 가져야겠다'는 주제를 추론할 수 있다. 이는 모두 독자 스스로 행동이행과 관련된 주제를 추론했기 때문에 광고에 대해 강압적인 느낌을 받지 않는다. 이렇게 공익광고의 주제는 직접적으로 제시되지만 행동이행 전 단계까지만 발화하고, 나머지 행동이행의 효과는 독자가 추론에 의해 선택하도록 한다. 이는 독자에게 존중하는 인상을 주면서 주제를 보다 완곡하게 표현한 것이라 할 수 있다. 이러한 기능으로 공익광고는 말하려는 것보다 더 많은 정보를 소통케 하는 특성을 갖게 된다.

셋째, 공익광고 텍스트에서는 상대적 거리를 염두에 두고 정보를 전달한다. 그래서 공익광고의 화자는 불특정 다수의 독자를 정중하게 대하면서 발화를 진행한다. 대부분의 공익광고의 문형이 존대의 격식체를 갖추고 있음도 바로 이 때문이라 하겠다. 이는 지면을 통해 의사소통이 이루어지지만, 마치 청자를 대하는 것처럼 텍스트가 짜여 있음을 의미하는 것이기도 하다. 다음의 인용문을 보자.

㉕ a. 키를 뽑으면 저금통이 됩니다.(2005)
   b. 빛나는 사인이 있는가 하면 빛내는 사인이 있습니다.(2003)
   c. 안전교육이 비상구입니다.(2003)
   d. 마약은 스스로 파는 무덤입니다.(2002)

인용문은 다수의 독자를 정중히 대하기 위한 목적에서 '합니다체'를 쓰고 있다. 이렇게 하면 화자가 독자를 존중하고 있다는 인상을 주어 주제전달이나 행동의 이행에 있어 '-하게체'나 '-해라체'보다 훨씬 좋은 효과를 거두게 된다. 이처럼 공익광고 텍스트에서는 상대와의 거리를 감안하면서 높임체를 구사하여 광고의 효과를 높이고 있다. 이를 통해 독자는 화자에게 존중받는다고 생각할 뿐만 아니라, 궁극적으로는 광고의 주제를 수용하여 행동으로 이행하는 데 긍정적으로 기능하게 된다.

5. 결론

지금까지 공익광고의 텍스트 구조를 파악한 후 그 특징을 간략하게 검토해 보았다. 먼저 공익광고의 텍스트 구조를 형식과 내용으로 나누어 고찰한 다음, 텍스트의 기제와 기능을 몇 가지로 나누어 살펴보았다. 이어서 공익광고 텍스트에 나타난 주요한 특성을 짚어 보았다. 이상의 논의를 결론삼아 요약하면 다음과 같다.

첫째, 공익광고 텍스트는 형식과 내용 면에서 전형화된 구조를 취하고 있다. 형식 구조를 보면 표제를 제시한 다음, 구체적 설명을 담은 본문이 이어진다. 이어서 주제를 강조하는 슬로건이 자리하고, 마지막으로 광고주가 배치된다. 즉 기본적인 형식 구조를 표제→본문→슬로건→(광고주)로 짜되, 각 상황에 따라 변화를 주어 광고의 효과를 제고할 따름이다. 내용 구조에서는 전달정보를 환기시키는 문제제기를 제시한 다음, 제기된 문제를 구체화한 상황설명이 배치된다. 상황을 통해 문제의 심각성이 확인되면 해결책이 뒤따른다. 그런 다음 주제를 강조하여 전체적으로 긴밀한 구조를 꾀하고 있다. 따라서 문제제기→상황설명→해결책 제시→주제 강조의 순차에 의해 내용 구조를 구비하되, 필요에 따라 일부를 변형하여 광고효과를 도모할 따름이다.

둘째, 공익광고 텍스트에서는 표현상의 기제를 통해 광고효과를 강화하고 있다. 공익광고는 불특정 다수를 대상으로 전범(典範)이 될 만한 내용을 전달해야 하기 때문에 표현법도 중요하다. 우선 표제를 부드럽게 하기 위하여 비유적 표현을 자주 구사한다. 이는 광고의 강한 목적의식을 완화시키고, 독자(청자)의 호기심을 자극하기 위함이다. 또한 종결어미를 주로 평서형이나 의문형으로 제시하여 강압적인 느낌이 들지 않도록 하였다. 이것은 독자(청자)가 거부감을 갖지 않으면서 해당 광고를 수용할 수 있도록 하기 위함이다.

셋째, 공익광고 텍스트에서는 구조상의 기제를 통해 전달정보를 강화하고 있다. 먼저 주제를 효과적으로 부각·전달해야 할 목적성 때문에 귀납적으로 구조를 짠다. 즉 문제를 제기한 다음, 문제의 심각성이나 그 해결책을 제시하고, 마지막에서 주제를 강조하기 때문에 전체 내용이 귀결되는 미괄식 구조를 띠고 있다. 그래서 마지막 부분인 슬로건만 보아도 해당 광고의 주제를 파악할 수 있다. 다음으로 텍스트의 긴밀성을 통해 광고효과를 높이고자 했다. 문제제기와 본문의 내용, 상황설명과 주제강조를 체계적으로 구조화했음은 물론, 문장과 문장 간의 연결이나 대칭적인 구조가 결속구조를 강화하고, 궁극적으로는 결속성까지 확보하도록 했다.

넷째, 공익광고 텍스트는 도덕적인 내용을 권고한다는 점에서 몇 가지 특징을 가지고 있다. 먼저 공익광고의 텍스트에서는 화자와 독자의 관계를 긴밀하게 구축한다. 이는 독자의 공감을 유발할 목적에서 친밀감을 드러낸 것이거니와 공익적인 광고내용을 너나없이 수행할 것을 강조한 것이기도 하다. 그리고 공익광고 텍스트에서는 독자가 행동하기 이전 단계까지만 명확하게 발화하고, 행동이행과 관련된 주제는 독자가 추론하도록 하였다. 그렇게 함으로써 광고에서 말하려는 것보다 더 많은 정보를 소통하는 효과를 거두게 된다. 또한 공익광고 텍스트에서는 상대적 거리를 두면서 정보를 전달한다. 따라서 독자는 화자에게 존중받는다고 생각하며 주제를 통해 추론한 방향으로 행동을 이행한다.

제2부

매체언어와 텍스트

제1장 매체언어와 대립어

제2장 매체언어와 외래어

제3장 매체언어와 어휘의미

제1장 매체언어와 대립어

1. 서론

 이 장은 화용적 대립어의 개념을 설정하고, 화용적 대립어가 광고문구에서 나타나는 양상, 그리고 기존 대립어와의 차이점 등을 파악함으로써 대립어에 대해 새롭게 접근하는 것이 주목적이다.
 현대 사회는 소위 광고의 홍수 시대라고 할 만하다. 그만큼 많은 광고가 우리 생활과 깊이 관련되어 있다. 그리고 광고에서 제시되는 문구들은 거부감 없이 우리의 언어생활에 스며들고 있다. 따라서 우리는 자연스럽게 광고문구를 습득하거나 해석하면서 일상생활에서 그것을 활용하기도 한다.[1] 그러한 대표적인 예가 최근에 유행하는 '미녀는 석류를 좋아해'라는 음료광고의 문구일 것이다. 이 광고문구가 유행하면서 우리는 자연

---

1) 광고는 음성·시각·음악 정보 등 다양한 정보원을 결합하여 소비자가 상품을 구매하도록 설득하는 커뮤니케이션이다. 따라서 우리는 광고를 볼 때 시각과 청각을 복합적으로 활용하여 의미를 파악한다. 따라서 광고에서 제시되는 메시지는 정보의 복합적 활용과 분석에 의한 것이라고 할 수 있다. 그 가운데 이 장에서는 언어적 관점에 따라 광고문구만을 분석 대상으로 한정하고자 한다.

스럽게 '미인→석류를 좋아함'을 상정하여 의미를 해석하고, 나아가 이 문형을 활용하여 여러 유행어를 만들어 사용하기도 한다.2)

그 동안 광고언어에 대한 논의가 꾸준히 진행되어 왔다. 박영준 (2005:23-35)에 의하면 광고언어에 대해 어휘·통사·의미·화행론 등의 측면에서 다양한 논의가 이루어졌다. 그리고 광고언어의 비문법적 표현에 대한 논의도 이루어지고 있다.(김선희, 2000:150-153) 특히 김영순·오장근(2004:19-84)에서는 텍스트 화용론의 관점으로 광고언어에 접근하기도 하였다. 위와 같은 논의에도 불구하고 광고언어에 나타난 화용적 대립어에 대한 논의는 거의 없어 보인다. 그래서 화용적 대립어를 중심으로 광고언어를 살펴볼 필요가 있다. 그것이 광고언어에서 구현된 의미 관계를 제대로 파악하는 길이기 때문이다.

광고에서 사용되는 언어표현은 우리의 일상생활에 큰 영향을 미친다. 그래서 광고에 사용되는 언어표현은 표준어와 표준화법, 그리고 문법에서 크게 벗어나지 않아야 한다. 그렇지만 최근의 광고문구를 살펴보면 표준어나 기존의 문법범주를 벗어난 표현이 빈번하다. 이는 광고의 특성상 참신하고 기발한 표현을 시청자에게 제시해야 하기 때문이다. 그러다 보니 점점 더 새로운 표현이나 의미를 찾아 쓰려고 노력한다. 그래서 어휘선택에 있어서도 선택제한3)에 따른 어휘의 호응을 고려하지 않게 되었다. 즉 의미자질에 의해 함께 사용될 수 없거나 같은 장르의 어휘라고

---

2) '미녀는 석류를 좋아해'를 통해 형성된 유행어구 '~는 ~를 좋아해'를 들 수 있다. 예를 들면 '부시는 전쟁을 좋아해'라든지 '선생님은 분필을 좋아해' 등의 재미있는 패러디 문형을 만들어 활용한다.
3) 선택 제한(혹은 선택 제약)은 어떤 어휘의 사용에 있어서 정해져 있는 쓰임, 혹은 문장의 호응상 함께 써야 하는 고정되어 있는 어휘를 말한다. 예를 들면 영어의 'wear(put on)'는 우리말로 '입다'이지만 이것이 입는 부위에 따라 '머리＋쓰다', '손＋끼다', '발＋신다'로만 호응하는 것이다. 따라서 '머리에 모자를 입다'는 문장은 '머리'와 '모자'의 선택 제약에 의해 서술어로 '쓰다'가 필요하지 '입다'가 요구되지는 않는다.

하기에 다소 무리가 있는 것들도 파격적으로 연결하여 새로운 의미기능을 수행하도록 한다.4) 이런 언어현상을 반영하는 대표적인 것이 광고문구에서 사용되는 대립어이다.

대립어는 의미 특성상 동질성과 이질성의 기반 위에서 상정되는 한 쌍의 어휘를 말한다. 즉 공통된 의미특성을 바탕으로 의미상 근접성을 이루면서, 매개변수가 다름에 의해 상정될 수 있는 어휘쌍인 것이다.(임지룡, 1998:156-157) 그런데 최근 광고에서 제시되는 대립어들은 이러한 동질성과 이질성에 의한 의미 속성상의 어휘쌍이기보다는 상황정보를 바탕으로 상정되는 경우가 빈번하다. 예를 들면 '침대는 가구가 아닙니다. 과학입니다'의 문구에 나타나는 '가구 : 과학'의 관계가 그러하다. '가구'와 '과학'은 비교나 대조의 대상이 될 수 없다. 그러나 이들을 광고문구에서 대립어로 활용하여 시청자는 자연스럽게 '가구'와 '과학'을 비교 대조의 대상으로 간주한다. 이러한 새로운 개념의 대립관계가 광고문구에서 빈번하게 구사되고 있다.

따라서 이 장에서는 대립어를 새로운 관점에서 설정한 후, 이에 대한 개념규정과 용례의 분석을 바탕으로 그 의미 특징에 대해 고찰하고자 한다.

2. 화용적 대립어의 개념

대립어는 어떤 어휘가 의미의 공통적 배경을 바탕으로 이질성을 나타낼 때 성립되는 어휘관계이다. 무조건 반대되는 의미라기보다는 공통의

---

4) 광고의 속성상 물건의 구매 유도를 위해 평범한 표현보다는 새롭고 참신한 것이어야 한다. 그래야만 해당 광고의 수용자가 구매 행위로 적극 나설 수 있기 때문이다.

의미소를 가진 의미장 안에서 대립적 의미를 형성할 때 대립어라고 간주할 수 있다.5) 알란 크루스(2002:290-301)에 의하면 대립어는 일상언어에서 직접적인 어휘적 인식을 받는 유일한 의의관계라고 제시한다. 그래서 사람들은 '길다'의 대립어로 즉시 '짧다'를 떠올리며, '무겁다'의 대립어로 '가볍다'를 떠올린다. 다음의 예문을 보자.

① ㄱ. '길다'의 대립어는 무엇입니까?
　　ㄴ. '무겁다'의 대립어는 무엇입니까?
　　ㄷ. 좋아하는 색깔은 무엇입니까? 싫어하는 색깔은 무엇입니까?

위 ① ㄱ, ㄴ, ㄷ의 질문에 대해 언중은 별로 주저하지 않고 바로 '짧다'나 '가볍다', 그리고 '싫어하다, 좋아하다'를 떠올린다. '길다'의 대립어를 상정함에 있어서 일차적으로 [＋길이]를 바탕으로 하는 어휘장을

---

5) 대립어에 대한 개념과 명칭은 다양하게 논의되어 왔다. 의미의 대립관계를 바탕으로 다양한 명칭으로 개념정립을 시도하였지만, 특정한 논의가 바람직하다고 말하기는 어려운 실정이다. 참고로 임지룡(1996:11-14)에 제시된 개념정리와 명칭은 다음과 같다.
　① 반대말(반대어) : 두 단어가 모든 공통의 의미자질을 갖고 다만 한 자질만이 상반되는 것(허웅, 남기심)
　② 반의어 : 반의관계에 있는 두 단어. 정도반의어의 개념(천시권·김종택 등)
　③ 상대 : 일체의 의미상대 관계(반대어·반의어·반어·대어·대의어)를 가리키는 포괄적인 술어(이승명·박선희 등)
　④ 대립어 : '반대어·반의어·반대말·대어·대의어·상대어' 등을 포괄 설명하는 술어(유창돈 등)
　⑤ 짝말 : 서로 맞서 짝이 된 말(허웅)
　　그리고 김미형(2005:59-60)에서는 동질성과 이질성을 함께 가질 때 대립어가 성립된다고 언급한다. 이 밖의 논저에서도 이와 같은 맥락으로 대립어에 대한 정의를 내린다. 그리고 그 하위유형으로 반의대립어·상보대립어·방향대립어 등의 세부 항목을 설정하였다. 따라서 이 장에서도 대립어에 대한 기본적인 정의는 이와 궤를 같이 한다. 다만 논지의 흐름상 대립어의 세부 항목을 고려하지 않고 통틀어서 대립어의 어휘장 안에 포함시키기로 한다. 그런 다음 이들을 대립어로 상정할 수 있는 상황맥락과 의미자질에 초점을 맞춰 논의를 전개하도록 하겠다.

선택하고, 그 가운데 '긴'(long) 의미와 상반될 수 있는 대립어로 '짧은'(short)을 선택하는 것이다. ㄴ의 '무겁다'도 같은 방법으로 [＋무게]라는 공통의 의미 분자로 상정되는 어휘군에서 대립어를 선택한다. ㄷ의 '좋아하다'와 '싫어하다'도 공통의 의미맥락 [＋취향]을 바탕으로 그 대립성을 살필 수 있다.

대립어 제시에 있어서 위와 같이 의미장을 고려하지 않는다면, 한 어휘에 상정할 수 있는 대립어는 더욱 다양해질 수 있다. 일례로 '좋다'의 대립어로 '싫다' 이외에 다음의 여러 가지를 제시할 수 있기 때문이다.

② ㄱ. 좋다 ↔ 나쁘다(그 물건은 좋아. / 그 물건은 나쁜데.)
ㄴ. 좋다 ↔ 그저 그렇다(이 가방 좋아 보인다. / 나는 그저 그런데.)
ㄷ. 좋다 ↔ 싫다(난 그 사람이 좋더라. / 나는 그 사람 싫은데.)
ㄹ. 좋다 ↔ 궂다(날씨 좋다. / 날씨가 궂다.)
ㅁ. 좋다 ↔ 안 되다(집에 가도 좋아. / 집에 가면 안 돼.)
ㅂ. 좋다 ↔ 화를 내다(좋은 말로 타이르지. / 화를 내며 타이르다.)
ㅅ. 좋다 ↔ 없다(비위가 좋다. / 비위가 없다.)
ㅇ. 좋다 ↔ 어렵다(먹기 좋은 약 / 먹기 어려운 약)

비록 대립어가 여러 종류로 설정되었지만, 이들도 각각의 문장에서는 공통의 의미맥락을 바탕으로 상정된 것이다. 따라서 대립어 관계는 전혀 엉뚱한 분야의 어휘이기보다는 공통의 의미 분자를 바탕으로 형성된 어휘관계인 것이다. 특정한 어휘에 다양한 대립어가 설정되는 것은 이들이 동일한 어휘장을 형성하기 때문이다. 곧 대립어로 상정되기 위해서는 같은 분야에서 사용되는 어휘 가운데 반대의 의미를 가지고 있는 어휘로 선정하기 때문에 비록 의미는 반대일지라도 같은 어휘장을 구성한다고 할 수 있다.

그런데 최근 광고문구에 등장하는 대립어는 공통의 의미장을 전제하지 않거나 공통의 의미장을 형성하더라도 반의에 의한 대립어가 아니다. 즉 같은 분야에서 언급되지 않았던 것들을, 혹은 대립어로 인식되지 않았던 어휘를 대립어로 상정하는 경우가 빈번하다. 다음의 예를 보자.

③ ㄱ. 침대는 가구가 아닙니다. 과학입니다. (에이스 침대)
　ㄴ. 닦지 말고 씻으세요. (룰루 비데)

위의 예에 나타난 어휘는 모두 문장 구조상 대립관계로 상정되어 있다. 그런데 일반적으로 대립관계의 문장에서 제시되는 어휘는 동급의 혹은 동류에서 비교 가능한 것이어야 한다. 그러나 위의 예는 이런 관계가 설정되지 않는다. 실제로 '가구'와 '과학'은 비교나 대조의 대상이 될 수 없다.6) 그렇지만 함께 제시함으로써 맥락상 대조관계를 형성하는 대립어로 기능하고 있다. 또한 청자에게 '침대는 단순하게 만들어지는 것이 아니라, 과학처럼 체계적이고 논리적으로 만들어진다'는 함축적인 의미까지 전달하게 된다. ③ ㄴ의 '닦다'와 '씻다'는 모두 [＋세척]의 의미장 안에 포함된다.7) 그러나 '닦다'의 대립어로 [－세척]인 '닦지 않다, 안 닦다' 대신에 '씻다'를 제시하여 새로운 의도를 드러낸다. 이는 청자의 사고과정을 자연스럽게 '닦다'의 대립어로 '닦지 않다 → 씻다'로 유도한 것이다.

광고문구에서는 위에서처럼 같은 어휘장에 속하지 않거나 같은 어휘

---

6) '가구'는 '집안 살림에 쓰이는 기구・장롱・책상・의자 따위'로, '과학'은 '보편적 진리나 법칙의 발견을 목적으로 하는 체계적 지식이다. 그 대상 영역에 따라 '자연과학'과 '사회과학'으로 분류하며, 거기에 수학과 논리학을 포함시킨 '형식과학'과 철학을 포함시킨 '인문과학'을 아울러 이르는 말이기도 하다'의 의미이다. 따라서 양자 간에는 전혀 공통성을 찾아볼 수 없다.(국어대사전, 금성판)
7) '닦다'는 '① 때를 없애거나 윤기를 내려고 거죽을 문지르다. ② 거죽의 물기를 훔치다' 등의 의미이다. 한편 '씻다'는 '① 물체에 묻은 때나 그 밖의 더러운 것을 물로 깨끗하게 하다. ② 곁에 붙어 있거나 묻은 것을 없어지도록 닦아 내다' 등의 의미이다.(국어대사전, 금성판)

장에 속하더라도 대립관계를 직관적으로 인식할 수 없는 어휘를 대립어로 상정한다. 바로 이러한 대립관계에 쓰인 어휘가 '화용적 대립어'라 할 수 있다. 화용적 대립어는 기존의 문법적이거나 고정적인 의미에 의거하지 않고 맥락을 바탕으로 해석된다. 따라서 화용적 대립어는 단어 자체의 단독 의미로는 대립관계가 상정될 수 없다. 다음의 예문을 더 보자.

④ ㄱ. 평범한 샐러리맨에서 글로벌 CEO가 되기까지……．
(passion 백만 불짜리 열정)
ㄴ. '국내용'이 아닌 '세계'에 통하는 큰사람으로 키워라.
(섬기는 부모가 자녀를 큰 사람으로 키운다)

위의 예에 제시된 '평범한 : 글로벌', '샐러리맨 : CEO'나 '국내용 : 세계'의 대립관계도 엄밀히 대립어로 규정하기 어려운 것들이다. '평범'의 대립어는 '비범' 정도의 어휘지만, 발화 맥락상 '평범'은 '일상적이고 보통'의 의미로 간주하고 그의 대립어로 '세계로 범위가 확대되는'의 의미인 '글로벌'을 제시한 것이다. 그리고 '샐러리맨'의 대립어로 'CEO'를 제시하여 새로운 대립관계를 형성한다. 이들은 어휘적 의미로는 대립어라 할 수 없지만, 발화맥락상 '사원'과 '사장'의 개념으로 범주화하여 대립관계로 설정하였다. b의 '국내용'과 '세계'도 같은 맥락이다. '국내용'의 대립어는 직관적으로 '국제용'이라 간주할 수 있으나 '국제용'이라는 어휘가 일반적이지 않기 때문에, 발화맥락에 비추어 '우리나라에서 뿐 아니라 나라 밖에서도 가능한, 국제적으로 통용될 수 있는'의 의미로 '세계'라는 어휘가 더 적절할 것으로 판단한 것이다. 따라서 ④에서 제시된 대립어들은 모두 발화맥락을 바탕으로 새로운 대립관계가 형성된 것이라 할 수 있다. 이러한 유형의 대립어들은 어휘 자체의 의미만을 가지고는 대립어가 될 수 없지만, 발화맥락을 바탕으로 하여 대립어로 설정한 것이다. 바로 이러한 것들을 화용적 대립어라 할 수 있다.

3. 매체언어의 화용적 대립어 양상

3.1. 동위 계열형 대립어

화용적 대립어의 첫 번째 유형으로는 동위 계열형 대립어를 들 수 있다. 이 유형의 대립어는 통사적으로 동일한 위계를 갖는다. 그러면서 발화맥락상 긍정과 부정의 의미를 동반하게 된다. 즉 원래는 긍정이나 부정의 평가개념이 포함되지 않았는데, 동위 계열형의 대립어를 형성하면서 긍정과 부정의 평가개념이 첨가된 것이다. 이를 감안하여 여기에서는 동위 계열형의 대립어를 긍정과 부정형을 중심으로 살펴보도록 하겠다.

사람들의 사고는 이치적인 경우가 많다. 즉 대부분의 경우 '이것 아니면 저것'의 선택상황을 상정하고, 한 쪽이 긍정이면 다른 한 쪽은 부정이라고 생각한다. 그리고 부정의 내용에서 긍정의 내용으로 선택권을 이동시키려 한다. 또한 긍/부정의 대립이 성립되지 않는 경우에도 긍/부정의 가치판단으로 인식하기도 한다.

대립어도 이러한 특성에 의해 (+)의 긍정과 (−)의 부정으로 양분화되는 극성을 갖는다.8) 그러나 광고문구에서 사용되는 대립어는 일반적인 대립어의 긍/부정과는 좀 다르다. 이들이 단어 자체의 뜻에 따라 긍/부정으로 상정되기보다는 발화맥락을 바탕으로 한 쪽은 부정항으로, 다른 한 쪽은 긍정항으로 해석되기 때문이다.

다음의 광고문구에서 이런 현상을 확인할 수 있다.

---

8) 대립어는 일반적으로 극성에 의해 '적극성과 소극성', '긍정과 부정'을 갖는다. 그 중 '긍정과 부정'은 일반적으로 부정접사가 붙어 대립관계가 성립된다.(예 : 덕↔부덕, 등식↔부등식) 혹은 의미 평가상 긍정항과 부정항으로 나뉘기도 한다.(예 : 좋다↔싫다, 깨끗하다↔더럽다, 길다↔짧다) (임지룡, 1996:59-68)

⑤ ㄱ. 시계는 시간을 보기 위한 것이 아니다 시간을 만들기 위한 것이다.
(리꼬모)
ㄴ. 유리타일이 가고 패션&질감 타일이 온다.   (네일 타일 트랜드)
ㄷ. '국내용'이 아닌 '세계'에 통하는 큰 사람으로 키워라.
(섬기는 부모가 자녀를 큰 사람으로 키운다)

위의 예문들을 보면 모두 긍정항과 부정항의 대립구조를 형성하고 있다. 하지만 어휘 자체적으로 긍정과 부정의 극성을 띠는 것은 아니다. 발화맥락을 고려하여 한쪽은 부정적으로, 다른 한쪽은 긍정적으로 인식하는 것이다. ⑤의 예문에 사용된 대립어는 '보다↔만들다', '유리타일↔패션&질감타일', 그리고 '국내용↔세계'의 관계로 설정된다. 먼저 제시된 '보다, 유리타일, 국내용'은 자체적으로는 극성을 띠지 않지만, 각각의 광고문구에서는 다소 부정적인 의미로 제시된다. 그리고 거기에 대응되는 '만들다, 패션&질감타일, 세계'는 대립된 어휘와의 관계에서 긍정항을 점유하게 된다. 따라서 청자는 자연스럽게 이들을 부정 : 긍정의 대립어로 인식하게 되는 것이다.

실제로 '보다'와 '만들다'는 대립관계로 성립될 수 없다. 그러나 문맥상 부정적 내용인 '보다'를 회피하고 긍정적 의미인 '만들다'를 선택하게 된다. 그리하여 청자는 자연스럽게 적극적 행동인 '시간을 만들다'를 긍정적인 것으로 인지한다. 이를 통해 '보다'의 대립어로 '만들다'가 청자의 인지구조 안에 자리 잡게 된다. ㄴ의 '유리타일'과 '패션&질감타일'도 긍/부정으로 평가할 수 없는 어휘임에도 불구하고, 맥락에 의해 '유리타일'보다는 '패션&질감타일'이 긍정적인 의미를 보유하게 된다. ㄷ에서도 대립어 자체에는 긍/부정의 평가개념이 없지만, 맥락상 '국내용'은 부정항으로 '세계'는 긍정항으로 인식된다.

⑥ ㄱ. 신애라는 남편보다 샤프를 더 믿는다. (샤프살균이온 공기청정기)
　 ㄴ. 철조망은 넘었어도 신기패는 넘을 순 없었다.
　　 죽음의 선(線) - 그어주는 바퀴약 신기패　　　　　(경인제약)
　 ㄷ. 이미 외제차를 뽑으셨다면 SM7을 함부로 쳐다보지 마십시오.
　　 방금 다른 차를 뽑으셨다면 SM7을 함부로 쳐다보지 마십시오.
　　　　　　　　　　　　　　　　　　　　　　　　　(르노삼성)
　 ㄹ. 미림, 그냥 맛술이 아니다 진짜 맛술이다.　　　　(롯데 미림)

　⑥에 제시된 예도 같은 맥락으로 해석된다. 각각 대립구조로 제시된 '남편↔샤프, 철조망↔신기패, 외제차·다른 차↔SM7, 그냥↔진짜'는 각기 대립어로 성립될 수 없지만, 발화맥락을 바탕으로 청자의 인지구조 안에서 대립어로 자리 잡는다. 그리고 각기 대립어로 상정될 경우 한 쪽은 긍정의 '+'개념으로 다른 한 쪽은 부정의 '-'개념으로 대응된다. 먼저 제시된 어휘 '남편, 철조망, 외제차, 다른 차, 그냥'이 부정적인 의미로 제시되고, 후에 발화된 대응어 '샤프, 신기패, SM7, 진짜'는 긍정적인 의미로 격상된다. 특히 ㄹ의 '그냥↔진짜'의 경우 전혀 대립어로 상정될 수 없는 어휘이다. 이와 같이 긍/부정의 대립적인 발화가 반복되면서 청자는 자연스럽게 이들을 대립어로 인지하게 된다. 이는 전혀 대립어 범주에 속할 수 없는 어휘가 긍정과 부정의 평가개념의 첨가로 인해 새로운 대립어로 자리 잡게 된 것이다.
　지금까지 살펴본 부정-긍정형의 대립관계를 표로 보이면 다음과 같다.

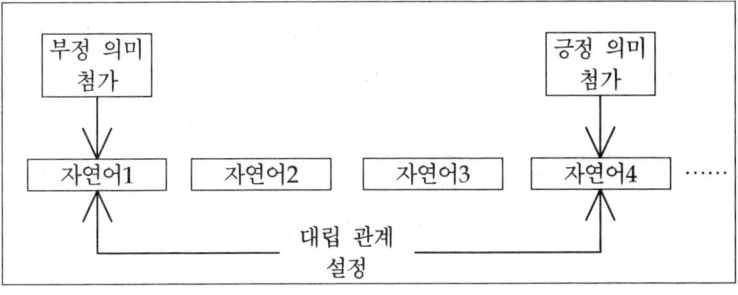

〈표1〉 동위 계열형 대립어 도식

표에서 보는 바와 같이 부정-긍정형의 대립어는 불특정 어휘를 선정하여 부정과 긍정의 의미를 첨가한 다음 대립관계를 구축한 것이다. 자연어 그대로의 의미에서는 긍정이나 부정의 의미가 내포되지 않지만, 광고문구에서 쓰일 때에는 발화맥락에 의해 부정-긍정의 의미를 갖게 된 것이다.

3.2. 상위어-하위어형 대립어

일반적으로 대립어는 같은 계층에서 성립된다. 즉 동계열(同系列)과 동서열(同序列)을 바탕으로 하는 공상위어나 공하위어 안에서 대립어가 상정된다. 그런데 이러한 동계열이나 동서열을 고려하지 않고 상·하위로 이동하면서 대립어가 상정되는 경우가 있다. 다음의 예문을 보자.

⑦ ㄱ. 아내의 인생은 깁니다. 손만 잡아도 얼굴이 빨개지던 여자였는데 어느새 아줌마가 다 되었습니다.　　　　　　　　(삼성생명)
　ㄴ. 편안한 실내복으로, 고급스러운 외출복으로　　　(올리엔)
　ㄷ. 아내는 여자보다 아름답다.　　　　　　　　　　(동서식품)
　ㄹ. 쿠퍼스는 약이 아닙니다. 지친 하루를 위한 발효유입니다.
　　　　　　　　　　　　　　　　　　　　　　　　(한국야쿠르트)

위의 예에서 대립구조로 짜인 어휘는 '여자↔아줌마, 실내복↔외출복, 아내↔여자, 약↔발효유'이다. 이들 각각은 어휘장에서는 같은 서열에 존재하지 않는다. ㄱ의 '여자'와 '아줌마'는 상하관계를 형성하는 어휘인데, 맥락에 의해 대립어로 제시된다. 즉 '여자'라는 상위어와 그 하위어에 속하는 '아줌마'가 동등한 대립구조로 설정되었다. 계층구조에 따른 위계질서를 무시하고 대립어로 설정한 사례라 하겠다. 이는 발화자가 포괄적 개념인 '여자'의 의미와 하위어인 '아줌마'가 갖는 의미 특성이 상반된다는 가정하에 제시된 화용적 대립어라 하겠다.9) ㄴ의 '실내복 : 외출복'의 관계도 마찬가지다. '실내복'의 대립어는 '실외복'이지만, 여기서는 '실외복'의 하위유형에 속하는 '외출복'으로 대립어를 설정했다. '실내복'의 대립어는 '실외복'이고, '실외복'의 하위부류로는 '행사복, 외출복, 운동복, 작업복⋯' 등을 설정할 수 있다. 그리고 앞에서 제시한 '실내복'의 대립어로 '실외복'의 하위부류 가운데 하나인 '외출복'을 대립어로 설정했다. 단순히 집 밖과 집 안의 의미를 벗어나 의미해석을 새롭게 한 것이다. 그래서 '실내복'이 '편안하게, 차리지 않고, 갖춰 입지 않아도 되는, 의식하지 않는' 옷이라고 한다면, '외출복'은 이와 상반되게 '다소 불편하더라도 타인을 의식하는, 고급스러운, 갖춰 입는, 우아한' 옷이라는 의미로 해석된다. 바로 이러한 발화맥락을 바탕으로 청자는 자연스럽게 '실내복'과 '외출복'을 대립어로 인지하게 된다. ㄷ과 ㄹ의 '아내 : 여자', '약 : 발효유'도 위와 같이 발화맥락을 바탕으로 해석하여 대립어로 간주된다. 특히 ㄹ의 '약'에 대한 대립어는 '약이 아닌 것'의 의미로, 이

---

9) '여자 : 아줌마'의 대립 관계는 두 어휘의 이질성을 새로이 제시한다고 할 수 있다. 이를테면 '여자'와 '아줌마' 사이에 반대되는 속성을 부여한 것이다. '아줌마'의 지시적·내포적 의미에 의해 '결혼한, 용감한, 모성애가 많은, 힘센, 수다스러운' 등의 의미가 있다면, 이의 대립어 '여자'는 '결혼하지 않은, 부끄러운, 연약한, 조심스러운' 등의 의미가 인지된다. 이러한 관계를 바탕으로 이 두 어휘는 대립어로 간주될 수 있다.

를테면 '먹는 약'이라는 가정하에 '(먹는 것인데) 약이 아닌 것→식품이나 음료→물, 우유, 술, 주스, 발효유 ……'의 의미 추론에 의해 '발효유'를 대립어로 상정한 것이다.10) 지금까지 살펴본 상위어와 하위어의 의미관계를 표로 제시하면 다음과 같다.

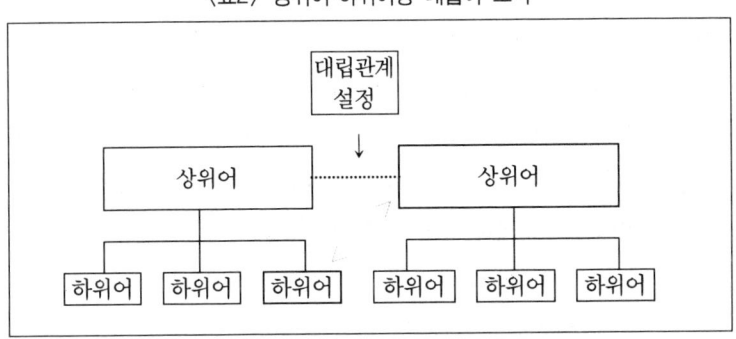

〈표2〉 상위어-하위어형 대립어 도식

표에서 보는 것처럼 화용적 대립관계에서는 어휘적 의미에 따른 층위를 고려하지 않고 있다. 즉 발화맥락에 입각해서 이질적인 층위에 있는 것까지 대립어로 설정하는 것이다. 이렇게 함으로써 청자에게 새로운 의미를 전달하고자 한다.

3.3. 범주 확대형 대립어

또 다른 화용적 대립어로 범주 확대형을 들 수 있다. 이는 일차적 사고 과정을 거쳐 떠오르는 대립어와 유의어 관계에 있거나 또는 같은 의미장 안에 존재하는 비슷한 의미의 다른 어휘로 대립어를 대치하는 경우이다. 다음의 광고문구에서 그러한 사정을 확인할 수 있다.

---

10) '이것은 약이 아니고 식품입니다. 따라서 부작용에 대한 염려는 전혀 없습니다'의 표현에서 약의 대립어로 식품이 사용되었음을 알 수 있다.

⑨ 알레르기 참으시겠습니까? 잡으시겠습니까? (삼일 지르텍)

위의 예문에서 제시된 '참다'의 대립어는 '참지 않다'이다. 그리고 '참지 않다'의 의미를 중심으로 추론과정을 거치면 '(알레르기를) 참지 않다(안 참다)→(알레르기를) 고치다→(알레르기를) 잡다'로 의미 추론과정을 확대할 수 있다. 이렇게 일차적으로 존재하는 어휘적 대립어와 맥락을 같이하면서 추론에 의해 유추할 수 있는 어휘를 대립어로 제시한다. 물론 청자는 발화맥락을 바탕으로 의미를 추론할 수 있다. 이러한 의미추론은 전혀 다른 의미장에서 추출하는 것이 아니라, 동일 의미 범주 안에서 추론 가능한 어휘로 이루어진다. 광고문구에서는 이렇게 사고의 유추를 바탕으로 한 범주 확장 대립어의 사용이 빈번하다.

⑩ ㄱ. 세월은 잠그고, 고운 윤기만 꺼내어 드리겠습니다.
　　　　　　　　　　　　　　　　　　(스텝난 활음진 화장품)
　ㄴ. 획일적인 교육은 멀리하면서
　　　획일적인 벽은 왜 그냥 놔두세요?　　　(제일벽지)
　ㄷ. 사람이 만들지 않습니다.
　　　흙에서 만들어집니다.　　　　　　　　(베이비 오가닉)
　ㄹ. 보이는 스타일에 끌린다.
　　　감추어진 기술에 놀란다.　　　(플래트론 모니터 엘지전자)

위의 예에 나타난 대립어는 모두 범주적 확장에 의해 상정된 것이다. ㄱ의 '잠그다↔꺼내다'는 '잠그다'의 대립어 '열다'를 기본 범주로 하여 확장해석이 가능하다. 즉 '열다→보다→꺼내다'의 의미추이를 바탕으로 상정된 대립어이다.

ㄴ의 경우 '멀리하다'의 대립어는 '멀리하지 않다, 가까이하다'일 것이다. 이를 바탕으로 확장된 의미 '가까이하다[+의지]→적어도 그냥 그 자리에 두다[±의지]'로 추론할 수 있다. 따라서 '가까이하다'의 대립어로

'그냥 놔두다'가 설정될 수 있다.

ㄷ에서 '사람'의 대립어는 '짐승(동물)[-이성]'이나 '기계[-생명]'를 들 수 있다. 그 가운데 [-생명]의 대립어장에 의해 '기계, 무생물, … 흙 ….' 등의 범주를 추론할 수 있고, 이러한 맥락을 바탕으로 '흙'을 대립어로 제시한 것이다.11) 이는 '사람'에 [+인위적인, +가공의]의 의미가 첨가되고, 그것의 대립어 '흙'에 [-인위적인, +자연적인, -가공의] 등의 의미가 부가됨으로써 추론된 것이다.

ㄹ에서 제시된 '보이다↔감추다'의 대립관계도 역시 '보이다'의 대립어 '안 보이다'를 바탕으로 추론한 것이다. 즉 '안 보이다→안 보이게 하다→감추다'로 추론이 진행된 것이다. 그리하여 '보이다'의 대립어로 '보이지 않는, 감추어진' 등이 설정될 수 있었다.

광고문구에 나타나는 범주 확장에 의한 대립어는 이처럼 기존의- 혹은 일반적으로 상정되는- 대립어에서 몇 번 더 사고과정을 거쳐 추론된 것이다. 이런 사고과정을 표로 제시하면 다음과 같다.

〈표3〉 범주 확대형 대립어 도식

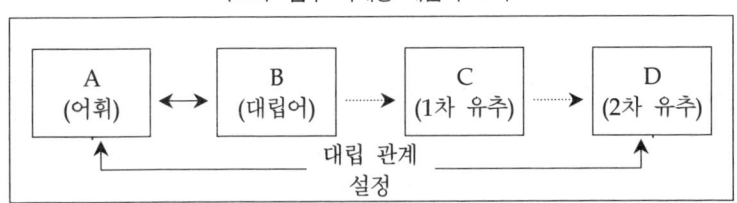

어휘 A의 대립어는 원래는 B이지만, 발화에 사용되는 대립어는 B에서 추론하여 도출할 수 있는 D가 되는 것이다. 즉 청자의 인지구조 안에서

---

11) 일반적으로 '사람'의 대립어로 '흙'이 제시될 수 없다. 그러나 광고를 발화하는 발화자는 '사람'이 '인위적' 의미로 제시되었다는 가정 아래 '자연적' 의미를 제공하는 '흙'을 선택한 것이다.

떠오르는 어휘를 바탕으로 한두 번의 추론과정을 거친 후에 연상될 수 있는 어휘가 대립어로 도출된 것이다.

4. 화용적 대립어의 의미 기능

앞 절에서는 대립어에 대한 새로운 접근으로 '화용적 대립어'를 상정하고, 이에 대해 광고문구를 대상으로 살펴보았다. 화용적 대립어는 어휘 의미보다는 발화문맥을 바탕으로 형성된다. 따라서 전혀 다른 의미장에 속하는 어휘가 대립어로 설정될 수도 있고, 같은 의미장이더라도 상위어나 하위어의 관계로 연결되거나 의미추론에 의해 추출되는 어휘가 대립어로 상정되기도 한다. 그리고 이러한 대립어는 어휘 의미보다는 발화자의 전달의도에 해석의 초점이 놓인다.

화용적 대립어가 수행하는 첫 번째 의미 기능으로는 어휘에 긍/부정을 부여하고 긍정적 의미를 강조하는 것이다. 원래 긍/부정의 개념이 없던 어휘에 긍/부정의 평가 의미를 첨가한 후 긍정적인 어휘를 강조하는 것이다. 예를 들어 '미림, 그냥 맛술이 아니다. 쌀로 빚은 진짜 맛술이다'(롯데 미림)의 광고문구에서 대립어로 기능하는 '그냥'과 '진짜'는 맥락에 의해 '그냥[-긍정] : 진짜[+긍정]'의 의미 관계를 형성한다. 그리고 먼저 제시된 '그냥'에 의해 나중에 제시되는 '진짜'는 대조를 바탕으로 그 의미가 강조되는데, 청자도 자연스럽게 강조된 의미를 인지하게 된다. 따라서 의미의 초점도 긍정항에 놓임은 물론, 청자도 강조된 긍정항의 의미를 받아들이게 된다.[12]

---

12) 물론 이들이 각 발화문에서 부사로 기능하기 때문에 강조의 의미를 수행하기도 한다. 그러나 대립 구조를 바탕으로 한 화용적 해석은 그 강조 구조가 더욱 선명해진다고 할 수 있다.

화용적 대립어의 두 번째 의미 기능으로는 대립구조를 바탕으로 의미 제시를 선명하게 한다. 두 대립어가 함께 제시됨으로서, 청자는 의미파악에 있어서 두 항을 자연스럽게 병립하여 분석한다. 그리고 이런 과정을 거치면서 한 어휘의 의미를 제시된 대립어와 비교함으로써 더 선명하게 인지할 수 있다. 광고문구 '똥값에 사서 금값에 판다'(경매기술)에 이런 현상이 잘 나타나 있다. 여기에서 제시된 대립어 '똥값'과 '금값'은 각각 독자적으로 해석하기보다는 대립 구조를 감안하여 해석하는 것이 유용하다. 원래 '똥값'의 의미는 '아주 싼 값, 갯값'의 의미이고, '금값'은 '금의 값, 비싼 값'의 의미이다.(금성판 국어사전) 그러나 이들이 함께 제시되면 '똥값'은 '무척 값이 싼, 비교할 때 더욱 값어치가 없는' 의미로, 그리고 '금값'은 '고가의, 비교하는 대상에 비해 상당한 값어치가 있는' 의미로 해석이 가능하다. 이들 어휘는 독자적으로 해석될 수도 있지만, 대립구조를 토대로 해석할 때 그 의미가 더 선명하게 부각된다. '게임이 아니다. 현실이다'(에스케이텔레콤)의 광고문구에 사용된 대립어 '게임'과 '현실'도 마찬가지이다. '게임'은 '규칙을 정해 놓고 승부를 가리는 놀이'이고 '현실'은 '지금 사실로서 존재하는 일이나 형태'를 의미한다. 이들은 엄밀한 의미에서 대립어 관계는 아니지만, 맥락에 의해 화용적 대립관계가 형성된 것이다. 그리고 함께 제시됨으로써 '게임'이라는 어휘의 [+비현실성]과 '현실'이라는 어휘의 [+현실성]이 대립구조 속에서 상충되면서 그 의미가 더 분명하게 분할된다.

화용적 대립어의 세 번째 의미 기능은 어휘장 혹은 어휘 영역의 확대를 들 수 있다. 화용적 대립어는 기존의 영역을 벗어나 전혀 새로운 분야의 어휘를 연결시킴으로써 어휘장을 확대한다. 그리하여 자연스럽게 청자의 어휘장이 넓어지고, 나아가 이것이 더 일반화되면서 한 영역을 점유하던 어휘가 다른 영역으로까지 확대·전이된다. 예를 들어 '마우스는

붓보다 강하다'(삼성생명)에서 사용된 대립어 '마우스'와 '붓'은 비교나 대조의 영역에서 확대된 것이다. '가볍게 올린 짙은 유혹'(헤라 마스카라)에서의 '가볍다'와 '짙다'도 대립 관계는 아니지만, 발화맥락을 통해 대립어로 기능한다. 즉 '가볍다'([-무게])의 대립어 '무겁다'([+무게])에서 의미를 파생시켜 '무겁다[+무게])→짙다([+농도])'로 추론한 후 '가볍다↔짙다'를 대립 관계로 설정한 것이다. 따라서 청자는 [-무게]의 어휘장에 속하는 '가볍다'에서 [+농도]의 어휘장에 속하는 '짙다'로 대립관계를 연결시키게 된다. '사람이 만들지 않습니다. 흙에서 만들어집니다'(베이비 오가닉)나 '전통에서 미래로, 한(韓) 브랜드를 세계로'(HAN BRAND EXPO 2006)에서 사용되는 대립어도 마찬가지이다. '사람'은 [-자연]의 의미로, 그리고 '흙'은 [+자연]의 의미로 해석해서 대립어 설정이 가능한 것이다. 따라서 '사람↔흙'도 어휘장을 넘나들면서 형성된 대립어라고 할 수 있다. '전통'과 '미래'도 같은 맥락으로 설정된 대립어이다. '전통'의 대립어는 '신문물'이고, '미래'의 대립어는 '과거'일 것이다.13) 그러나 '전통'의 [+과거]의 의미 속성에 의해 그 대립어로 [+과거↔-과거→+미래]의 의미관계가 설정되고, 이를 바탕으로 대립어를 추론한 것이다. 따라서 [+시간] 어휘에 속하는 '미래'와 [+문화] 어휘에 속하는 '전통'이 대립어로 상정된 것이다.

화용적 대립어가 수행하는 네 번째 의미 기능은 위에서 살펴본 여러 가지 의미 기능의 작용에서 파생된 언어사용의 참신성을 들 수 있다. 새로운 대립어는 언중에게 신선한 언어사용의 쾌감을 불러일으킬 수 있다. 예문 '경로석이 아닙니다. 50년 후 당신을 위한 예약석입니다'(공익광

---

13) '전통'은 '지난 시대에 이미 이루어져 계통을 이루어 전하여 내려오는 것'의 의미이고, '미래'는 '장차 올 앞날, 장래'의 의미이다.(금성판 국어대사전) 따라서 '전통'은 [+문물·문화]의 영역에 속하는 어휘이고, '미래'는 [+시간]의 어휘장에 속하는 것이다.

고), '차 안에선 대통령보다 편안하셔야 될 분, 바로 택시기사님이십니다'(SM5 택시)에 사용된 예도 대립어 설정의 참신성이 돋보이는 광고문구이다. '경로석'과 '예약석'을 대립어로 설정한 것이나 '대통령'과 '택시기사님'을 대립어로 설정한 것은 언중에게 강한 인상을 줄 수 있다. 이렇게 광고문구에서 찾아볼 수 있는 화용적 대립어는 참신성과 재미를 더해 주어 언중이 새로운 표현을 구사할 수 있도록 한다.

5. 결론

  이 글에서는 광고문구를 중심으로 새롭게 제시되는 화용적 대립어에 대해 살펴보았다. 화용적 대립어는 기존의 어휘적 대립어와 달리 발화맥락을 중심으로 대립관계를 설정하는 것이다. 이 장에서는 이들의 개념과 활용 양상, 그리고 그 의미 기능에 대해 살펴보았다. 화용적 대립어는 광고문구에서 빈번하게 구사되는데, 청자는 이런 광고문구를 접하면서 대립어 설정을 위한 어휘장이나 어휘 의미를 확장해 나간다. 또한 이런 표현이 잦아지면서 신선하고 유머러스한 언어사용도 가능하게 된다. 지금까지 논의한 것을 요약·정리하는 것으로 결론을 대신하고자 한다.

  첫째, 화용적 대립어는 발화맥락을 중심으로 설정되기에, 대립관계의 설정이 기존의 어휘적 대립어와는 사뭇 다르다. 말하자면 화자의 발화의지에 의해 대립관계가 구축되고, 이것이 새로운 대립어를 설정하도록 한다. 이는 이미 화자가 문장구조에서 대립관계를 염두에 둔 것이기도 하다. 따라서 이들에 대해 어휘적 의미의 대립어보다는 맥락에 의한 '화용적 의미의 대립어'로 규정지어야 하겠다.

  둘째, 화용적 대립어의 유형은 크게 세 가지로 나눌 수 있다. 첫째, 동위 계열형 대립어를 들 수 있다. 이 유형은 맥락에 의해 하나는 긍정항으로, 다른 하나는 부정항으로 설정된다. 그리고 부정항에 의해 긍정항의 의미가 더욱 강조된다. 두 번째는 상위어/하위어 형으로, 이는 동계층의 어휘보다는 상위어와 다른 계층의 하위어가 대립관계를 형성한 것이다. 즉 어휘 간의 계층구조를 의식하지 않으면서 화자의 발화의도를 선명히 제시한 것이다. 세 번째는 범주 확대형으로, 이 유형은 같은 어휘장에 속하지 않으면서도 대립어로 설정된 것이다. 이들은 공통의 기저 의미를 중심으로, 의미의 파생 과정을 거쳐 대립어로 설정된다. 즉 언중의 인지 구조 안에서 몇 단계의 추론과정을 거쳐 대립어로 설정된다.

셋째, 화용적 대립어의 의미 기능을 크게 네 가지로 나누어 살필 수 있다. 첫 번째로 긍정적 의미를 갖는 대립어에 대한 의미강조 기능을 들 수 있다. 부정어의 제시로 인해 대립되는 긍정항은 그 전달 의미가 더욱 명확해지고, 청자 또한 강조된 의미를 수용하게 된다. 두 번째로 대립구조를 바탕으로 한 선명한 의미 제시 기능을 들 수 있다. 대립항을 바탕으로 비교나 대조를 통하여 의도한 대상을 강조하는 것이다. 세 번째로 어휘장이나 어휘목록을 확대하도록 기능한다. 화용적 대립어는 어휘적 의미보다는 발화의미에 초점을 맞추어 어휘장 영역을 벗어나는 경우가 빈번하다. 그래서 대립관계를 형성하지 않는 어휘가 대립어로 설정되기도 한다. 이렇게 이질적인 대립관계를 이해하는 과정에서 자연스럽게 어휘장이 확장될 수 있다. 네 번째 화용적 대립어는 위의 여러 의미 기능을 바탕으로 언어사용의 참신성을 보장한다. 이는 새로운 대립어가 재치 있는 언어표현이 기능하도록 돕기 때문이다.

제2장 매체언어와 외래어

1. 서론

    지금은 광고의 시대이다. 그래서 우리의 일상생활이 광고로 둘러싸여 있다고 해도 과언이 아니다. 우리는 자연스럽게 광고에 노출되고, 그 속에서 정보를 찾고, 그 정보를 바탕으로 판단하고 선택한다. 주위를 둘러보면 온통 광고 아닌 것이 없다. 그림으로, 문자로, 기호로, 소리로, 때로는 몸짓으로까지 수많은 광고가 다양한 매체를 통해 우리에게 전달된다. 매체를 통해 전달되는 광고문구는 일상 언어생활에서도 이미 발화의 한 유형이 되었다. 독특하고 참신한 광고문구를 언중이 기억하고, 일상생활의 대화 상황에서 자연스럽게 발화하기 때문이다. 이제 광고문구가 유행어가 되어 언어생활에 참신성과 재미를 주는 경우도 흔한 일이 되었다.[1] 매체를 통해 자연스럽게 노출되고, 발화 빈도가 높아질수록 익숙한 표현으로 인지되어 일상 대화에서 적절히 발화하게 된 것이다.[2]

---

1) 예를 들어 '잘 자, 내 꿈 꿔', '2% 부족해', '세상을 다 가져라', '미녀는 석류를 좋아해', '꿈은 이루어진다' 등이 그러하다.

2) 사실 광고는 언어적인 요소 외에 화면, 등장인물, 스토리, 음악, 미술 등 여러

근래 들어서는 광고문구에 외래어를 활용하여 변별성을 확보하는 경우가 많아졌다. 어원을 알 수 없는 새로운 어휘나 표현, 여러 나라의 말을 섞어 만든 문구나 문장이 빈번히 사용되고 있다. 지면매체의 경우에는 한국어와 외래어가 뒤섞여 표현되기도 한다. 한국어와 영어 표기가 뒤섞이기도 하고, 고유어와 한자어가 혼용되기도 한다. 그러나 한자어의 경우는 이미 국어의 범주에 상당부분 포함되어 본 논문에서는 논외로 하고, 주로 외래어 혹은 외국어에 대해서 살펴보기로 한다.

이를 위해 우선 논의해야 할 것이 외국어와 외래어에 대한 개념 및 범주설정이다. 그러나 이는 기존 논의에서 이미 지적되었듯이 상당부분 주관적일 수밖에 없어 탁견을 내기가 쉽지 않다.3) 모든 사람이 공감할 만한 외래어 혹은 외국어의 범주 설정이 용이하지 않다는 말이다. 그래서 이론상의 개념과 실제상의 범주가 상당한 괴리를 보이는 것 또한 사실이다. 그리고 외래어 혹은 외국어를 구분할 때 화자의 인지구조에 들어있는 어휘체계의 양과 질에 따라서도 달라질 수 있다. 따라서 여기에서는 외래어와 외국어의 개념 설정에 대한 논의는 훗일의 과제로 남기고, 우선은 이들을 아울러 외래어로 간주하고 논의를 진행하도록 한다.4)

언어는 문화를 만들고 전수한다. 현대사회에서는 매체를 통한 언어표

분야의 예술이 종합적으로 어우러지는 장르이다. 따라서 광고는 언어적 요소에 다른 요소가 어떻게 결합되느냐에 따라 효과가 달라질 수 있다. 그럼에도 불구하고 이 장에서는 지면광고에 나타난 광고문구의 언어적 사용에 주안점을 둔다.
3) 외래어 및 외국어에 대한 기존의 논의를 보면, 첫째 외래어의 개념에 대한 논의로 김세중(1992), 송철의(1998), 고성환(1998), 김혜숙(2000), 이상혁(2002), 정희원(2004), 김수현(2005) 등을 들 수 있고, 둘째 외래어의 쓰임에 대해 논의한 것으로는 박경숙(1992), 고성환(1997), 이은경(1998), 이정복(1998), 윤혜정(2000), 서혁(2001), 심영택(2001), 임규홍(2003), 방정애(2004), 임규홍(2004), 김수현(2005), 박은하(2009) 등을 들 수 있다. 전자는 연구자 나름대로 외래어의 개념을 정립한 것이고, 후자는 외래어의 쓰임을 주로 매체언어를 통해 살핀 것이다.
4) 이후 분석 대상은 한자어를 제외한 외래어 혹은 외국어를 '외래어'의 의미범주로 간주한다.

현이 매우 중요한 소통수단이 되었다.5) 그 중 광고문구를 통한 언어표현은 언어현실의 좋은 지표가 되기도 한다. 그런데 광고문구의 상당수가 외래어로 표기된다는 점이다. 이렇게 외래어 표기가 증가하자 이제 언중은 그러한 표기를 자연스러워하고, 나아가 그러한 표기를 그럴 듯하게 인식하기까지 한다.6) 문제는 광고문구에서 외래어의 무분별한 사용으로 어휘체계상의 섞임 현상이 구어를 넘어 문어에까지 확대되었다는 점이다. 이는 광고문구의 화자가 외래어를 섞어 씀으로써 또 다른 발화효과를 기대한 때문이기도 하다.7)

따라서 이 장에서는 지면매체에 나타난 광고문구를 중심으로 외래어 사용 양상과 언어인식을 살펴보고자 한다.8) 먼저 외래어의 사용 양상을 표기와 의미로 나누어 살피고, 이어서 언어의식을 차별성에 입각한 우월의식, 보편성을 추구한 집단의식, 변주를 통한 표현의식으로 나누어 고찰하고자 한다. 요컨대 지면매체의 광고문구에 나타나는 외래어의 실태를 점검하고, 외래어가 그토록 빈번하게 쓰일 수밖에 없었던 동인을 언중의 의식을 중심으로 살펴보도록 한다.

---

5) 조항록(2004:198)에 의하면, 언어문화는 언어에 투영된 문화적 함의, 언어를 통해 산출되는 문화적 양상을 의미한다.
6) 예를 들면 '당신의 삶의 방식 : 당신의 life style : 당신의 라이프스타일'은 같은 표현이지만 발화의미는 다르게 느껴진다. 한국어로만 표기된 문구보다는 영어와 섞인 표현이 청자의 눈에 더욱 그럴 듯해 보인다. 영어식 표기가 섞여있는 두 번째나 세 번째 표현이 더욱 전문적인 느낌을 주는 것 또한 사실이다.
7) 한때 대학생들이 과제물의 질적 향상의 기제로 한자어를 섞었다면, 요즘 학생들은 서구의 외래어를 섞어 쓴다.
8) 분석대상 지면광고는 2008년 9-11월, 2009년 7-10월까지의 여성잡지이다. 구체적으로 '여성동아, 레이디경향, 여성중앙, 우먼센스, 매종, 행복이 가득한 집' 등 여섯 종류의 여성잡지를 선정했다.

2. 매체언어와 외래어의 양상

2.1. 표기 양상

광고문구에 나타나는 외래어는 우선 표기의 측면에서 주목된다. 지면 매체의 광고문구는 문자언어이기 때문에 표기법에 의해 일차적으로 유형화할 수 있다. 광고문구는 대체로 외래어와 고유어가 섞여 쓰이는데, 우선적으로 주목되는 것이 외래어든 고유어든 간에 모두 한글로 표기된 것이 있고, 다른 하나는 고유어는 한글로 외래어는 해당 원어로[9] 표기한 것을 들 수 있다. 따라서 표기 양상에 따라 광고문구를 나누면, 첫째 외래어든 고유어든 모두 한글로 표기한 것, 둘째 고유어는 한글로 외래어는 해당 원어로 표기한 것, 셋째 외래어 원어로만 표기한 것으로 나눌 수 있다. 이제 각각에 대하여 살펴보도록 한다.

첫 번째로, 고유어와 외래어 모두 한글로 표기한 경우이다. 이들은 다시 단어를 외래어로 표기한 것과 문장을 외래어로 표기한 것으로 나눌 수 있다.

먼저 전자의 예를 들어본다.

① a. <u>안티 링클</u>의 새로운 혁신
　　 피부 스스로 주름을 지우고 젊음을 채우다. 　　　　(랑콤)
b. 2008년 가을, 매일매일 새로운 <u>프렌치</u>를 입는다. (엘레강스 스포츠)
c. 미래의 <u>글러벌 리더</u>를 키우는 곳. 　　　　(엘리트어학원)
d. 고급스런 <u>아메리칸 스타일</u>에서 섬세함과 디자인이 돋보이는 <u>유러피안 스타일</u> 지중해풍의 정열이 느껴지는 <u>스페니쉬 스타일</u>까지……
　　　　　　　　　　　　　　　　　　　　　　　　(헨리스 홈)

---

[9] '원어 표기'라 함은 외래어의 원래 표기로, 여기서는 대부분 영어 표기를 의미한다.

② a. 향상된 피부탄력 <u>드라마틱한</u> 효과
   　　피부상태와 느낌을 <u>드라마틱하게</u> 변화시킵니다. (시세이도바이탈)
　b. <u>패셔너블한</u> 감각과 가능성을 완벽하게 매치시킨 엘르골프
   　　　　　　　　　　　　　　　　　　　　　　　　　(엘르골프)
　c. 자연 속 <u>미니멀한</u> 건축을 컨셉으로 지어진 유럽형 저층 공동주택단지
   　　　　　　　　　　　　　　　　　　　　　　　　　(인테리어)
　d. 쿠페보다 <u>스타일리시한</u> 5도어는 없을까?
   　　모터사이클처럼 <u>스포티한</u> 미터클러스터는 없을까?　(마티즈)
　e. 100% 아라비카 원두로만 <u>블렌딩한</u> 맥심 아라비카 100 (맥심커피)
　f. <u>유니크한</u> 매력에 빠져든다. <u>카리스마적</u> 미래 디자인 All New GS
   　　　　　　　　　　　　　　　　　　　　　　　　　(캐딜락)

　　위 ①과 ②의 예는 외래어의 명사나 형용사를 한글로 표기하고 있다. ①의 '안티 링클, 프렌치, 글로벌 리더, 아메리칸 스타일, 유러피언 스타일, 스페니시 스타일' 등과 ②의 '드라마틱, 패셔너블, 미니멀, 스타일리시, 블렌딩, 유니크, 카리스마' 등이 모두 외래어지만 한글로 표기되었다. 제시된 어휘들은 일상생활에서 자주 발화되는 것이기도 하다. 이렇게 한두 단어로 된 외래어를 한글로 표기하는 것이 가장 일반적인 외래어 표기 방법이다. 이러한 표기 방법이 일상화되어 이제 의미전달과 수용에서도 큰 무리가 없게 되었다. 한두 어휘를 외래어로 표기한 광고문구는 굳이 다른 예를 제시할 필요가 없을 정도로 아주 광범위하다. 실제로 본 글을 위해 수집한 100여 편의 지면광고 가운데 70% 이상이 이와 같은 표기법을 따르고 있다.
　　다음으로 문장이 외래어이고, 그러한 외래어를 한글로 표기한 경우이다. 이때는 고유어가 문법적인 요소로서 극히 일부만 구사될 뿐 대부분을 외래어로 처리하였다. 그래서 한글은 단지 외래어 표기수단에 머무는 기현상을 보인다. 예문을 본다.

③ a. 시세이도 바이오 퍼포먼스 수퍼 리스토어링 크림
　　안티에이징의 솔루션! 시세이도 타임머신 크림　　(시세이도)
　b. 고어텍스의 기능성에 스타일리시한 디자인을 더한 프리미엄 아웃도
　　어 자켓입니다.　　(블랙야크 스완자켓)
　c. 락앤락의 럭셔리 테이블웨어, 젠앤락　　(zen&lock)
　d. 워터-젤 타입 애프터 쉐이브 아쿠아틱 로션　　(비오템 옴므)

　위 ③의 광고문구에서는 조사나 한두 단어 정도만 고유어일 뿐, 나머지는 모두 외래어로 이루어졌다. a문장의 경우 조사 '의'만이 고유어이고, 나머지는 모두 외래어이다. b 역시 '의, 기능성에, 한, 을, 더한, 입니다'만이 고유어이다. d의 광고문구에는 아예 고유어를 쓰지 않으면서 하나의 문장을 구성하였다. 이러한 광고문구는 외래어의 비중이 점점 커지고 있음을 말하는 것이다.
　두 번째로, 고유어는 한글로, 외래어는 원어로 표기한 광고문구이다. 이는 아무래도 두 언어로 중복 발화하여 전달의지를 제고할 목적 때문이라 하겠다. 또한 외래어 원어를 씀으로써 선진의 이미지를 보이기 위한 전략이기도 하다. 다음의 예를 보자.

④ a. 에티오피아산 <u>Gold bean</u>으로 완성된 프리미엄 커피
　　　　　　　　　　　　　　　　　　　　　　(수프리모 초이스)
　b. 마른 몸매는 <u>NO</u>!　　　　　　　　　　　　　　　(요가)
　c. 아침식사는 유당 <u>zero</u> 베지밀로 속을 편안하게 하세요.　(베지밀)
　d. 로가디스 그린의 <u>style revelution</u>　　　　　　　(로가디스)
　e. 제주도의 고즈넉함 속에서 여유롭게 즐기는 <u>Late summer</u> 휴가 야간
　　오픈 야외수영장에서 문라이트 스위밍　　　　　　(제주신라)
　f. 가족사진을 <u>art</u>하다. 영국 프리미엄 가족사진 브랜드, 벤처 스튜디오
　　　　　　　　　　　　　　　　　　　　　　(벤처스튜디오코리아)
　g. 앉는 면도 나눠라. 펠비스체어! 펠비스체어는 <u>Dual Sitting System</u>으
　　로 체중을 분산시키고 자세에 맞게 움직여 정말 편해요.
　　　　　　　　　　　　　　　　　　　　　　(펠비스체어)

h. 여유롭고 활기찬 자신만의 인생을 즐기며 끊임없이 자신을 표현해
내는 Lovely sportive casual 브랜드입니다.　　(올리비아 허슬러)
i. 새로운 캔버스화가 왔다! Everlast "checkers"
스타일로 달린다. 신이 난다. 슝~ check it out.　　(spris)

⑤ a. no smoke, no smell, no chimney, only warm & beauty
친환경 연료로 건강까지 생각하는 '자연의 불' 플라니카가
당신의 생활을 더 아름답고 열정적으로 만들어 드립니다.
　　　　　　　　　　　　　　　　　　(planika 벽난로)
b. 아름다움은 손대지 않을수록 빛난다.
new handless system & LED light　　　　　(뷔셀 주방)
c. We feel the Harmony with nature
생각할수록, 생활할수록~ 원목으로 만든 가구 스칸디아.
　　　　　　　　　　　　　　　　　　(스칸디아)
d. She's icon
앞선 여자의 상징, BIF 보루네오　　　　　(보루네오)
e. style or power? style and power!
stylish NO 1. 싼타페 the style 탄생　　　　(싼타페)

위 ④와 ⑤의 예는 한국어는 한글로, 외래어는 원어로 표기한 광고문구이다. ④의 예문은 한글표기 중간 중간에 외래어 원어표기가 들어 있다. 이는 문자표기의 이질성을 통해 시선집중 효과를 도모함은 물론, 의미의 강조기능까지 담보하기 위해서이다.10) 결국은 한글 표기는 보조적인 기제처럼 처리하고, 외래어 원어를 중심 기제로 부각시켜 전달의도가 그에 집중되도록 하였다.

⑤의 광고문은 한 문장은 한글로 한 문장은 원어로 제시한 경우이다. 이는 외래어 나아가 외국어가 광고에서 긍정적일 것으로 보아 원어를 전면에 내세운 것이다. ⑤의 a-e는 한글표기와 외래어 원어표기를 문장

---

10) 광고를 만든 이 역시 이러한 시선집중 및 의미강조의 기능을 고려한 것으로 보인다.

단위로 교차 제시하고 있다. b처럼 한글 표기를 먼저 제시하고 이어서 영어 원문을 제시한 것이 있는가 하면, a, c, d, e처럼 영어를 먼저 제시하고 한글 표기가 뒤따르는 것도 있다. 전자는 미괄식 구조처럼 먼저 한글로 상세정보를 말하고, 이어서 중요 정보를 외래어 원문으로 확인한 것이다. 반면에 후자는 마치 연역적 사고와 같은 것으로 중요한 정보를 원어로 제시하고, 이어서 한글 표기로 부가 정보나 세부 정보를 제공하고 있다. 이렇게 외래어와 고유어를 혼용하되 외래어 원어를 전면에 내세운 것은 광고제품에 대한 이미지를 고급화·이국화하려는 의도 때문이라 하겠다.

세 번째로, 광고문구 전체를 외래어 원어로 표기한 경우이다. 이 유형은 외래어에 대한 의존도가 가장 높은 것으로, 전달 정보보다는 광고제품에 대한 이미지를 중시한 결과라 할 수 있다. 한국어로 광고제품의 정보를 설명하기보다는 간략한 외래어로 제품의 이미지를 제고하여 청자의 감성에 호소한 것이다. 해당 예문을 제시하면 다음과 같다.

⑥ a. Don't worry Be Frima! (프리마)
   b. I'm so skinny (동양매직 정수기)
   c. Fashion is passion. the pure - fashioned doota (두타)
   d. we have, we love, we live, we save, we solve (두산 위브)

위의 예문 중 a에서는 익숙한 가요에 제품명을 넣어 제품과 노래를 연결시켰으며, b에서는 광고제품의 기능보다는 외양을 강조하기 위해 인상적인 외래어를 사용하였다. 그리고 c에서는 외래어 발음의 유사성을 활용하여 광고제품의 이미지를 부각시켰으며, d에서는 주어와 술어의 반복된 구조를 통해 의도한 정보를 담고자 하였다. 이들은 모두 외래어 원어로만 광고문구를 만들어 내용전달보다는 광고 대상의 이미지를 제고하는 데 역점을 둔 것이라 하겠다.

2.2. 의미 양상

광고문구에서 외래어 사용의 의미를 살피기 위해서는 외래어를 한글로 표기했는가, 아니면 원어로 표기했는가를 중시해야 한다. 한글로 표기했을 때에는 외래어의 본래적 의미가 변이되는 경우가 많지만, 원어표기에서는 본래적 의미가 변화되는 일이 거의 없기 때문이다. 이를 감안하면서 이곳에서도 앞에서처럼 세 유형으로 나누어 그 의미를 살펴보도록 한다. 즉 외래어든 고유어든 모두 한글로 표기한 것을 첫째 유형으로, 외래어 원어와 한글 표기가 함께 쓰인 것을 둘째 유형으로, 외국어 원어로만 쓰인 것을 셋째 유형으로 나누어 각각의 의미 양상을 살펴보도록 하겠다.

첫 번째로, 한글로 표기된 유형의 의미 양상이다. 이 유형은 광고문구에서 한두 어휘만 외래어인 것과 광고문구 전체가 외래어로 구성된 것이 있다. 또한 외래어가 단독으로 쓰이는 것이 있는가 하면, 외래어와 한국어를 결합하여 쓰는 것도 있다.

먼저 한두 단어의 외래어가 광고문구에 쓰인 경우를 본다.

⑦ a. <u>안티 링클</u>의 새로운 혁신   (랑콤)
   b. 감동으로 전해지는 <u>프리미엄 세단</u>의 결정체   (넥서스)
   c. 에센스 하나로 주름 개선과 <u>화이트닝</u>을!   (로레알)
   d. 늦기 전에 <u>에이지 컨트롤</u> 하세요.   (마몽드)

⑧ a. 피부상태와 느낌을 <u>드라마틱하게</u> 변화시킵니다. (시세이도 바이탈)
   b. <u>패셔너블한</u> 감각과 기능성을 완벽하게 매치시킨 엘르골프
                                                               (엘르골프)
   c. 자연속 <u>미니멀한</u> 건축을 컨셉으로 지어진 유럽형 저층 공동주택단지
                                                         (르 시트 빌모트)
   d. 스마트한 비즈니스 캐주얼부터 도시 감성의 세련된 아웃도어룩까지 남성들의 <u>다이내믹한</u> 라이프스타일이 적극 반영된 이번 컬렉션에

```
      는...                                    (로가디스 그린)
    e. 카리스마적 미래 디자인 All new GS            (캐딜락)
    f. 커피, 우유로 웰빙하다.                 (초이스 웰빙 밀크커피)
    g. 올 가을은 화려하고 볼드하게              (코스튬 주얼리)
```

위 ⑦은 한두 단어의 외래어가 쓰였다. 이렇게 쓰인 외래어는 명사에 준하기 때문에 의미 변화가 일어나지 않는다. 명사류 어휘는 외래어든 한국어든 의미 범주가 비슷해서 의미 변화가 거의 없다. 위의 예에서도 '안티 링클, 프리미엄 세단, 화이트닝, 에이지 컨트롤'은 한국어와 결합하지 않은 채 쓰였기 때문에 그 의미도 원어와 크게 다를 것이 없다. 그러나 외래어와 한국어가 섞인 한글표기는 사뭇 다른 양상을 보인다. 위의 예 ⑧에서의 '패셔너블한, 미니멀한, 스마트한, 다이내믹한' 등은 원어인 'fashionable, minimal, smart, dynamic'을 한글로 표기하고 여기에 한국어 접사 '-하다'가 결합된 구조이다. 이는 원어를 한글로 표기하여 가독성을 고려한 것이기도 한데, 문제는 여기에 결합되는 한국어의 영향으로 의미영역이 확대될 수 있다는 점이다. 즉 광고문구의 문맥에 따라 원어적 의미가 다변화되거나 확장될 수 있다. 따라서 외래어와 한국어 결합형 신조어는 광고 생산자가 광고 수용자의 다양한 해석을 유도하는 방편일 수도 있다.11)

다음으로 문장 전체가 외래어로 구성되고, 이를 한글로 표기한 경우의 의미 양상이다. 결론부터 말하면 이 유형에서는 의미범주의 확대가 일어나기 어렵다. 문장을 구성하는 외래어가 거의 명사이고, 조사나 어미만이 한국어라서 의미범주의 확대가 쉽지 않기 때문이다. 해당 예문을 보도록 한다.

---

11) 외래어와 한국어 결합어휘의 의미범주가 확대되는 것은 뒤에 이어지는 한국어의 영향 때문이다. 외래어 뒤에 연결되는 한국어 '-하다'의 의미범주의 간섭을 받아, 결합된 외래어의 의미범주도 자연스럽게 확장되는 것이다.

⑨ a. 믹스&매치 디너웨어 (루미낙)
    b. 안티 에이징의 솔루션! 시세이도 타임머신 크림 (시세이도)
    c. 내츄럴 리치 & 워터 드롭 핸드크림 (한스킨)
    d. 모터사이클처럼 스포티한 미터클러스터는 없을까? (마티즈)
    e. 락앤락의 럭셔리 테이블웨어, 젠앤락 (zen & lock)

위의 예문에서 문장을 구성하는 외래어는 대부분 명사이다. 그런데 어느 언어를 막론하고 명사의 의미 범주는 비교적 한정적·구체적이다. 따라서 위의 예문에 나타난 외래어는 원어의 의미에 충실할 수밖에 없다. 그리고 한국어 조사나 어미가 문법관계로 쓰였을 뿐이라서 외래어 본래적 의미에 변화를 주기가 어렵다. 결국은 이러한 광고문구에서는 외래어 원어의 의미가 전달 정보의 핵심이라 할 수 있다.

두 번째로, 외래어 원어 표기와 한글 표기가 섞여 쓰인 경우의 의미 양상이다. 이들 역시 어휘적 표기이든 문장의 표기이든 간에 의미범주의 확대는 일어나지 않는다. 외국어를 모국어처럼 구사하지 못하는 광고 수용자는 제시된 외래어를 원래의 의미대로 직독·직해하는 경향이 없지 않다. 그래서 단어든 문장이든 원어로 표기하면 의미변화를 기대하기가 어려울 수 있다. 해당 예문을 보자.

⑩ a. 허리도 up! 편리함도 up! 클라쎄 드럼 up Ⅱ (드럼 세탁기)
    b. stylish NO 1. 싼타페 the style 탄생 (싼타페)
    c. 세상 속 더 많은 사람들이 go with VISA (VISA 카드)
    d. lovely sportive casual 브랜드입니다. (올리비아 하슬러)

⑪ a. lead your style
      당신의 스타일을 연출하라 (혼다)
    b. Make a ColorFULL City
      금호건설의 LED갤러리 빌딩엔 365일 날마다 다른 표정이 있습니다.
      (금호건설)

위 ⑩과 ⑪은 외래어 원어 그대로 표기된 것이다. ⑩의 a는 '허리도 좋아지고, 편리함도 좋아지고'의 의미로, b는 '1등 스타일, 싼타페', c는 '더 많은 사람들이 VISA카드와 함께 갑니다', d는 '부드럽게 활동적인 캐주얼 브랜드입니다' 정도의 의미로, 문장 내에서 제시된 원어표기를 그대로 해석해서 받아들인다. ⑪에서 제시된 문장도 모두 영어문장의 번역을 통해 의미를 수용한다. 원어 표기는 어휘번역이나 문장번역 모두 의미범주의 확대보다는 정확한 해석에 집중하기가 쉽다. 그래서 의미의 확장이나 다변화를 기대하기가 어렵다.

세 번째로, 오로지 외래어 원어로만 표기한 광고문구에서의 의미 양상이다. 이 유형 또한 앞에서와 마찬가지로 의미변화를 기대하기가 어렵다. 더욱이 이 유형은 외래어로만 구성되어 해석의 여지가 그만큼 한정될 수밖에 없다. 그래서 외래어 원어를 모국어로 하지 않는 일반광고 수용자는 주어진 외래어에서 확대된 의미를 추론하기가 쉽지 않다. 해당 예문을 본다.

⑫ a. Light can change everything   (헌터 더글라스 갤러리)
    b. Don't worry Be Frima!   (프리마)
    c. I'm so skinny   (동양매직 정수기)
    d. Fashion is passion. the pure - fashioned doota   (두타)
    e. we have, we love, we live, we save, we solve   (두산 위브)

위의 예문에서 보듯이 외래어 원문으로 구성된 광고문구에서는 비록 단순하거나 익숙할지라도 구체적 정보를 담기가 쉽지 않다. 그리고 광고 수용자들은 제시된 원어를 해석하는 데 먼저 관심을 기울인다. 그래서 외래어 원어가 갖는 의미 범주에서 벗어나기가 쉽지 않다. 외래어와 한국어가 모두 한글 표기로 결합되었을 때는 가독성은 물론 유연성이 확보되어 의미의 다변화를 생각할 수 있지만, 외래어 원어는 해석상의 문제로 사고가 경직되고, 그로 인해 의미의 다변화가 어렵게 된다.

3. 외래어의 사용과 언어의식

광고는 대중을 대상으로 만들어진다. 그러면서도 대중의 언어표현과는 차별성을 추구한다. 같은 표현을 하더라도 더 새롭고, 더 독특한 것을 추구하는 것이 광고의 속성이다. 광고에 사용되는 문구 역시 대중을 향한 외침이지만, 대중의 일상적 언어표현과는 차별화를 추구한다. 차별화의 방법으로 신조어를 만들고, 유행어를 활용하고, 때로는 노랫말이나 시구도 활용한다. 요즘은 무엇보다 중시되는 것이 외래어의 활용이다. 외래어를 활용함으로써 광고의 참신함과 더불어 광고 내용의 전문성까지 부각할 수 있기 때문이다.[12]

3.1. 차별화 전략과 우월의식

광고에서는 외래어를 활용함으로써 일반적인 언어표현과는 차별화를 지향한다. 차별화 전략을 시도하는 이유는 우월성 내지 고급화로 소비자의 심리를 자극하기 위해서이다. 광고에서는 제품의 이미지를 고급화하기 위해서 광고문구도 고급스럽고 전문적인 용어를 선호한다. 고급스러운 이미지나 전문성을 강조하는 방법 중의 하나가 외래어의 활용이다. 이는 외래어를 활용하여 언중의 우월의식을 자극하기 위한 것이기도 하다. 인용문을 보자.

---

12) 광고에서 고유어와 외래어(원어 표기)를 함께 제시하는 일은 일반적이다. 같은 뜻을 반복 제시함으로써 시각적 차별과 의미 전달력을 제고하기 위해서이다.
　예) Vest & Jacket으로 Style-up. VJ
　　　Style up 재킷과 vest로 다양한 코디를 연출하는 앞서가는 스타일
　　　Non Age 새로운 시도, 새로운 스타일로 만나는 세련미 넘치는 젊은 감각
　　　New Trend 2009 가을을 이끌어 갈 New Fashion Style
　　　Vest 와이셔츠 등 어떤 옷과도 다양한 코디가 가능한 멀티 스타일 (PAT STYLE)

⑬ a. 엄선된 브랜드, 다양한 컬렉션, 합리적인 가격
 YEOJU PRIMIUM OUTLETS (여주 아울렛)
 b. So Soft Moisture Hand Cream
 내츄럴 리치 & 워터 드롭 핸드크림 (한스킨)
 c. 숨37 시크릿, 그 두 번째
 당신이 잠든 사이 다시 태어나는 피부를 위한 황금빛 묘약
 Secret Night Beauty Therapy (su:m)
 d. shift. the way you move (닛산)
 e. '현대 모비스의 드라이빙 사이언스의 세계. 더 새로워진 모비스가 준비하고 있습니다.
 DRIVING SCIENCE' (현대모비스)

위의 예에서도 외래어를 섞어 표현함으로써 광고 내용이나 광고 제품의 이미지를 부각하고 있다. a, c, e의 경우는 이미 언급한 내용을 다시 외래어로 반복하고 있다. 내용의 강조일 수도 있지만, 외래어 표기를 첨부함으로써 수준 있고 지적인 광고라는 이미지를 부각하고자 한 것이다. 그리고 이러한 광고를 수용하는 소비자 역시 수준 있고 지적인 이미지를 갖게 되어 심리적 우월감까지 느낄 수 있다. 마찬가지로 외래어를 먼저 말한 b나 외래어로만 표기한 d 역시 차별화된 우월의식을 반영한 것이다. 광고문구에서 외래어를 자주 사용하는 동인도 바로 여기에 있다. 오선희(2005:241)에 의하면 외래어는 같은 의미의 우리말에 비하여 세련되고 고급스럽다는 착각을 불러일으키며, 대체적으로 원래 원어의 의미보다 고급스럽고 제한적인 의미를 갖는다고 언급한다. 외래어를 사용하는 사람들이 유식하고 유행을 앞서가는 사람들이라는 인식이 외래어 사용을 부추기며, 그래서 같은 뜻임에도 불구하고 '치킨〉닭고기, 커피숍·카페〉다방, 실크〉비단'의 언어현상이 나타난다고 설명하고 있다.[13]

---

13) 이는 이미 한자와 고유어에서 나타난 것이기도 하다. 즉 치아〉이, 연세·춘추〉나이, 댁〉집 등이 그것이다.

우리 사회에 퍼져 있는 서구 문화에 대한 막연한 동경과 우리 것과 다르다는 호기심이 가세하여 외래어 사용이 다변화된 것이다. 필요에 의해 들어온 말이 언어 우월의식을 드러내는 기제로 쓰이면서, 굳이 사용하지 않아도 되는 외래어까지 남발하게 되었다.14) 외래어에 부여된 우월의식은 그 언어를 사용하는 화자나 청자에게 전이되어 언중의 사고를 지배하게 된다. 그리하여 구어발화에서도 외래어를 자주 구사하는 화자가 박식하다는 선입견을 가질 수 있다. 이러한 현상의 반영이 여러 분야에서 외래어 사용을 증가시키는 원인이 되고 있다.15)

외래어 사용과 우월의식은 엘리트 클로저(Elite Closure)를 추구하는 현상의 한 단면으로도 해석이 가능하다. 신지연(2008:14)에 의하면 엘리트 클로저는 엘리트 계층이 자신을 대중과 구획 짓는 언어현상으로, 특수계층이 자신들의 권위를 유지하기 위해 대화에서 일반인들과 변별되는 언어를 사용하는 것이다. 예를 들면 아프리카에서 교육이나 직업영역에서는 영어/불어를 사용하고, 대중 소통을 위해서는 현지어를 사용하는 것이 이에 해당된다.16) 이들은 자신들의 유대를 위해서는 코드 스위칭을 고수하지만 하층민에게는 이것을 허용하지 않고 오히려 하층민이 영어를 배울 필요가 없게 스스로 현지어를 익힌다.17) 그래서 앞에서 살펴본

---

14) 채완(2004: 236-240)에 의하면 우리말과 영어 대응어가 있을 때 우리말이 질이 낮거나 값싼, 또는 나쁜 쪽을 가리키고 영어는 그 반대의 비싸고 좋은 것을 가리키는 경향이 있다고 언급한다.

15) 조선일보에서는 2009년 9월 연재기사로 '외국어 중독'을 다루었는데, 이에 의하면 공공기관, 상품명, 장소명, 각종 행사제목 등이 외래어로 점철되고 있음을 보고하였다. 실제로 방송이나 신문·잡지에서의 외래어 증가도 눈에 띠며, 이에 대한 논의도 활발히 이루어지고 있다.(고성환·이은경·김수현 등)

16) 예를 들어 옛 영국의 식민지였던 탄자니아는 English-interfered Swahili를 사용하는데, 독립 후 영어 사용이 금지된 상태에서 학문적으로 영어에 접근할 수 있었던 학자들은 제대로 된 영어를 사용하고(Campus Kiswahili) 대중들은 그렇지 못하다.(신지연, 2008:14)

17) 東照二(AZUMA, Shoji. 2001:44-50)에 의하면 코드 스위칭(code swiching)은 코드 믹싱(code mixing)이라고도 하는데, 이중언어 화자(모국어와 외국어)가 문

외래어 사용에 대한 우월의식도 일종의 엘리트 클로저 현상으로 볼 수 있다.18) 이를 감안하면 외래어 광고는 수용자들에게 언어적 우월의식을 심어주기 위한 것이라 할 수 있다.

외래어를 사용한 광고는 특정언어로 의사소통이 가능한 계층을 염두에 둔, 일종의 언어 권위의식과도 관계된다.

⑭ a. 울트라 리프트 & 펌 모이스쳐 크림 SPF 30
　　플럼, 리프트, 펌. Anti-aging이 한 차원
　　업그레이드 된다.　　　　　　　　　　　　(엘리자베스 아덴)
　b. Think Stylish 나만의 공간속
　　스타일리쉬를 생각하다.　　　　　　　　　　(개나리벽지)
　c. BIO CELL STEM CELL cytokines
　　Human adipocyte media extract
　　미백(Stem Cell)의 과학!　　　　　　　　　　(쎄라덤)

위 광고에서 사용된 외래어는 일반인들이 잘 모를 법한 어휘도 상당부분 들어있다. 그럼에도 불구하고 이러한 어휘를 광고에 사용한 것은 청자의 권위를 인정해주는 우월의식의 반영 때문이라 하겠다. 따라서 광고의 수용자는 비록 광고에 사용된 외래어가 무슨 의미인지 몰라도, 그러한 광고를 보는 것만으로도 언어적으로 우월한 집단에 속한다고 믿는다. 東照二(2001: 52)에서는 한국어에서의 영어 사용에 대해 듀얼 아이덴티티(dual identity)를 나타내는 현상으로 제시한다. 코드 스위칭에 속하는 한국어와 영어의 사용에서 영어를 사용하는 화자는 스스로 지적인 집단에 속해 있다고 인식하며, 나아가 이것을 멤버십 확립을 위해 필요한 것으로 이해하는 것이다.19) 결국 듀얼 아이덴티티나 엘리트 클로저 모두 언어

　　장이나 담화 안에서 두 개의 언어를 번갈아가면서 사용하는 것을 의미한다.
18) 이는 우리의 경우 조선시대에 한글과 한문사용 계층이 변별되었던 것과 유사한 현상이라 할 수 있다.

사용에 있어서의 우월의식의 표출이고, 이것이 한국어에서 외래어를 사용하도록 하는 강력한 동인 중 하나이다.

3.2. 새로운 표현과 집단의식

누구든 언어를 사용하면서 남과 다른 독창적인 표현을 추구하는 성향이 있다. 같은 의미를 전달하더라도 이목을 집중시키기 위해 남과 다른 표현을 동원한다.20) 그리고 이렇게 등장한 새로운 표현은 여러 사람의 입에 오르내리다가 대중성을 획득하고, 획득된 대중성은 새로운 표현으로 보편성을 얻는다.

한국어에서 외래어의 사용도 이처럼 새로운 표현을 대중화시킨 집단의식의 결과라 할 수 있다. 처음 등장한 외래어 표현이 여러 사람의 귀에 익숙해지면서 자연스럽게 받아들여지고, 점차 대중성을 얻으면서 많은 이들이 이 표현을 공유한다. 그리고 공유된 언어표현이 동일집단이라는 언어소속감을 형성한다. 이 때문에 대중적인 집단의식의 추수(追隨)로

---

19) 東照二(2001:52-54)에 의하면 영어와 스페인어, 영어와 일본어, 영어와 한국어, 영어와 중국어 등의 관계가 듀얼 아이덴티티에 속한다고 제시한다. 그리고 Myers- scotton(1993)의 예를 인용했는데, 예에서 나타나는 현상이 한국어에서의 영어사용과 유사함을 보여주고 있다. 화자들은 영어, 또는 스와힐리어만으로도 대화가 가능하지만, 두 언어를 코드 스위칭하고 있다.(위 책 53쪽 재인용)
   A : Kweli **beer** anai-take kwa **hours** tono.(그 놈, 5시간 동안 맥주를 마시고 있었어)
   B : Huyu jamaa tulipokutana **town**, jamaa alikuwa na **steam** hata ukafikiria pengine ana manzi huko. Wapi, kumbe, **steam** ya bure. Hata kuingia likuwa **problems**.(그 놈을 거리에서 만났는데, 아무래도 문제가 있는 것 같았어. 실은 여자 친구가 파티에서 기다리는 게 아닌가 싶더니 생각대로였어. 난처해했던 거야. 파티장에 들어가기가 어려웠던 모양이야.)

20) 예를 들어 운전면허를 처음 딴 사람이 차에 붙이는 '초보운전'이라는 글귀가 식상해지면서 이를 대신할 수 있는 새로운 표현이 나타났다. '첫나들이, 햇병아리, 세 시간째 직진 중, 당황하면 후진함, 옆 거울 안 봄, 가끔 포크레인 떨어짐, 당신도 한 때는 초보였습니다' 등이 사용되었는데, 모두 '초보운전'이라는 정보 전달과 함께 참신성과 유머가 담겨 있다.

보편성을 획득한 외래어도 자연스럽게 사용하는 것이다. 요컨대 화자는 같은 어휘를 사용함으로써 대중과 동일화되기를 바라고, 그로 인해 광고 문구의 외래어도 일상화된 것이라 할 수 있다.21) 다음의 예를 보자.

⑮ a. 지펠 퍼니처스타일을 만나 그렇게 주방은 아름다워졌다.　(지펠)
　　b. 와이셔츠 등 어떤 옷과도 다양한 코디가 가능한 멀티스타일
　　　　　　　　　　　　　　　　　　　　　　　　　(PAT STYLE)
　　c. 올리브데코는 현대인의 다양하고 감각적인 리빙스타일을 위한 Total Living Coordination Brand입니다.　　　　　(올리브데코)
　　d. 남성들의 다이내믹한 라이프스타일이 적극 반영된...
　　　　　　　　　　　　　　　　　　　　　　　　　(로가디스 그린)

⑯ a. 감동으로 전해지는 프리미엄 세단의 결정체 느껴보시겠습니까?
　　　　　　　　　　　　　　　　　　　　　　　　　　　(넥서스)
　　b. 영국 프리미엄 가족사진 브랜드, 벤처 스튜디오　(벤처 스튜디오)
　　c. 잭 다니엘스에서 새로나온 수퍼 프리미엄 위스키　(잭 다니엘스)
　　d. 킴케어 프리미엄 손 소독제　　　　　　　　　　　(킴케어)

광고문구에서 자연스럽게 익숙해진 '~스타일'에 의해 일상담화에서도 주저 없이 '스타일'을 발화한다. '스타일'을 대신했던 '방식, 양식'은 이제 특정 분야에서만 사용되고, 대부분의 발화는 '스타일'로 대체된 듯하다. '프리미엄' 역시 '더 좋은, 최고의'의 의미로 자연스럽게 발화한다. 이제 '영국 최고의 가족사진 브랜드 : 영국 프리미엄 가족사진 브랜드'에서 전자보다 후자가 더 그럴듯해 보이기까지 한다. 그리고 '스타일'이나

---

21) 오선희(2005:235-236)에서는 외래어 사용을 경제학이론에 견주어 고찰하였다. 사람들은 시대의 조류를 따르고 유행을 앞서가고 싶어 하는 '유행동승효과'를 가지고 있고, 또 가급적 많은 사람들이 사용하는 보편적 어휘를 사용하려고 하는 '보편동승효과'를 가지고 있다는 것이다. 그래서 처음 외래어가 들어와 고유어와 대체될 때는 유행동승효과가 작용한 결과라 볼 수 있고, 이후 외래어가 정착과정에 돌입할 때는 보편동승효과의 작용이라고 볼 수 있다.

'프리미엄'을 공유하는 것만으로도 언중의 집단의식이나 공동체의식은 더욱 공고해진다.

⑰ a. 가장 감각적으로 가장 편리하게 아름다운 <u>키친라이프</u>를 만들어 보십시오. (디오스)
b. 당신의 <u>아웃도어라이프</u> NATURE CITY (네이처시티)

⑱ a. 노란 색소는 no! 전 무색소 <u>웰빙</u>치즈 드빈치죠~! (드빈치)
b. 영양을 충전하는 <u>웰빙</u>간식 (큐원)
c. 커피, 우유로 <u>웰빙</u>하다. (초이스 밀크커피)

위 광고에 사용된 어휘도 이제 일상생활에서 아주 익숙해졌다. '생활'이라는 어휘는 '라이프'에 비해 고리타분하게 느껴지고, '웰빙'은 어떤 어휘와 결합해도 문제가 되지 않는다. '웰빙'의 경우 '배드빙'이라는 신조어를 낳기까지 했다. 이처럼 익숙해진 외래어는 다양한 표현으로 확산되고, 의미맥락에 관련된 신조어까지 만들어내기에 이르렀다.[22]

3.3. 의미의 변주(變奏)와 표현의식

늘 같은 표현은 의미전달의 오류는 막을 수 있을지 몰라도 식상한 표현으로 전락하기 쉽다. 그래서 언중은 들어보지 못했던 참신한 표현에 귀를 기울이고, 나아가 모방하여 발화하기까지 한다. 새로운 표현은 이제

---

[22] 오선희(2005:231)에서는 외국에서 들어온 어휘가 외래어로 자리를 굳혀가기 위해서는 해당 어휘에 대한 상당수의 사용자가 있어야 하는데 이 다수의 사용자를 임계사용자라 제시하며, 임계사용자를 형성하는 주요한 요소로 지식인 및 상류층·언론·대중, 그리고 상업적 전략을 제시한다. 이 네 가지 요소가 한데 어울려 외래어가 형성되는 것이다. 그런데 여기 제시한 네 가지 요소는 광고를 구성하는 것과도 일치한다. 대중을 대상으로 언론을 통해 상업적 전략을 펼치는 것이 광고이고, 광고 생산자 또한 수용자가 상류층이라는 전제로 광고이미지를 만들기 때문이다.

고유어 안에서 그치지 않고, 다른 나라의 말을 거침없이 들어온다. 더욱이 본래적 의미와는 관계없는 어휘까지 활용하여 의미 확장을 꾀하고 있다. 다소 생경하게 써서 참신한 표현이 되도록 감안한 것이다. 이는 기존 표현과의 차별성을 위해 외래어를 사용한 것으로, 색다른 표현의식의 하나라고 해도 되겠다.

⑲ a. 집의 스타일을 완성하는 것은 가구다.
　　 가구 디자인에 패션을 입혀라! (리바트)
　 b. 디오스 빌트인은 정통 유럽 스타일의 프리미엄 고급 가전주방입니다.
　　 디오스로 당신의 가치를 빌트인 하세요. (디오스)
　 c. 늦기 전에 에이지 컨트롤 하세요. 요즘 피부가 예전 같지 않다구요?
　　 지금이 바로 주름을 이기는 타이밍이에요. (마몽드)
　 d. 건설은 패션이다! (금호건설)

위의 광고문구에 나타난 외래어는 의미장르가 서로 연결되기 어렵다. a에서는 '가구 디자인'과 '패션'이 연결되었는데, 패션은 일반적으로 사람들의 유행과 의미범주가 일치한다. b에서는 추상명사 '가치'와 '빌트인'(붙박이)을, c에서는 '에이지 컨트롤'이라는 표현으로 의미범주를 연결시키고 있다. d에서는 '건설'과 '패션'을 연결시키고 있다. 모두 보편적인 의미범주를 깨는 사례라 할 수 있다. 하지만 이렇게 사용함으로써 참신성은 물론, 섬세한 표현 효과까지 거둘 수 있다. 이러한 표현은 광고 생산자의 의도를 더 구체적이고 세밀하게 담기 위한 방법이기도 하다. 그리고 광고 수용자는 익숙하지 않은 표현에 호기심을 갖게 되고, 나아가 광고 생산자의 생산의도를 찾아 이해한다. 이러한 새로운 표현이 대중에 의해 확산되면서, 점점 익숙한 표현으로 자리잡게 되는 것이다.[23] 그리

---

23) 이러한 과정에서 '유행어'가 형성된다고 할 수 있다. 광고로 유포된 새로운 표현이 대중에 의해 생명력을 얻어 언중의 입에 오르내리게 되면서 당대를 대변하는 유행어로 자리 잡게 되는 것이다.

고 이와 같은 표현은 확장적 의미 부여가 용이하여 그 가치가 주목된다.24) 즉 언중이 어휘적 의미보다는 확장된 범주의 의미에 관심을 기울여 표현의 또 다른 방식이 될 수 있다.

⑳ a. 가장 감각적으로 가장 편리하게 아름다운 <u>키친라이프</u>를 만들어 보십시오.　　　　　　　　　　　　　　　　　　　　(디오스)
　b. 내 피부에 링거 한 방울. <u>아이디얼 링거</u>.
　　지금 내 피부에 필요한 링거는?　　　　　　　　(이자녹스)
　c. 여자는 <u>스캔들을 꿈꾼다</u>.　　　　　　　(훼미닌스타일리스트)
　d. 가슴에… <u>크리스탈이 물들다</u>.　　　　　(와코루 크리스탈듀)

위의 예에서 외래어 표현은 각 어휘의 기본 의미와는 다르게 해석된다. a의 '키친라이프'는 단순 번역인 '부엌생활'이 아니라 '꿈과 이상을 펼치는 삶의 무대로써의 부엌'이고, 그래서 그 무대는 아름다울 수밖에 없다고 본 것이다. b는 육체적으로 필요한 영양제로서의 '링거'라기보다는 '깊이 있는 사고를 할 수 있게 도와주는 추상적인 영양제'라 할 수 있다. c나 d의 '스캔들을 꿈꾼다', '크리스탈이 물든다' 역시 기본의미로 해석하면 광고의 진정한 발화의도에 접근하기 어렵다. 이처럼 광고문구에 사용된 참신한 표현은 확장의미로 연결될 수 있다. 물론 이러한 현상의 기저에는 광고 생산자의 발화의지가 깔려 있다. 그러한 발화의지를 위해 새로운 표현이 필요했고, 그 새로운 표현의 기제로 외래어를 활용한 것이다.

---

24) 확장의미는 어휘의 기본적 의미에서 파생된 추상적이거나 은유적인 의미를 뜻한다. 확장의미는 생산자의 의도를 반영한 것이기 때문에 문맥의존도가 높다고 할 수 있다.(김미형(2005:39-40) 참조)

4. 결론

　이상으로 잡지광고에 나타나는 외래어 사용 양상과 그 기저에 깔려있는 언어의식에 대해 살펴보았다. 언어생활이 복잡해지면서 외래어 사용이 증가하고, 더불어 광고에서도 외래어 사용이 빈번해지고 있다. 이는 광고 생산자의 의도가 반영된 것으로, 다양한 측면에서 광고 수용자의 만족도를 높이기 위함이다. 이제 위에서 논의한 내용을 요약하여 결론을 삼고자 한다.
　첫째, 광고문구에 나타나는 외래어의 표기 양상을 살펴보았다. 광고문구는 광고 수용자에게 강한 인상을 줄 필요성 때문에 다양한 표현법을 구사한다. 그 중의 하나가 바로 외래어의 활용이다. 광고문구에서 활용되는 외래어는 그 표기방법에 따라 유형이 다양하다. 외래어든 고유어든 간에 모두 한글로 표기된 것이 있는가 하면, 외래어는 해당 원어로 고유어는 한글로 표기하되 양자를 섞어 쓴 것도 있다. 그런가 하면 한글을 전혀 쓰지 않고 외래어 원어만으로 광고문구를 짠 경우도 있다.
　둘째, 광고문구에 나타나는 외래어의 의미 양상을 살펴보았다. 위의 표기 방법에 따라 먼저 외래어든 고유어든 간에 모두 한글로 표기된 경우에는, 외래어와 한글이 결합되었을 때만 의미변화를 확인할 수 있다. 즉 외래어와 한글이 결합된 어휘에서만 의미의 다변화나 확장이 가능하다. 반면에 외래어 독단으로 쓰인 경우에는 비록 한글로 표기되었을지라도 의미변화가 수반되지 않는다. 그리고 한글표기와 외래어 원어가 섞인 것이나, 외래어 원어로만 광고문구가 짜인 경우에는 의미변화가 일어나지 않는다. 이들 유형에서는 광고 수용자가 의미변화를 생각하기보다는 외래어 본래의 뜻을 확인하는 데 더 많은 관심을 기울이기 때문이다.
　셋째, 외래어 구사는 차별화 전략을 통해 우월의식을 드러내기 위한 것이다. 외래어의 구사는 언어를 통해 차별성을 확보하고, 그를 통해 광고 수용자에게 우월의식을 심어주기 위한 것이다. 광고 생산자는 광고 수용자에게 남과 다르다는 인식을 지속적으로 주입할 필요가 있는데, 그 손쉬운 방법 중의 하나가 외래어의 사용이다. 외래어를 활용함으로써 제품에 대한 이미지를 제고하고, 이러한 제품을 구득하는 사람 또한 남다른 안목과 식견이 있는 것처럼 유도한다. 이는 광고 제품의 차별화를 강조하면서 동시에 선택한 소비자의 우월의식을 조장하는 책략이라 할 수 있다.

넷째, 외래어 사용은 새로운 표현과 집단의식을 반영한 것이다. 언중은 항상 새로운 표현을 추구한다. 그러한 언중에게 유용한 기제가 바로 외래어이다. 광고문구에서 외래어를 빈번히 구사하는 것도 언중이 그러한 경향이 있기 때문이다. 즉 사회적으로 외래어를 구사하면서 차별성과 고급 이미지를 만들기 때문에 그에 편승하여 광고문구에서도 외래어를 활용한 것이다. 따라서 광고문구에서 외래어를 구사한 것은 결국 대중적인 집단의식을 염두에 둔 결과라 할 수 있다.

다섯째, 외래어 사용은 의미변주를 통해 표현의식을 다변화하기 위한 것이다. 언중은 알게 모르게 언어의 사회성을 준수한다. 광고문구에서도 이 사회성이 적용될 수밖에 없다. 그런데 외래어를 쓰면 그러한 사회성에서 어느 정도 자유로울 수 있다. 생소한 표현, 참신한 내용을 중시하는 광고문구에서 외래어를 자주 쓰는 이유도 바로 여기에 있다. 즉 광고문구에서는 일상적인 문장 구성과 어울리지 않는 어휘를 활용하여 의미에 변화를 주고, 그를 통해 참신한 표현이 되도록 한 것이다.

제3장 매체언어와 어휘의미

1. 서론

2010년 9월 19일자 신문에 '막장 없는 착한 드라마. 오후 9시에 통할까'라는 기사가 나온다.1) 제목에 보이는 '착한~'은 비단 이 기사뿐만 아니라 여러 신문기사에 왕왕 등장한다. '착한 선물, 착한 구매, 착한 분양, 착한 커피, 착한 영화 ……' 등의 표현은 이제 일상적인 표현 중의 하나가 되었다.2) 그리고 여기서 생겨난 '착하다'의 의미는 '소비자 입장

---

1) '막장 없는 착한 드라마. 오후 9시에 통할까'는 조선일보 9월 19일 신문에 게재된 내용으로, 태릉선수촌을 배경으로 하는 휴먼 스포츠 메디컬 드라마에 대한 소개 기사 중 일부이다.
2) '착하다'가 사용된 예는 다음과 같은 것이 있다.
  ① 포스코, '착한 구매' 나섰다.(한겨레, 2010. 9. 8)
  ② 착한 선물 어디서 살까?(한겨레, 2010. 9. 6)
  ③ 막장 없는 착한 드라마, 오후 9시에 통할까.(조선일보. 2010. 9. 19)
  ④ '173cm 착한 가슴' 서영, "키 작은 남자, 좋은데" 착한 이상형 밝혀..(스포츠조선. 2010. 9. 15)
  ⑤ 올 추석엔 이웃을 행복하게 만드는 '착한 선물' 하세요(조선일보. 2010. 9. 14)
  ⑥ 사회 이익이 나의 이익 英미디어기업 '착한 경영' 나섰다.(동아일보. 2010. 9. 17)

에서 부담이 없는, 가벼운, 바람직한, 올바른' 정도의 새로운 의미로 받아들여진다. '착하다'의 기본의미인 '언행이나 마음씨가 곱고 바르며 상냥하다'(표준국어대사전)와는 그 용례가 사뭇 달라졌다. 이처럼 우리는 '착하다'의 의미를 사람의 성품과 관련된 기본의미와는 다른 변용된 의미로 더 많이 사용하고 있다.

매체에서 빈번하게 쓰이는 의미내용이 곧 유행어가 되는 세태를 반영하듯이, 근래에는 매체에 의해 새로운 의미를 부여받은 신조어 아닌 신조어가 심심찮게 등장하고 있다. 매체로 인하여 어떤 어휘가 기본의미에서 상당히 벗어난 파생의미를 갖게 된 것이다. 즉 각종 매체에서 사용되는 어휘의 의미가 곧바로 그 어휘의 새로운 의미로 자리잡은 것이다. 그러다 보니 젊은 세대에서는 매체를 통해 제시된 어휘의 의미가 기본의미인 줄 알고 사용하기도 한다. 어휘의 기본의미를 습득하고 이를 인지한 후에 파생의미에 노출되어야 하는데 그렇지 못한 상태에서 매체에 의한 파생의미를 먼저 접하다 보니, 기본의미를 모른 채 파생의미가 기본의미인 줄 아는 것이다.

다매체 시대가 되면서 매체에서의 언어사용이 해당 어휘의 의미에 직·간접적인 영향을 미치고 있다. 실제로 아이에서부터 어른에 이르기까지 매체에서 사용되는 언어표현을 도외시할 수 없게 되었다. 그래서인지 각종 매체에 등장하는 어휘 표현과 실제 언어생활에서의 어휘 표현 사이의 관련성 및 영향관계에 대한 논의가 다수 진행되었다. 그 결과 어떤 점은 바람직하고, 어떤 점은 바람직하지 못하다는 등의 평가가 내려지고, 나아가야 할 방향을 모색하기도 했다. 간과할 수 없는 것은 매체가 우리의 언어생활과 깊이 관련될 수밖에 없고,3) 그곳에서 쓰이는 말을 매체언어

---

⑦ '용인구성리가' 착한 분양조건 눈길...(동아일보. 2010. 9. 13)
⑧ '착한 마케팅' 성공하려면.(동아일보. 2010. 9. 11)
3) 2007년 개정교육과정해설 '국어'에 의하면, '언어 환경의 변화에 따라 신문·잡

라 규정짓기에 이르렀다는 점이다.4) 그래서 매체에서 사용되는 언어의 미의 수용 범주에 대한 논의도 불가피하게 되었다.

따라서 본 논문에서는 TV나 신문 등 매체에서 파생의미 위주로 사용되어 기본의미를 점차 잃어가고 있는 어휘에 대해 살펴보고자 한다.5) 먼저 매체에 의한 어휘의미의 변용양상을 검토하고, 이어서 어휘의미의 변용과 국어교육적 수용방안에 대해 살펴보고자 한다. 이러한 논의는 결국 언어사용에 있어서 기본의미를 바탕으로 파생의미가 사용되어야 함을 밝히는 것이고, 나아가 국어 교육적인 측면에서 문제점을 짚어보는 것이기도 하다.

2. 매체에 의한 어휘의미의 변용

2.1. 의미의 희화화

지・텔레비전・라디오・영화・인터넷・휴대전화 등 다양한 매체를 통해 이루어지는 의사소통의 특성과 정보・지식・문화의 수용・생산에 대해 이해하는 일이 국어 교육에서 중요하게 대두되었다'라고 언급하면서 다매체 사회로의 진입과 그에 따른 의사소통의 변화 양상에 대해 강조하고 있다. 또한 국어교육에서도 이를 적극 반영하여 매체 활용을 통한 국어교육이 나아가야 할 방향을 모색해야 한다며 매체언어의 국어 교육적 수용을 강조하고 있다.(한국교육과정평가원, 2007년 개정교육과정해설 국어, 4쪽 참조)

4) '매체언어'는 다매체시대의 도래와 함께, 기존의 음성언어와 문자언어를 넘어선 복합적 언어활동의 결과물이라 할 수 있는데, 윤여탁(2009:62-63)에 의하면 '텍스트의 종류에 따라 음성・문자・소리・이미지・동영상 등이 복합적으로 작용하여 의미를 형성하는 특징을 지닌 언어'로 정의하고 있다. 곧 매체언어는 언어현장에 작용하는 다양한 구성요소의 총합으로 이루어진 언어체계라 할 수 있다.

5) 분석 자료로 제시할 수 있는 어휘의 양이 한정되다 보니 논의가 다소 협소해질 수 있다. 하지만 이러한 논의를 통해 매체에 의한 어휘사용의 문제점을 인식하는 계기가 될 수 있다. 또한 이와 같은 논의가 국어 어휘의미가 나아가야 할 방향, 궁극적으로는 국어 어휘교육의 방향 설정에도 일조할 수 있을 것으로 본다.

매체에 의한 어휘의미의 변용으로 먼저 의미의 희화화를 들 수 있다. 원래 어휘의 기본의미에 웃음을 유발하는 의미자질이 들어 있지 않았으나, 매체에서의 활용에 의해 웃음을 유발시키는 의미자질이 첨가된 경우이다. [+웃음]의 의미자질 첨가로 청자는 자연스럽게 그 어휘 자체에 [+웃음]의 의미자질이 있었던 것처럼 인식한다. 다음의 예를 보자.

① a. 이윤석이 국민 약골일 수밖에 없는 이유는?
　　　　　　　　　　　　　　　　　　　(2010. 8. 4. 아시아경제)
　 b. 국민 약골 한민관　　　　　　　　(2009. 10. 24. 뉴스엔)
　 c. 김태원, 국민 약골은 이제 잊어라.　(2010. 8. 19. 뉴스엔)
　 d. 외국인은 환율 약골?　　　　　　　(2009. 2. 23. 머니투데이)

①의 a에서 d의 예는 신문기사의 표제어이다. 표제에 사용된 '약골'은 '몸이 약한 사람, 약한 골격'의 뜻이며, 예문에서도 그런 의미로 사용되었다. 그러나 '약골'의 기본의미에는 들어 있지 않은 [+웃음]의 의미자질이 표제어에 첨가되어 있다.6) 나아가 '약골'의 기본의미는 다소 부정적인 의미범주인데, 그것이 희화화되어 발화내용을 인지하는 순간 웃음이 유발된다. 어휘의미 자체가 '재미'있는 내용이 아닌데, 매체의 활용이 가중되면서 언중은 '약골'이라는 어휘를 듣고 웃게 된다. 거기에 '국민'이라는 대표성을 띤 명사를 합쳐 나라 전체를 대표하는 허약 체질이라고 극대화된 의미까지 첨가되어 웃음의 의미자질도 강화되었다. 그러한 의미자질을 바탕으로 d에서는 이제 '외국인'의 투자 자세를 살짝 비꼬아 표현하기에 이르렀다. 이렇게 희화화된 의미로 사용되는 어휘는 점점 증가하는 추세이다.

---

6) 위의 표제어들이 모두 오락프로그램 관련 내용이기에 [+웃음]이 화용적으로 첨가될 수도 있다.

② 국민 할매/외할머니/국민 할마에 김태원　　　　(kbs. 남자의 자격)

③ a. 저질 댄스 능글 매력 작렬　　　　　　　(2010. 9. 23.뉴스엔)
　b. 저질 요정 변신 폭소　　　　　　　　　(2010. 8. 22. 마이데일리)
　c. 몸짱 열풍? 우린 저질 몸매로 인기짱　　(2010. 4. 13. 스포츠동아)
　d. 저질 영어로 간신히 대화를 이어갔다.　 (2010. 8. 11 프라임경제)

　　매체를 통해 새롭게 표현된 어휘 '국민 할매'는 '할머니'의 기본어휘에는 전혀 들어있지 않은 [+웃음]의 의미자질이 새롭게 부여되었다. 그래서 '할머니'라는 어휘를 들으면 이제 '남자가수인데 머리가 길고, 체격이 왜소하여 마치 할머니 같은' 이미지의 연예인이 연상되면서 웃음이 유발된다. 이것이 할머니의 기본 의미가 아님에도 이제는 마치 할머니의 기본의미처럼 인식된다. 동의어처럼 인식된 '외할머니, 국민 할마에' 등도 동일한 의미자질을 부여받았다. ③의 저질은 '질이 낮은'의 의미로 물건의 품질에 대한 평가개념의 어휘이다. 그런데 이 어휘가 매체를 통해 확산되면서, 이제는 굳이 물건이 아니더라도 다양하게 사용된다. 그리고 어휘의미도 부정적 의미가 다소 희석되어 '상당히 웃긴, 기준에서 벗어난, 수준이 낮은' 등으로 받아들여진다. 그리고 그때의 어휘의미에는 당연히 [+웃음]의 의미자질이 첨가된다. 그리하여 '저질 댄스, 저질 요정, 저질 몸매, 저질 영어' 등은 매우 극단적인 표현임에도 불구하고 청자에게 부정적 의미보다는 웃음유발의 의미로 인식된다. 저질의 원래 용법과 비교해 보면 웃음유발의 의미자질이 확연함을 알 수 있다.7)

④ a. 저질 체력 박명수 담요 덮고 보약 먹고　　(2010. 9. 12. 뉴스엔)

---

7) 매체에 등장하는 '저질'은 점차 빈도수가 증가하는 추세다. 이제 '저질'과 결합하는 단어는 분야를 구분하지 않는 듯하다. 예로 저질 일자리, 저질 댄스, 저질 스펙, 저질 날씨, 저질 몸매, 저질 웨이브, 저질 몸치, 저질 골반 등을 들 수 있다.

b. 저기 걸어가는 사람 진짜 저질이다.
　　　　너 그런 사람인줄 몰랐는데, 진짜 저질이구나!

　④의 a는 매체를 통해 빈번히 표현되는 '저질'이고, b는 '저질'의 기본 의미에 준한 예문이다. 같은 어휘를 사용하지만, b에서 유발되는 부정적 의미가 a에서는 유발되지 않는다. 오히려 '체력이 좋지 않아서' 청자가 '안쓰럽고 염려스러운'의 의미로까지 생각하게 만든다.

　이처럼 매체를 통해 사용 빈도수가 증가하면서 [+웃음]의 의미자질이 첨가되어 기본의미와는 다른 의미로 활용되는 어휘가 많아지고 있다. 이는 매체의 특성인 '오락성'에서 기인한 것이라 하겠다. 매체의 오락적 기능에 의거해 웃음유발과는 상관없는 어휘까지도 희화화된 것이다. 문제는 이렇게 희화화하여 발화된 어휘의미가 시간이 지나면서 사람들에게 자연스럽게 인식되고, 기본의미와는 동떨어진 발화가 당연하게 받아들여지고 있다는 점이다. 특히 기성세대보다는 젊은 세대를 중심으로 이런 표현이 확산되면서 희화적 의미가 마치 기본의미인 양 자리잡고 있다.

2.2. 의미인식의 긍정화

　원래는 부정적 의미자질을 가진 어휘를 매체에서 긍정적 의미자질로 활용하면서 부정적 의미자질이 점점 희박해지는 경우가 있다. 이러한 어휘는 처음에는 다소 충격적으로 받아들여지지만 활용횟수가 거듭되면서 보편적 의미로 수용되곤 한다. 일상생활의 발화에서는 다소 부담스럽게 생각했던 어휘가 매체를 통해 빈번히 노출되다 보니 발화나 수용이 부담스럽지 않게 된 것이다. 그러다 보니 그 어휘의 극단적 의미도 점차 퇴색되어 보편적인 의미로 인식하게 된다. 다음의 예를 보자.

　⑤　a. 너만 보면 진짜 재수 없어. 알아?

  b. 나 어제 머리했다. 이쁘지?
   아, 재수 없어, 어디서 했는데? 이쁘다. 나도 가서 해야지.

 ⑤에는 같은 표현 '재수 없어'가 발화되었지만, a와 b에서의 발화의미는 달라진다. a의 경우가 우리가 알고 있는 일반적 의미의 '재수 없어'인 반면, b의 발화는 한때 대학생들에게 군말의 기능처럼 무의미하면서도 습관적인 발화로 유행한 표현이다. 문제는 b의 발화에 익숙한 화・청자에게는 이런 유형의 발화가 그리 기분 나쁘지 않게 수용된다는 점이다. 즉 기본의미는 부정적 내용이지만, 이것이 대중에 의해 빈번히 발화・수용되면서 그 극단적 의미가 상당히 희석된 것이다.[8] 매체를 통해 제시되는 어휘는 이처럼 부정적 의미자질이 희석되기도 한다. 다음의 예문을 보자.

 ⑥ a. 저질 몸치의 극적인 만남   (2010. 1. 15. 스포츠조선)
  b. 알고 보니 저질 골반, 몸 따로 골반 따로 (2009. 12. 19. 뉴스엔)
  c. 엠블랙 미르 저질 웨이브   (2010. 1. 19. 뉴스엔)

 ⑦ a. 바가지 머리까지 잘 어울리는 이기적 외모 (2010. 9. 21. 아츠뉴스)
  b. 이기적 각선미   (2010. 9. 25. 아시아경제)
  c. 베이비 파마머리 변신, 이기적 유전자 감탄 절로
            (2010. 9. 17. 뉴스엔)
  d. 부러질 것 같은 이기적인 다리   (2010. 9. 8. 한국경제)

 ⑧ a. 막장 남편이 부인에게 처절한 응징을 당하는...
            (2010. 9. 13. 서울신문)
  b. 막장 코드 가세.   (2010.9.5. 아시아 경제)
  c. 요즘 연예계 사건 사고는 막장드라마보다 더 막장이라는...
            (2010. 9. 13. 일간스포츠)

---

8) 극단적으로 부정적인 의미의 희석화는 화자와 청자의 관계맥락, 곧 그들 사이의 친소관계에 의해 희석화의 정도가 결정되기도 한다. 특히 한국 사람은 친분관계가 많을수록 거칠고 심한 표현을 스스럼없이 사용한다. 허물없는 사이임을 거르지 않은 언어를 주고받으면서 확인하는 정적인 면이 없지 않다.

위 ⑥에서 ⑧에 든 예들은 매체를 통해 익숙하게 접하는 발화내용이다. '저질, 이기적, 막장'의 기본의미는 '낮은 품질, 자기 자신의 이익만을 꾀하는, 어떤 일이 갈 때까지 다 간' 등의 의미로 〔+부정〕의 의미자질을 공유한다. 그런데 매체에서의 빈번한 사용이 각 어휘의 부정적 의미자질을 무디게 만들었고, 그 결과 각 어휘의 부정적 이미지나 의미가 축소되었다. 그리하여 언중은 이제 이 어휘를 수용함에 있어서 거부감이나 부담감을 느끼지 않게 되었다. 나아가 이들 어휘가 결합되었을 때의 의미가 〔+강조〕의 기능으로 해석되기도 한다. ⑥에서의 '저질'은 '품질이 좋지 않은→잘 하지 못하는, 예쁘지 않은→다소 우스꽝스러운, 너무 못해서 재미있는' 정도로 받아들여지고, ⑦의 '이기적'은 '남과는 다른 매우 예쁜, 탁월한' 등의 엉뚱한 의미로까지 확대되었다. 그리하여 본래 '이기적'이 가지고 있었던 부정적 의미는 희석되고, 오히려 '누구도 따라올 수 없는, 축복받은' 등의 매우 긍정적 의미를 획득하게 되었다. ⑧의 '막장' 역시 일반적으로 활용되던 '인생의 바닥까지 간, 매우 실패한, 오갈 데 없는' 등의 부정적 의미보다는 '매우 실패한→말도 안 되는→골계미나 해학미를 유발하는, 다소 우스꽝스러운, 억지스러운' 등의 희석화된 의미로 받아들여지게 되었다.

⑨ a. 나쁜 남자, 매력 발산 (2010. 9. 21. 여배우들의 집사. mbc)
　b. 나쁜 여자가 성공한다. (우테 에어하르트 저. 도서출판 글담)

⑩ a. 미친 인맥 과시 (2010. 9. 16. 아츠뉴스)
　b. 미친 매력 (2010. 9. 17. TV데일리)

⑨와 ⑩의 '나쁘다, 미치다' 역시 부정적 의미의 어휘이지만, 매체를 통해 확산된 의미는 '부정→매우 긍정'의 의미로 전이되었다. ⑨

a의 '나쁜 남자가 대세'라는 유행어처럼, '나쁘다'는 '좋지 않은'이 아닌 '매력적인, 자기 관리 잘 하는, 카리스마 있는, 자신을 사랑할 줄 아는' 등의 의미로 수용된다. b의 '나쁜 여자' 역시 비슷한 의미로 수용되며, 심지어 '나쁜 여자 되기, 나쁜 남자 되기' 등의 문구가 친근하게 느껴지게 되었다. ⑩의 '미치다'는 기본 의미 '정신에 이상이 생겨 말과 행동이 보통 사람과 다르게 되다. 어떤 일에 지나칠 정도로 열중하다'의 의미와는 전혀 다른 '엄청난, 거대한' 등의 의미로 발화·수용되고 있다. 이렇듯 기본의미에는 전혀 들어 있지 않은 의미가 매체에 의해 부여되고, 이것이 빈번히 발화·제시되면서 청자는 이런 의미를 기본의미인 양 자연스럽게 받아들이고 있다.

2.3. 의미자질의 무제한 선택

매체에 의한 어휘의 사용이 문법적 관계나 기본의미를 도외시하다 보니 어휘의미 선택제한도 무너지고 있다. 일반적으로 한 어휘의 기본의미 상정은 그 어휘가 결합되는 다른 어휘의 의미자질과의 연관성을 갖는다.9) 어휘의미의 선택제한은 각 어휘의 기본 의미자질에 의해 함께 발화 가능한 어휘가 있고, 그렇지 못한 어휘가 있다. 예를 들어 '귀여운 아기, 귀여운 꽃, 귀여운 동생'은 가능하지만, '귀여운 괴물, 귀여운 도둑' 등의 발화는 특정 발화맥락을 상정하지 않는 한 보편적인 발화라고 보기 어렵다. 그런데 매체에 수용된 발화 양상을 보면 이런 보편적 선택제약을 과감히 어기고 파격적으로 사

---

9) 선택제한이란 어떤 어휘가 문장을 형성할 때 그 의미자질에 의해 결합 가능한 어휘끼리만 문장을 형성하는 것을 말한다. 예를 들어 '죽다'는 주어로 '+생명체'의 선택제한이 요구될 수 있으며, '먹다'의 경우는 '+유정물' 주어와 '+먹을 수 있는'의 목적어를 요구하는 것이다.

용하고 있다. 다음의 예를 보자.

⑪ a. 로드 넘버원 윤계상, 정직한 영어 발음 "웃음이..."
　　　　　　　　　　　　　　　　　(2010. 7. 29. TV데일리)
　b. 프랑스에서 날아온 정직하고 착한 코미디
　　　　　　　　　　　　　　　(2010. 6. 18. 유니온 프레스)
　c. 정직한 목소리 원해.　　　(2010. 8. 30. 메디컬 투데이)

⑫ a. 송중기, 미친 미모와 어울려　　　(2010. 8. 31. 재경일보)
　b. '내가 사랑할 사람' 공개, 미친 인기몰이　(2010. 9. 8. 유니온 프레스)
　c. 미친 존재감 등극　　　　　　(2010. 9. 21. 경향신문)

　⑪과 ⑫의 '정직하다, 미치다'는 '마음에 거짓이나 꾸밈이 없이 바르고 곧다. 정신에 이상이 생겨 말과 행동이 보통 사람과 다르게 되다'의 의미로 [+사람], [+명사]와 결합되는 형용사이다. 그런데 위의 예문에서 보는 것처럼 '정직한 발음, 정직한 코미디, 정직한 목소리' 등처럼 발화되면서 그 의미도 '사실적인, 기본에 충실한'과 같은 의미로 수용된다. 나아가 기본의미에 의한 선택제한과는 상관없이 다양한 어휘와 결합하고 있다. ⑫의 '미치다'도 마찬가지로 '미친 미모, 미친 인기몰이, 미친 존재감' 등 비문법적인 선택제한을 수용하고 있다. 그리고 그 때의 의미 역시 '정신이 나간'이 아닌 '매우 극적인, 최고의, 엄청난' 등의 의미로 수용된다. 이렇게 매체를 통해 제시되는 어휘의 무제한적 사용은 이제 이들 어휘의 기본의미조차 희미하게 만들고 있다.
　매체를 통해 빈번히 발화되고, 그것이 언중에게 자연스럽게 수용되는 과정을 거치면서 어휘의미는 기본의미와는 상관없이 엉뚱한 의미로 고착화되어 간다. 어휘의미가 시간이 흐르면서 변하는 것은 사회상을 반영하기 때문에 당연한 결과일 수 있지만, 이렇듯 무작위적인 변이는 결국 어휘의미의 기본범주까지 무너뜨리는 결과를 초래할 수 있다.

예전에 찬사로 여겼던 '착하다'가 이제는 다양한 의미로 쓰이고 있다. 그래서 '착하다'의 기본의미조차 혼란스러운 상황이다. 언중은 이제 '착한 몸매, 착한 소비, 착한 가격, 착한 여행, 착한 자본주의' 심지어 '착한 자동차, 착한 밥상, 착한 요리'까지 그 사용용례를 무한대로 늘리고 있다. 여자의 몸매에 대한 평가에서 시작된 것으로 여겨지는 '착한 00'은 이제 사람뿐만 아니라 어디에 붙여도 어색하지 않을 만큼 수많은 말과 글에서 사용된다.

⑬ a. 빅토리아, '송승헌, 완전 좋아해요!'   (2010. 9. 24. kbs 청춘불패)
   b. '완전 무서워요. 완전 떨렸어요.'   (2010. 9. 24. kbs 청춘불패)
   c. 길, 달마 인증샷 공개, '완전 똑같네.'   (2010. 9. 22. 한국경제)

⑭ a. 안녕하세요? 대박 한국. 대박. 대박.
                                (2010. 9. 25. mbc 우리 결혼했어요)
   b. 대박 웃긴 만화 소개해 주세요.
   c. 000 아나운서 대박 변신!   (2010. 9. 25. 투데이 코리아)
   d. 000 대박 귀여워!   (2010. 9. 24. 메디컬투데이)

⑮ a. 저질 날씨에 발목 잡히는 밴쿠버 동계올림픽 (2010. 2. 17. 헤럴드 경제)
   b. 저질 스펙을 아시나요?   (2010. 7. 11. 머니투데이)
   c. 김태원, 저질 요정 변신, 저질 요정인 동시에 국민 요정.
                                            (2010. 8. 22. 마이데일리)

⑬의 '완전'은 '필요한 것이 모두 갖추어져 모자람이나 흠이 없음'의 명사인데, 여기서의 '완전'은 정도부사 '정말, 대단히' 등의 의미

로 변용되었고, 활용양상도 부사처럼 바뀌어 발화된다. ⑭의 '대박' 역시 '흥행에 성공하다. 큰돈을 벌다. 어떤 일이 크게 이루어지다'의 의미인데, 정도부사 '매우, 엄청' 등과 비슷한 의미로 발화되고 있다. 따라서 기본의미에 의한 '그는 주식으로 대박을 터트렸다. 이번에 대박 났어요. 대박입니다'보다는 '대박 귀여워, 대박 굴욕, 대박 웃겨, 대박 슬픈' 등의 발화가 더 익숙하게 되었다. ⑮의 '저질'은 질을 논할 수 있는 명사와의 결합에서 벗어나 '저질 날씨, 저질 스펙, 저질 요정' 등의 발화가 이상하지 않게 되었다. 또한 날씨는 질로 논할 수 없고, 스펙도 자신의 능력을 보여주기 위한 조건이라서 저질일 수 없다. 요정의 자질을 논하는 것도 우스꽝스럽다. 그러나 이렇게 선택제한을 어긴 발화가 매체에 의해 빈번히 제시되고, 이러한 표현을 거부감 없이 수용하면서 이들의 기본의미마저 모호해지게 되었다.

2.4. 극단화된 의미의 보편적 수용

매체에 의해 표현되는 어휘의미는 점점 극단화되는 양상을 보인다. 표현 효과를 극대화하기 위해 많은 장면에서 강렬한 어휘를 요구하기 때문이다. 그래서 제시되는 어휘 의미가 어느 맥락에서든 극단화된 표현을 지향하게 된다. 다음의 예에는 그런 현상이 잘 나타난다.

⑯ 국민 배우, 국민 할매, 국민 여동생, 국민 남동생, 국민 MC, 국민 감독, 국민 드라마, 국민 우익수

⑰ a. 미친 존재감 작렬 (2010. 9. 20. 메디컬투데이)
  b. 유아인 미친 카리스마 200% 발산 (2010. 9. 17. 재경일보)

c. 보컬 가이드 출신, 탐탐 미친 가창력, 팬들 귀가 번쩍.
　　　　　　　　　　　　　　　　　　　　(2010. 9. 14. 서울신문)
　　　d. 미친 연기력 과시　　　　　　　(2010. 9. 3. 브레이크뉴스)
　　　e. 미친 예능감 이수근　　　　　　(2010. 8. 19. 서울신문)
　　　f. 구미호 서신애, 신들린 듯한 미친 연기 소름 돋아
　　　　　　　　　　　　　　　　　　　　(2010. 8. 10. TV 데일리)
　　　g. 이연희, 미친 인맥 과시　　　　 (2010. 9. 16 아츠뉴스)

⑯의 '국민~'은 그야말로 온 국민을 대표할 수 있는 가장 포괄적인 말이다. 그런데 요즘 매체에서는 조금의 인기에도 과감히 '국민~'으로 표현한다. 이제 '국민~'은 일종의 보통명사처럼 기능하여 어디에 붙여도 이상하지 않고, '국민'의 의미가 갖고 있는 대표성과 포괄성이 파괴되어 아무 곳에나 사용하고 있다. 드라마가 인기를 얻으면 '국민 드라마'가 되고, 가수가 인기를 얻으면 '국민 가수'라 칭한다. 그러나 이렇게 극단화된 표현이 과연 어느 분야에서나 통용될 수 있는지 의문이다. ⑰의 '미친' 역시 어느 분야에나 통용되어 '정점에 달한, 극에 달한, 더 이상 도달할 수 없는' 등의 극단화된 표현으로 수용된다. 특히 ⑰ a의 '미친 존재감 작렬'의 경우 '작렬'이라는 어휘가 이런 격화된 표현에 일조하여 더 이상의 극단적 표현은 불가능할 것처럼 인식된다.10) 매체의 특성상 극적이고 강화된 표현을 요구하는 것은 이해하지만, 이제는 의미내용에 상관없이 이런 극단적인 표현을 분야를 가리지 않고 사용하고 있다.

　　⑱ a. 막장 설정, 막장 싸움, 막장 전개.　　(2010.9.6. 광남일보)
　　　b. 막장 코드 가세.　　　　　　　　　　(2010.9.5. 아시아경제)

---

10) '작렬'의 뜻은 '박수 소리나 운동 경기에서의 공격 따위가 포탄이 터지듯 극렬하게 터져 나오는 것을 비유적으로 이르는 말'이다. 곧 어휘자체의 의미가 '매우 극렬한'의 극단화된 의미범주에서 활용된다고 할 수 있는데, 요즘의 '작렬'은 이런 극단화된 의미범주를 벗어나서도 자연스럽게 발화된다.

c. 김탁구, 정성모 최후의 광기, 막장 짊어지고 사라지나.
　　　　　　　　　　　　　　　　　　　　(2010.9.16. 뉴스엔)

⑲ a. 몸개그 쌘티 작렬. 은희 안에 쌘티 있다.　(2010.7.30. sbs 원더우먼)
　　b. 쌘티댄스 굴욕, 쌘티 아이유.　　　　　　(2010.7.18. 서울신문)
　　c. 쌘티뉴스, 굴욕당한 속사정.　　　　　　(2010.9.16. kbs 해피투게더)

　⑱과 ⑲의 예도 극단화된 어휘를 빈번하게 발화하고 있다. '막장'은 '갱도의 마지막 부분'이라는 원래 의미에서 파생된 '갈 데까지 간, 더 이상 어찌할 수 없는' 등의 극단화된 어휘이다. 조금만 이상해도 이제 매체에서는 '막장~'을 표현한다. '막장 드라마, 막장 연기, 막장 남편, 막장 요소, 막장 효과' 등 어디에서든 자연스럽게 발화된다. ⑲의 '쌘티' 역시 매체에서 조금만 웃기거나 어색해도 등장한다. 함께 등장하는 '굴욕, 작렬' 역시 극단화된 의미자질을 갖고 있으며, 이 어휘들의 간섭으로 더욱 격화된 의미, 즉 '가장 한심한, 가장 바닥인' 등의 의미로 수용된다. 매체에서 이렇게 극단화된 의미를 갖는 어휘를 빈번히 사용하는 것은 극적인 의미 전달을 위한 것이지만, 청자의 입장에서는 빈도가 잦아질수록 극적 의미가 줄어들게 된다. 그만큼 보편화된 의미로 희석되는 것이다.[11] 그러다 보면 더욱 극단화된 어휘를 요구하고, 그러한 극단화된 어휘는 다시 보편적 의미로 희석화되는 악순환을 겪게 된다.

---

11) 매체를 통해 빈번히 제시되는 극단화된 의미자질을 갖고 있는 어휘로는 '저질·쌘티·급·분노' 등이 있다.

3. 어휘의미의 변용과 국어교육적 수용

3.1. 읽기 활동을 통한 어휘의 기본의미 습득

시대와 문화가 변함에 따라 어휘의 의미가 변하는 것은 당연한 일이다. 언어는 동시대 문화의 소산이면서, 사회상을 반영하기 때문에 자연스럽게 이들과 흐름을 같이 한다. 예전에 쓰이던 의미가 사라지고, 새로운 의미를 부여받은 어휘가 많아지는 것도 어쩔 수 없는 현상이라 할 수 있다. 그러나 근래 어휘의미의 변화 원인과 기간, 그리고 그 결과는 이전과는 사뭇 다른 양상이다. 새로운 문화의 유입이나 사회변동과 같이 언어변화의 동인이 없음에도 불구하고 어휘의미가 급격하게 변화하고 있다. 그 변화의 가운데 매체가 자리하고 있다.

매체를 통해 확산된 어휘는 기본의미가 상실되고, 매체에서 사용하는 새로운 의미가 그 어휘의 본질처럼 자리잡는다. 이런 현상이 기본의미의 위상을 심각하게 흔드는 것이다. 사실 요즘 언중은 어휘의 기본의미를 매체에서의 발화에 의존해 인식하기도 한다. 다음의 예를 보자.

⑳ 닥터 챔프, 막장 아닌 착한 드라마　　　(2010. 9. 16. 파이 미디어)

㉑ 막장과 순수 사이, 국민 드라마가 사는 법　(2010. 9. 15. 이데일리)

㉒ 쌘티 리포터- 엄친딸　　　　　　　　　(2010. 7. 30. 머니투데이)

위의 예에 사용된 '막장, 쌘티'는 이어지는 어휘와의 대구에 의해 자연스럽게 대립관계를 형성한다. 그리고 언중은 의식적·무의식적으로 함께 발화된 어휘와의 관계를 바탕으로 기본의미를 상정하게 된다. ⑳의 '막장↔착한', ㉑의 '막장↔순수' 그리고 ㉒의 '싼티↔엄친딸'의 대립구조는 이들 어휘의 기본의미를 형성하는 데 영향을 끼친다. 자연스럽게 이들 대립관계에 의해 어휘의미를 추출하고, 각 어휘의 의미를 형성한다. 그러나 이들의 대립관계는 위의 예문에서만 적용되지, 기본의미에 준한 대립관계라고는 할 수 없다.12)

이처럼 매체를 통해 사용되는 어휘의 의미가 언중의 기본의미 형성에 강력한 영향을 행사하게 된 데에는 여러 가지 원인이 있다.

우선적으로 희박해진 읽기 활동을 들 수 있다. 읽기 활동의 역할 중에는 다양한 장르의 글을 읽으면서 자연스럽게 어휘의미를 습득하는 데 있다. 언중은 수많은 어휘의미를 매번 사전검색을 통해 습득하지는 않는다. 다양한 맥락, 다양한 장르의 텍스트를 읽고 그 안에서 사용된 어휘의 의미를 습득하기 때문이다. 즉 앞뒤 맥락을 바탕으로 추론하는 과정이 축적되면서 자연스럽게 어휘의 기본의미를 숙지하게 된다. 이런 활동의 뒷받침 없이 매체를 통해 변주된 어휘의미를 수용하다 보니 언중은 어휘의 기본의미를 망각하게 된다. 읽기 활동을 통해 습득된 어휘의미를 바탕으로 매체의미를 수용하는 것과, 그렇지 않고 변주된 매체의미만을 습득하는 경우는 상황이 사뭇 다르다. 한 어휘의 기본의미 상정이 달라질 수 있고, 의미장이 달라질 수 있으며 나아가 통사범주까지도 달라지기 때문이다.

---

12) 기본의미에 준한 대립관계의 상정이 어휘의미를 인식하는 첫 번째 순서이다. 어떤 어휘의 의미가 형성될 때 도움을 받는 것 중 하나가 일반적 맥락의 반의어를 함께 제공하는 것이다. 예를 들어 '살다'의 의미 인지는 반의어 '죽다'와의 관계를 바탕으로 수용할 때 훨씬 쉬워진다.

문제를 극복하기 위해서는 읽기 활동의 확대와 강화작업이 선행되어야 하는데, 이 토대활동을 국어교육이 담당해야 하겠다. 2012년 시행 예정인 국어과 신설 선택과목 '매체언어'는 현재 매체의 영향력을 인정한 국어교육의 한 방안일 것이다.13) 그러나 매체언어 교육에 선행되어야 하는 것이 어휘의미의 기본범주에 대한 이해와 수용이고, 이를 위해 읽기 활동이 선행되어야 한다. 다양한 텍스트의 읽기 활동을 통해 어휘의 기본의미를 습득하고, 이를 바탕으로 매체언어의 의미를 수용하면, 변주된 어휘의미에 대한 수용여부를 자연스럽게 결정할 수 있다. 다음의 예를 보자.

㉓ a. 그럼 자네는 그렇게 뼈아픈 원한을 누구한테 품게 되었고 대체 누구를 저주하고 누구를 미워하고 있나? (선우휘, 불꽃)
　 b. 빚쟁이들이 제풀에 지쳐 돌아간 후에도 그들이 미친 듯이 내지른 저주의 소리는 환청이 되어 그의 귀에 눌어붙었다. (박완서, 오만과 몽상)
　 c. 표인봉 "정선희 축복받은 상체+저주받은 하체" 폭소 (2010. 10. 2. 뉴스엔)
　 d. 저주 받은 몸매에서 바비 인형으로 변신 (2010. 8. 2. my스타뉴스)

㉔ a. 그네의 손톱은 치자물이 든 것처럼 누렇게 절어 있었다. (최명희, 혼불)
　 b. 그는 술에 절어 거의 폐인이 되었다. (표준국어대사전)
　 c. 최시원 <오마레>에서 첫 연기 평가는? "발연기 쩐다 쩔어~!"
　　　　　　　　　　　　　　　　　　　　　　　(2010. 3. 23. 스타서울)
　 d. 아무리 막장드라마에 '쩔어' 살아도 가슴 밑바닥에는 탁구처럼 온몸을 다 던져 배우고.　　　　　　　　　　　(2010. 9. 27. 경향신문)

---

13) 2007년 개정교육과정 해설안에 의하면 매체를 통한 의사소통의 중요성을 말하고, 그것을 국어교육에서 담당해야 한다고 언급한다. 이를 감안하면 국어교육에서 매체언어에 대한 교육과 함께 매체 활용을 통한 활동도 모색해야 한다.(한국교육과정평가원, 2007 개정교육과정해설 국어)

위의 예에 사용된 어휘 '저주'와 '절다'는 기본의미와 매체의미가 다르게 사용되고 있다. 그러나 a와 b에서 제시된 텍스트에서의 기본의미 '저주'와 '절다'를 습득한 경우는, 이를 바탕으로 매체에서의 '저주'와 '절다'를 수용하게 된다.[14] 기본의미를 알고 변용된 의미를 수용하게 되는 것이다. 이러한 기본의미 습득의 유무는 어휘의 올바른 사용과 직결되기 때문에 반드시 기본의미의 습득과정을 거쳐야 한다. 기본의미를 바탕으로 '저주'가 '예쁘지 않은, 못생긴, 뚱뚱한' 정도로 해석되는 외모와 관련된 부정적 의미로 받아들여지게 되고, '절다'는 '기가 막힐 정도로 최고다. 정말 멋있다. 멋있어서 푹 빠지다' 등의 의미로 수용될 수 있다.

따라서 어휘의 기본의미 습득이 매체에 의한 어휘의미 습득보다 선행되어야 하고, 이를 위해 다양한 텍스트 읽기가 수반되어야 한다. 다양한 텍스트의 읽기를 통해 여러 어휘의 기본의미를 자연스럽게 숙지할 수 있고, 이러한 기본의미의 숙지가 변용된 의미를 효과적으로 이해할 수 있도록 돕기 때문이다.

3.2. 매체를 통한 쓰기 활동 유도

다양한 텍스트의 읽기로 어휘의 기본의미와 변용된 의미까지 수용한 언중은 다음으로 매체를 활용해 올바른 쓰기 활동을 수행해야 한다. 현대사회는 언어 환경이 바뀌었다. 이전의 종이에 의존하던

---

14) '저주'의 기본의미는 '남에게 재앙이나 불행이 일어나도록 빌고 바람. 또는 그렇게 하여서 일어난 재앙이나 불행'이다.(표준국어대사전)
'절다'의 기본의미는 '1. 푸성귀나 생선 따위에 소금이나 식초·설탕 따위가 배어들다. 2. 땀이나 기름 따위의 더러운 물질이 묻거나 끼어 찌들다. 3. 사람이 술이나 독한 기운에 의하여 영향을 받게 되다'이다.(표준국어대사전)

문자시대에서 텔레비전, TV, 인터넷, 전화 등과 같은 통신매체에 의존하는 복합적 다매체시대가 되었다. 그리고 매체를 통해 수용되는 정보도 단순히 문자언어에 의존하지 않고, 그림·소리·동영상 등을 통해 복합적으로 제공된다.

이제는 매체가 정보를 수용하는 수단을 넘어 매체에 자신의 견해를 자유로이 표현하는 시대가 되었다. 그래서 매체를 통해 취사선택한 정보를 바탕으로 자신의 의견을 자유롭게 표현할 수 있어야 한다. 매체를 통해 제시되는 다양한 텍스트를 읽고 텍스트 내용에 대한 수용자의 비판적 사고를 가미하여 창의적인 결론을 이끌어내야 한다. 문제는 이렇게 내려진 결론을 쓰기 활동으로 유도해야 한다는 점이다. 쓰기는 자신의 견해에 대한 최종 결과물이기 때문이다. 그런데 매체에서는 여러 형태의 쓰기 활동이 가능할 수 있다. 그래서 이러한 활동이 국어교육의 방편으로 자리잡을 수 있도록 관심을 기울여야 한다. 다음의 예문을 보자.

㉕ 엄마 뱃속에서 환한 미소를 짓고 있는 태아의 초음파 사진이 공개돼 화제를 모으고 있다. 영국 데일리메일 10일자 보도에 따르면 웃고 있는 태아의 부모는 내년 1월에 출산을 앞둔 루이즈·샘핸리 부부. 이들은 임신 17주차에 초음파 사진을 찍었는데, 우연히 웃고 있는 태아의 얼굴이 포착돼 신기함을 감추지 못했다. 남편인 샘은 "아이의 웃 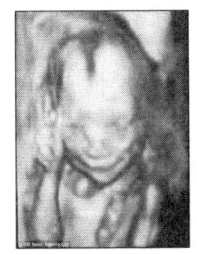 는 얼굴을 보니 정말 환상적이었다. 아이가 기분이 좋다는 증거라고 하니 나 또한 기분이 날아갈 것 같았다"고 당시를 회상했다. 학계는 이 사진이 낙태가 허용된 24주 이내의 태아들도 기쁨과 슬픔, 고통을 느낄 수 있다는 증거라는 의견을 내놓았다. (서울신문, 2010. 10. 11)

위의 기사와 함께 제시된 사진자료는 기사의 내용을 적절히 뒷받침해준다. 만약 매우 바쁜 수용자라면 문자텍스트를 읽는 대신 주어진 사진을 통해 정보를 전달받을 것이다.15) 그리고 이렇게 수용한 정보를 바탕으로 자유롭게 스스로의 의견을 표현할 수 있어야 한다. 이때 표현할 수 있는 곳이 곧 매체가 될 수 있다. 정보를 제공받은 곳도 매체이지만, 그 정보에 대한 자신의 견해를 피력할 수 있는 곳도 매체가 될 수 있다는 점이다. 각종 사이트의 댓글이나 게시판, 그리고 메일·카페·토론방 등의 다양한 표현의 장이 펼쳐져 있기 때문이다. 심지어 신문·잡지와 같은 인쇄매체를 통해 제공받은 정보에 대해서도 각 신문사 홈페이지 안에서 견해를 피력할 수 있다. 따라서 수용자도 매체에 자신의 견해를 피력하는 쓰기 활동이 얼마든지 가능할 수 있다. 이러한 쓰기 활동을 통해 어휘의 기본의미와 변용된 의미를 두루 익힐 수 있고, 그러한 과정의 반복에서 언어를 올바르게 사용하는 태도 또한 기를 수 있다.

 국어교육의 어려운 점 중의 하나가 학생들이 쓰기에 대해 부담감을 갖는 것이다. 말하기나 읽기·듣기를 폭넓게 익힌 언중도 쓰기에 대해서는 부담감을 갖고 있다. 국어교육에서 쓰기에 대한 교육이 현실화되지 못한 점도 바로 그 때문이다. 그런 문제를 자연스럽게 해소할 수 있는 곳이 바로 매체이다. 다양성이 허용되는 곳이 매체라는 점에서 자유롭게 자신의 견해를 피력할 수 있기 때문이다.16) 매체에서 자신

---

15) 물론 세부적인 내용전달에서는 문자텍스트의 도움이 필요하지만, 대략적인 텍스트의 이해 및 방향설정에서는 문자텍스트의 해독이 필수불가결한 것은 아니다.
16) 이 과정에서 문제로 제기되는 것이 매체의 '익명성'이다. 익명성의 담보는 무책임한 글을 양산할 수 있다. 그러나 올바른 언어사용에 대한 교육과 인식으로 이러한 문제는 어느 정도 해소될 수 있다. 특히 자신의 의견을 논리적으로 표출하는 공간에서는 더욱 그렇다.

의 견해를 자유롭게 표현하는 활동을 통해 궁극적으로 말하기·듣기·읽기·쓰기 활동이 통합적으로 이루어질 수 있다.

4. 결론

이제 매체를 통해 변화하는 어휘의미를 비판하면서 기본의미의 사용만을 주장할 수 없는 시대가 되었다. 사회가 변하고 그에 따른 문화가 변하면서, 우리의 의식도 자연스럽게 변화했기 때문이다. 하지만 어휘의미가 사회변화에 따른 문화를 반영한다고 할지라도 어휘의 기본의미를 백안시하는 것은 문제가 있다. 그래서 여기에서는 어휘의 기본의미를 습득하는 것이 중요하다고 보았다. 이를 위해 변화하는 어휘의미의 사용실태를 살피고, 국어교육적 수용 방안을 모색해 보았다. 이러한 논의가 변용되는 어휘의미에 대한 경각심을 불러일으키고, 나아가서는 올바른 국어교육의 방향을 강구할 수 있기 때문이다. 이제까지의 논의를 요약·정리하는 것으로 결론을 대신한다.

첫째, 매체에 의한 어휘의미의 변용 양상을 살폈다. 즉 변용 양상을 '의미의 희화화', '의미인식의 긍정화', '선택자질의 무제한 선택', 그리고 '극단화된 의미의 보편적 수용'으로 나누어 살펴보았다. 의미의 희화화에서는 매체에서의 빈번한 활용으로 어휘에 웃음을 유발하는 의미자질이 첨가되었음을, 의미인식의 긍정화에서는 내용 범주의 긍부정과 상관없이 긍정적으로 인식하는 현상을 검토하였다. 그리고 선택자질의 무제한 선택에서는 기존 문법 범주대로 활용하지 않고 어휘의 선택 제한을 무시한 현상을, 극단화된 의미의 보편적 수용에서는 전달의도를 강조하면서 극단적인 표현이 만연하게 된 실태를 살펴보았다.

둘째, 어휘의미 변용 현상에 대한 국어 교육적 수용방안을 살펴보았다. 먼저 다양한 텍스트의 읽기 활동을 통한 어휘의 기본의미 습득을 강조하였다. 다양한 장르의 텍스트를 읽음으로써 어휘의 기본의미를 숙지하고, 이를 바탕으로 변용된 의미를 수용해야 할 필요성을 강조한 것이다. 다음으로 쓰기 활동에 대한 교육문제를 살펴보았다. 특히 매체를 활용한 쓰기의 중요성을 강조하였다. 매체를 활용한 쓰기가 기본의미와 변용의미의 차이점을 가시적으로 살필 수 있기 때문이다. 읽기와 쓰기 등의 언어행위는 궁극적으로 타인과의 소통으로 집약된다. 언어를 사용하는 궁극적인 이유가 타인과의 조화로운 의사소통이기 때문이다. 그러기 위해서는 자신의 의견을 효과적으로 표현하는 것이 중요하다. 그 표현이 쓰기로 나타나야 하는데, 그것을 효과적으로 수행할 수 있는 공간이 바로 매체라는 점이다. 따라서 매체는 정보를 취득하는 공간임과 동시에 쓰기교육이 가능한 세계이기도 하다.

제3부

매체예술과 텍스트

제1장 대중가요와 외국어

제2장 오락프로그램과 자막어

제3장 유머텍스트와 의사소통

제4장 부조리극과 텍스트성

제1장 대중가요와 외국어

1. 서론

 언중이 입으로, 머리로 그리고 가슴으로 느끼는 노래를 흔히 우리는 대중가요라고 부른다. 시대를 불문하고 대중가요는 당시의 사회적·문화적 환경을 전제하기 때문에 그 시대 사람들의 마음을 담기 마련이다. 우리가 듣고 읊조리는 대중가요에 우리의 생각과 감정의 반영은 물론 사회현상이 담기는 것도 바로 그 때문이다.[1] 그런데 그 노래들을 면면히 살펴보면 이전과는 달리 지나치게 많은 외래어가 등장하여 관심을 끈다.[2] 나아가 가수 이름이나 노래 제목에서도

---

1) 김홍석(2007:6)에 의하면, 대중가요의 구어성은 그 시대 언중의 언어를 잘 반영한다는 의미로 해석된다. 이는 곧 노랫말에는 일상대화의 모습이 그대로 투영됨을 의미하는 것이기도 하다.
2) 본 논문에서는 외국어와 외래어에 대해 구분하지 않고 이들을 크게 '차용'이라는 관점에서 살펴보고자 한다. 그리하여 문법적 기준에 의한 구분은 뒤로 미루고, 우선은 외래어를 선택하여 쓰고자 한다. 이 속에는 외국어의 범주도 상당부분 포함될 수 있다. 이는 노명희(2009:8)에서 밝힌 것처럼, 고유어에 대립되는 용어로 다른 말에서 우리말 속에 들어온 모든 어휘적 요소를 의미한다.

국어라고 보기 어려운 표현이 넘쳐난다.3) 이런 현상은 국어교육적 측면에서 보면 문제의 심각성이 있음에도 불구하고, 언어의 다양성과 예술장르의 개성을 생각하여 크게 문제 삼지 않고 있다.

한류 열풍이 더해진 가요계는 소위 아이돌 가수가 맹활약하여 그들 노래의 한두 곡쯤은 어렵지 않게 읊조리게 되었다. 대중가요의 상당부분을 차지하는 이들 가수의 노래는 새로운 언어문화의 장으로 자리잡아 가고 있다. 이들 노래에 나타나는 'oh my god'이나 'oh, my gosh!' 등의 표현은 이제 '오! 아! 어머나!'보다 더 익숙한 말이 되었다.

사람들의 마음을 표현하는 노랫말에 국어와 외래어의 혼재는 물론이고, 이제는 정체가 모호한 외래어를 쓰는 현상도 일상화되는 추세이다. 예를 들어 '선수인 척 폼만 잡는 어리버리한 playa'라는 노랫말은 마지막의 'playa'가 무슨 표현인지 알 수 없다. 소리에 준한 '플레이야'인지 원어에 의존한 'play'인지 알 길이 없다. 또 다른 노랫말인 '다른 음악들은 이제 boring일 걸'의 'boring일 걸'은 영어로도 국어로도 해석하기 어렵다. 또한 'everything을 새롭게 태어날 거야'도 이해할 수 없기는 매한가지이다. 문제는 우리가 이런 표현을 듣고도 무슨 의미인지 어느 정도 그 내용을 파악한다는 점이다. 그러면서 우리는 그것이 비문법적이든 비표준어이든, 혹은 어디서 온 표현인지 몰라도 괘념치 않게 되었다.4)

---

3) 가수나 노래제목에 외래어가 들어간 경우가 많고, 또 실명을 사용하지 않아 개인 또는 단체인지조차 구분하기도 어렵다. 가수 이름을 바탕으로 한 성별의 구분 역시 쉽지 않다.
4) 드라마나 영화에서 보게 되는 국어와 영어의 섞인 문장이 이제 더 이상 개그처럼 들리지 않는다. 예를 들어 드라마에서는 '오 마이 헤드, 셧 더 마우스' 등을 마치 국어문장인 양 발화하고 있다. 일견 우습기도 하지만 무슨 얘기를 하는지 이해하지 못하는 것도 아니다. 이러한 발화가 빈번해질수록 그에 대해 더 친숙해질 수 있다.

심각한 문제는 이런 표현이 빈번해지면서 우리의 실제 언어생활에도 영향을 미친다는 점이다. 노랫말에서 자주 듣는 언어표현에 대해 문어적·구어적 관점에서 면밀히 분석하고 그 대안을 모색할 필요가 그래서 있다.5) 이에 여기에서는 대중가요의 노랫말에 나타나는 언어표현을 외래어 단독으로 쓰인 것, 외국어와 국어가 혼재된 것으로 나누어 살피고, 이를 개선하기 위한 국어교육적 방안을 모색해보고자 한다.6)

2. 대중가요의 외국어 사용양상

대중가요 노랫말을 살펴보면 이전에 비해 외래어의 사용빈도가 매우 높음을 알 수 있다. 심지어는 원곡이 영어이고 중간 중간 한국어가 들어간 듯한 인상을 주는 노랫말도 상당수이다. 그러다 보니 국어와 영어의 혼재 현상도 더욱 빈번해졌으며, 어떤 표현은 국어라 하기도 어렵고 외국어라 하기도 어려운 것이 생겨났다.7) 이러한 노랫말에 나타나는 외래어의 사용 양상은 크게 둘로 나눌 수 있다. 하나는 외래어 단독으로 사용하는 것이고, 다른 하나는 외래어와 국어를 혼용하는 것이다.8)

---

5) 기왕의 논의는 대부분이 노랫말에 나타나는 외래어 표기법 및 순화에 주안점이 놓였다. 김홍석(2007)에서는 노랫말에 나타나는 외래어 표기의 오용에 대해 접근했고, 이정복(2008)에서는 외래어의 순화방향에 대해 살펴보고 있다. 노명희(2009)에서도 외래어가 국어 속으로 들어와 어휘로 형성되는 유형을 살펴보고 있다.
6) 본 논문에서는 2011년 9월부터 10월까지의 대중가요 50곡을 선정하고 이들 노랫말을 분석텍스트로 삼았다.
7) 논문에서 분석텍스트로 삼은 대중가요는 각종 음악프로그램 및 음악 사이트 (TV 뮤직뱅크, 음악중심, 인터넷 음악 사이트인 '벅스'와 '멜론', 포털사이트 '네이버' 및 '다음')에서 추출하였다.

2.1. 외래어 단독 사용

외래어 단독 사용양상은 문장 전체를 모두 외래어로 표현한 경우이다. 문장 단위로 구분했을 때 국어는 전혀 사용하지 않고 영어로만 표현한 것이 나타난다. 한국어 문장 사이사이 외래어 문장이 한 두 개씩 끼어든 것도 있고, 아예 한 문단 정도가 외래어로 표기된 경우도 있다. 심지어는 노랫말 전체에서 국어 문장이 열 문장 이내인 경우도 있다. 다음의 예는 국어 노랫말에 외래어 문장이 섞여있는 것이다.

① 넌 뒤를 따라오지만 난 앞만 보고 질주해. 네가 앉은 테이블 위를 뛰어다녀. I don't care. // 건드리면 감당 못해. I'm hot hot hot hot fire. 뒤집어지기 전에 제발 누가 날 좀 말려 (2NE1-내가 제일 잘 나가)

② 네 비밀을 숨긴 꿈속에 마치 난 무의식처럼 스며가
좀 더 자유로운 그 곳에 Hey, live it up, right away, huh?
You won't forget me. Sing it to me, baby! 그렇지! Gracias! Can you follow?
이걸 듣고 나면 너는 못 잊을걸! 다른 음악들은 이제 boring일 걸.
(브라운아이드걸스-sixth sense)

③ 또 한 번 배웠어. I will never forget about U, ye-. 커졌어. 난 강하게 더 높게
Step it up step it up. 다시 시작이야 또 템포를 올려서 앞질러 갈래. just step it up (카라-step)

④ Oh no she's breaker 널 생각하면 짜릿해. Oh girl please take it take it take

---

8) 현대국어의 범주에서 외래어와 외국어에 대한 정의는 다소 모호한 면이 없지 않다. 일반적으로 알고 있는 외국어에서 차용한 말은 외래어이고, 국어에 해당 어휘가 있음에도 외국에서 들어온 말을 사용할 경우는 외국어로 간주한다. 이 장에서는 포괄적인 개념으로 외래어라 칭하고 별도로 구분하지 않는다.

it
take take 정신 줄 놓고 다 미쳐
oh no we are crazy 한 걸음 걸음 가까이 oh girl please take it take it take it
Shake it up Shake it up 미쳐 미쳐 Shake it up Shake it up
Shake it up Shake it up 이 밤이 갈 수 없게 네가 보여 너와 나
Don't say good night together. (서인국-Shake it up)

⑤ Hey babe It's rainy day / I can see the road in the rain /
I have long sword Makes me stronger
I'm not weak man / I will go to the world /
I don't need any more word / I seem to have set a trend
Cause you're my love / Just please your voice put your hands up to me
Cause you're my love / Just please your voice put your thumbs up to me
Big stage a lot of fans / How what you to look at me
I'm searching for the light you can get the light
You can get our whole life
I want you to look at me look at me be with me be with me
내 말 들어봐 (씨엔블루-Ready N go)

 위의 예에서 보는 것처럼 노랫말 상당부분이 영어 문장이다. 예전에 어휘 중심으로 영어표현을 차용하던 것과 비교하면 그 범위가 넓어졌음을 알 수 있다. 청자가 이러한 노랫말을 들으며 얼마나 이해하고 정서적으로 교감할 수 있을지 의문이다.[9] 자칫 마음으로 느껴야 하는 노랫말을 그저 흥얼거리는 수준에서, 혹은 소리 자체만을 수용하면서 정서적 교감은 별개의 것으로 치부하는지도 모르겠다. 대체로 근래 아이돌 가수의 노래나 빠른 박자의 노랫말에 이런 영

---

9) 통상적으로 외래어를 받아들일 때에는 모국어와는 달리 사전적 의미에 의거해 의미파악을 하게 된다. 어떤 언어문화에 대한 배경지식이 없으면 사전적 의미, 곧 객관적 의미범주로 한정하기 때문이다.

어 문장이 많이 나타난다.10) 그리고 대부분의 노랫말에 들어간 영어문장은 일부 비슷한 표현이 반복됨을 알 수 있다.

⑥ oh my god / baby / boy friend girl friend / demon / you are my love good bye my love / oh tonight / love stop / crazy love

분석 대상으로 삼은 50여 곡의 노랫말에 ⑥과 같은 표현이 반복적으로 나타남을 알 수 있다. 비교적 쉬운 어휘의미라고 하더라도, 노랫말에 빈번하게 들어가다 보니 국어와 같은 느낌마저 준다. 자주 듣고 발화하면서 수용하다 보면, 일상의 언어생활에도 이러한 표현이 스며들기 마련이다. 이제는 구어상황에서 이러한 것을 발화한다고 해도 이상하게 들리지 않을 수 있다.

⑦ a. oh my god! 시험이 이제 얼마 남지 않았어. 죽겠다. 공부는 아직 시작도 못 했는데.
   b. 어제 같이 가던 사람 누구야?
      아, 어제 도서관 앞에서 같이 간 친구? my new boy friend야!
   c. You are my love. 알지?

⑦과 같은 발화가 생소하거나 무슨 뜻인지 잘 모를 사람은 별로 없을 것이다. 절망스럽거나 당황스러운 상황에서 표현하는 'oh my god! wow!'는 이제 우리말 '맙소사!'보다 더욱 빈번하게 발화되고 있다. 젊은 화자들에게는 '어머나! 맙소사!'보다 'Oh my god! wow!'가 더 익숙한 감탄사가 되었다.

---

10) 주로 이런 영어가사 노랫말이 들어간 장르는 빠른 박자의 댄스나 R&B 분야가 많고, 발라드나 트롯 분야는 거의 들어가지 않는다. 정서적 교감을 중시하는 발라드의 경우는 노랫말을 음미하면서 감상하기 때문에 영어 표현보다는 국어 표현이 대부분을 차지하는 것으로 추측할 수 있다.

이외에도 상당수의 노랫말에 영어표기 문장이 나타남을 알 수 있다. 그런데 이러한 영어표기 문장이 지나치게 많이 사용되는 것도 문제이지만, 그 문장표현이 문법적으로 합당한지도 의문이라는 점이다. 물론 국어로 된 노랫말 중에도 비문법적 표현이 상당수 들어있다. 국어의 경우는 문법성 여부에 대한 판단이 비교적 용이하지만, 외래어에 대한 정오식별 능력은 국어에 비해 크게 떨어질 수 있다. 따라서 올바른 문장수용의 측면에서도 외래어 표기가 문제를 야기할 수 있다.

2.2. 외국어와 국어의 혼용

다음으로 빈번하게 나타나는 표현은 외래어와 국어가 한 문장 안에서 혼용되는 것이다. 외래어를 원어 그대로 표기한 것도 있고, 우리말로 표기한 것도 있다.11) 다음의 예를 보자.

⑧ 길들여질 수가 없어 나를 절대 don't touch touch rush it rush it.
멀리서 봐도 너를 일으키는 내 눈빛이 guilty guilty
내가 너와 나누고픈 이 감정은 more than emotion better than the love motion
니 맘대로 그 손 뻗지마라 그대로 sit sit 그렇지 그렇지
빈 틈을 줄 때까지 기다리다 그때 kiss kiss french french
(브라운아이드걸스-sixth sense)

---

11) 이들 노랫말의 혼용은 음성전사, 파생, 반복, blending, 단축어, 비속어 등 다양한 사용 양상을 보여준다. 다만 본 논문에서는 노랫말 분석을 문법적 기준과 더불어 의미 수용 양상, 발화 양상 등의 화용적 맥락까지 아우르고자 한다. 따라서 이들 양상에 대한 문법적 유형분류 및 구조적 문제점을 제시하는 것은 훗일로 유보하고, 이 장에서는 거시범주로 외래어 단독사용과 국어와의 혼용현상으로 대별하여 살펴보도록 한다.

⑨ 니가 있어야만 여기가 paradise 억지로 너를 가둬 버린 paradise
깨어선 갈 수 없는 슬픈 paradise 영원히 함께 할 수 있는 paradise 오오오오
매일 밤 너로 채웠던 나 그래 익숙해진 몸을 이젠 눈물로 채울 time
감아왔던 팔 숨이 가파르던 밤 최고의 paradise 너 없인 이제 hopeless world
(인피니트-paradise)

⑩ 눈 깜짝할 사이 넌 또 check it out~지나가는 여자들 그만 좀 봐
너 때문에 내 마음은 갑옷 입고 이젠 내가 맞서줄게 네 화살은 trouble! trouble! trouble!
나를 노렸어. 너는 shoot! shoot! shoot! 나는 hoot! hoot! hoot!
(소녀시대-hoot!)

⑪ 똑바로 해 넌 정말 bad boy 사랑보단 호기심뿐 그동안 나 너 땜에 깜빡 속아서 넘어간 거야
넌 재미없어 매너 없어 넌 Devil Devil 넌 넌
네 핸드폰 수많은 남잔 한 글자만 바꾼 여자 내 코까지 역겨운 perfume 누구 건지 설명해봐
you better run run run run 더는 못 봐 걷어차 줄래
you better run run run run 날 붙잡아도 관심 꺼둘래 Hey
(소녀시대-run devil run)

⑫ solo라도 I'm O.K. 남들과는 달라 Solo라는 말 앞에 supa를 달아
멋대로 feel대로 내 style로 one two three 느낌 있는 싱글로 내 삶을 즐겨
(지나-supa solo)

위의 예들은 영어표기로 된 어휘가 국어와 결합하여 사용되는 노랫말이다. 일종의 의미차용이라 할 수 있는데, 영어와 국어를 섞어서 하나의 표현단위를 완성한다. 문법적 범주의 호응관계를 고려하지 않고 의미맥락만을 고려하여 덩어리표현을 만들고 있다. 예를 들어 ⑧의 '이 감정은 more than emotion better than the love motion'은 굳이 우리말로 표현한다면 '이 감정은 보다 넓은 감정, 사랑의 감정

보다 나은'이라 번역되는데, 이의 정확한 의미파악은 애매해진다. 앞뒤 맥락을 바탕으로 인지할 경우 '너와 공유하고 싶은 감정은 정서적 교감 이상의 그 무엇' 등의 확대해석이 가능하지만 함께 제시된 노랫말을 바탕으로 그 의미를 쉽게 유추하기는 어렵다.12) ⑨의 '너 없인 이제 hopeless world' 역시 일상적으로 수용 가능한 표현이라고 하기는 어렵다. '너 없인 이제 희망이 없어, 너 없인 이제 의미가 없어' 정도의 메시지 전달을 위한 표현이라고 이해할 수는 있지만 이러한 표현에 대한 수용범주가 어디까지인지 판단하기 모호하다.

그런가 하면 영어어휘를 국어로 표기한 노랫말도 상당수다. 일종의 음성전사로 볼 수 있는데, 이러한 것은 혼재현상의 주류를 이루고 있다. 그래서인지 이제는 일상생활의 구어상황에서도 이러한 형태가 자주 사용되고 있다.

⑬ 럭셔리하게 좀 더 핫 하게 변신 말고 진한 눈길 받아볼래
(G-Na-top girl)
⑭ 두근 또 두근 이모션 감출 수 없어 어디선가 본 듯한 너의 눈빛 데자부 둘만의 비밀 달콤 샵싸름한 러브 스토리 너를 향해 어때 들리니 나의 텔레파시 / 두 눈을 감아 상상해봐 뭐든 너의 스토리 원하고 또 바라는 대로 너의 텔레파시 / 살금 또 살금 내 모션 놀리진 마요 꿈에서도 꿈꿔온 너와 나 오 랑데부 / 수줍은 고백 햇살 가득 품은 나의 멜로디 떨려와요 지금 이 순가 나의 텔레파시 / 내 손을 잡아 만들어요 너와 나의 스토리 언제나 니 곁에 있을게 oh 텔레파시
(소녀시대-텔레파시)
⑮ 넘 예뻐 예뻐 볼터치 아이쉐도우 또 눈에 띄게 멋진 스타일 판타스틱 그 누가 봐도 완벽한 걸 근사해 oh bling bling 오늘만은 슈퍼스타
(달샤벳-블링블링)

---

12) 언중이 노랫말이라는 장르의 특성을 감안하고 그것을 받아들이는 것으로 볼 수 있다.

⑯ 에라 모르겠다. 내일 일 가야 되는데 니 얘기 더 들어줄게 나는 젠틀맨 어머니 전화는 받어 걱정하시니까 오늘따라 유난히 니 상태는 시니컬 뭐 때문이야? 뭐가 널 다운시켜 세상이 차가워질수록 넌 진땀 식혀

(사이먼 D-짠해)

위의 예를 보면 영어 어휘를 국어로 표기하여, 국어 문장 속에서 하나의 문장성분으로 기능한다. ⑭의 예에서 보는 것처럼 '이모션, 데자부, 러브 스토리, 텔레파시, 스토리, 모션, 랑데부, 멜로디' 등의 어휘를 국어표기로 나타내었다. 이제 이런 표현은 아주 일상화되었다. 이들은 어휘의미에 기준하여 국어 문장 속에서 함께 발화된다. '두근 두근 이모션'은 '두근 두근 감정'으로 표현할 수 있다. 그런데 연어구성에 의한다면 '두근두근 내 마음' 정도를 '두근 두근 이모션'으로 표현함으로써 또 다른 발화효과를 의도하고 있다. 특기할 것은 이러한 국어와 외래어를 섞어 표기하는 유형이 이전의 노랫말에서 일반적이었다면, 이제는 외래어를 원어 그대로 표기하는 경향이 강화되고 있다는 점이다. ⑮에서 보는 것처럼 '스타일, 판타스틱'보다는 'bling, bling'의 표기가 더 빈번함을 알 수 있다. 표현 방법을 국어에서 외래어로 확대하여 나타난 현상이라 하겠다. 즉 국어로 표기했을 때에는 단어수준으로 머무를 수 있지만, 외래어로 표기하면 어절뿐만 아니라 문장 전체까지도 나타낼 수 있기 때문이라 할 수 있다. 이제는 외래어를 국어로 표기한 경우 오히려 어색하기까지 하다.

⑰ 미안 미안해 엄마 용서해 엄마 오늘 밤 전화 다 꺼 암 온 퐈이야.

(GG-바람났어)

⑰의 '암 온 퐈이야'의 경우가 외래어를 국어표기로 활용한 예인데, 이렇게 표기할 경우 의미파악이 쉽지 않고 표기 자체도 잘못되는

경우가 많다. 이 표현은 'I'm fire'를 국어로 표기한 것인데, 표기 자체도 문제지만 국어로 이렇게 표기해야 하는지도 의문이다.

이처럼 국어와 영어가 혼재되어 사용되는 노랫말이 매우 많음을 알 수 있다. 그 표기 형태는 원어 그대로인 것이 국어로 표기하는 것보다 훨씬 많음을 알 수 있다.

3. 대중가요의 외국어 사용의 문제점

3.1. 국적불명의 어휘 파생

대중가요의 노랫말에 외래어가 나타나는 현상이 점차 빈번해지고 있다. 요즘의 노랫말은 영어표기가 들어가지 않으면 노래가 진부한 것처럼 느껴지기도 한다. 가수들은 종종 예전의 노래를 소위 '리바이벌'하는 경우도 많은데, 이때 기존 노래의 노랫말을 그대로 수용하면서 영어 노랫말을 첨가하는 현상도 다반사이다. 이 역시 요즘 노랫말의 현실을 반영하는 사례라 할 수 있다.

⑱ 저 하늘을 날아보고 싶어 오늘은 만지고 싶어 저기 구름을
　　Uh yes I wanna touch the cloud
　　하늘보단 낮으니까 내 손가락 끝이 구름 끝에 닿을 수 있다면
　　　　　　　　　　　　　　　　　　　　(FT 아일랜드-새들처럼)

⑲ 혹시 그대가 미안해 한다면 내 얼굴 보기 두렵다면 girl
　　그런 걱정 하덜덜덜 마. 너라면 힘이 펄펄펄 나.
　　보고 싶은 그대 얼굴 저 붉은 노을을 닮아 더 슬퍼지는 걸
　　Oh baby baby 다 지나간 시간 우리가 함께한 추억 잊진 말아줘.
　　눈을 감아. 소리없이 날 불러준다면 언제라도 달려갈게요.
　　Everyday every night I need you.　　　　　(빅뱅-붉은 노을)

⑱과 ⑲의 예에서 보듯이 원곡에 새로이 영어가사를 덧붙였다. 대다수의 노래에서 이런 현상을 확인할 수 있다. 이처럼 대중가요의 노랫말에 영어가사가 빈번하게 등장하면서 이를 한글로 또는 원어로 표기하는 현상이 많아지고 있다. 외래어와 국어표기의 혼용현상이 가중되었음을 알 수 있다. 문제는 그 과정에서 국어인지 외래어인지, 혹은 표기의 기준조차 모호한 어휘들이 나타난다는 점이다. 다음의 예를 보자.

⑳ 니가 zoa 너무 zoa 넌 나의 하나뿐인 허니
　너밖에 Mola Mola woo--　　　　　　(이현지-kiss me kiss me)

㉑ 원한다면 plaaaaay! Yeah- Yeah　　　(백지영-love game)

㉒ 선수인척 폼만 잡는 어리버리한 playa　(2NE1-내가 제일 잘 나가)

위의 예 ⑳부터 ㉒에 나타나는 'zoa, Mola, plaaaaay, playa'는 국어 단어를 영어로 전사하거나 영어 단어를 국어처럼 활용한 예들이다. '좋아, 몰라'를 소리 나는 대로 영어식 표기를 했으나, 실은 이것이 음성전사인지 로마자 표기인지 알 수 없다. 구어적 활용에 의지한 이런 표기를 국어라 해야 할지 또는 영어라 해야 할지 그 소속이 불분명한 것도 사실이다. 또한 'plaaaaay'는 영어 단어 'play'를 강조한 표기인 듯하나 이 역시 영어도 아니고 국어도 아닌 이상한 표기일 따름이다.[13] ㉒의 'playa'는 영어 'play'와 국어 어미 '-야'의 결합

---

13) 대전 유성의 행사이름에 'Yess~유성'이라는 광고문구가 소개된 적이 있다. 이 광고문구를 본 한국 사람은 아무도 이의를 제기하지 않았는데, 한 외국인이 '대중을 상대로 하는 광고에 철자가 틀린 단어를 저렇게 크게 붙여놓다니 이해가 가지 않습니다. 저 단어의 철자가 틀린 것을 아무도 몰랐나요?'라고 질문한 적

형태인 '플레이야'로 이해된다. 그러나 이 역시 바람직한 조어현상은 아니다.

이렇듯 두 언어의 어휘가 섞이면서 조어법은 물론 표기조차 양쪽 어느 언어에도 속하지 못하는 신조어가 양산되고 있다. 이는 올바른 국어사용의 관점에서 큰 문제가 아닐 수 없다.

3.2. 비문법적 문장구조

국어와 영어를 섞어 표현할 때 적용하는 기준은 '어휘 의미'인 듯하다. 그러다 보니 표현된 문장이 국어문법이나 영어문법으로도 설명하기가 어렵다. 그저 어휘 의미에 기준해서 노랫말을 만들었기 때문이다. 다음의 예를 보자.

㉓ 이걸 듣고 나면 너는 못 잊을걸 다른 음악들은 이제 boring일 걸
(브라운아이드걸스-sixth sense)

㉔ 내 인생에 섣불리 get louder　　　　　　　　　　(카라-step)

㉕ 베이글~너도 먹고 싶냐 why why 침은 계속 질질 찌질한 stupid
연신 터지는 감탄사 oops 한심해서 깔보는 비웃음 관심은 hot
꼭 꼭 씹어드시길 천천히 slowly 그러다 체하니
니 바지 먹은 특정 V 스키니 바지 따윈 throw throw
impact하게 point 줄게 perfect하게 contact 할게
impact는 줬냐 point는 난 몰라 perfect는 세제 contact는 렌즈
(써니힐-let's talk about)

이 있다. 어휘의 철자가 주는 중요성을 광고라는 장르를 지나치게 의식하여 간과한 사례라 하겠다. 이것을 국어로 비유하자면 '유성'을 강조하자고 '유성 ㅇ~'으로 표기한 것과 같다.

㉖ 더 sexy하게 tasty하게 like it like it 더 groovy하게 stylish하게 like it like it
　이 시간동안 다 나와 함께 자 시작해 party tonight　　　（포미닛-muzic）

㉓부터 ㉖까지 발화된 표현은 국어문법이나 영어문법에도 맞지 않는다. 단지 의미에 준해서 만들어진 문장구성이다. ㉓의 '다른 음악들은 이제 boring일 걸'에서 boring은 조사 '-이다'와 결합할 수 없다. 'boring일 걸' 전체의 의미를 'boring' 하나로 표현할 수 있을 것이다. 서로 다른 유형의 언어를 조합해서 만들어낸 이런 표현은 두 언어의 문법체계 어디에도 속하지 않는다. ㉕의 표현은 가사의 내용에 준한 혼용현상을 잘 보여준다. 국어표현 '관심이 뜨겁다'를 '관심은 hot'으로, '천천히 천천히'를 '천천히 slowly'로, '바지 따윈 던져버려'를 '바지 따윈 throw throw'로 표현한다. 노랫말에 이런 표현이 지속적으로 나오는 한, 언중은 의식적·무의식적으로 이와 같은 표현에 익숙해지기 마련이다. 문제는 이러한 표현이 잘못이라는 점을 인식조차 못한다는 점이다.

㉗ solo라도 I'm O.K. 남들과는 달라 solo라는 말 앞에 super를 달아
　멋대로 feel 대로 내 style로 one two three 느낌 있는 싱글로 내 삶을 즐겨
　solo라도 I'm happy 내 시간이 많아…
　we solo 시내로 나가면 눈이 가만있진 않아
　　　　　　　　　　　　　　　　　　　　　　（지나-supa solo）

㉗의 노랫말을 보면 외래어와 국어를 구분하지 않고 한 문장 안에 뒤섞어 발화하고 있다. 어휘 차용도 아니고 문장 차용도 아닌, 그저 의미범주에 기준해 함께 문장을 구성한다. '솔로라도 나는 좋아. 멋대로 느낌대로 내 스타일대로 하나 둘 셋'의 문장은 중간 중간 외래어 표기의 어휘를 섞어 발화하고 있다. 한편 뒤의 '멋대로

feel대로 내 style로 one two three 느낌 있는 싱글로 내 삶을 즐겨'의 경우는 '싱글'은 국어 표기로 나머지는 영어로 뒤섞어 제시하였다. 그래서 일관된 기준이 적용되지 않았음을 쉽게 알 수 있다.

3.3. 의미가 맞지 않는 연어구성

대중가요의 노랫말에 나오는 표현 중에는 어휘의미의 범주를 고려할 때에 연어구성이 어려운 어휘들이 함께 나타나는 예가 많다.14) 의미범주가 맞지 않는 어휘들의 연어구성은 어휘의 기본의미를 습득해야 하는 청소년들에게는 더욱더 문제이다. 익숙하게 들은 연어구성의 어휘결합은 일상생활에서 자연스럽게 발화될 수 있다. 나아가 잘못을 인식하지 못해 국어교육의 관점에서도 문제가 심각하다. 다음의 예를 보자.

㉘ the bubble in champagne 터지는 good pain
　　　　　　　　　　　　　　　　　　(브라운아이드걸스-sixth sense)

㉙ 깨어선 갈 수 없는 슬픈 paradise　　　　(인피니트-paradise)

㉚ Hey pretty boy 너는 나의 슈퍼스타　　　(달샤벳-블링블링)

위의 예에 나타나는 표현들은 일반적 발화를 기준으로 하면 연어구성에서 어긋난다. 'good pain'은 문학적 표현이 아니라면 쉽게 어울릴 수 없는 의미자질이며, '슬픈 paradise' 역시 역설적 표현이 아니라면 의미범주상 결합하기 어렵다. 'pretty boy' 역시 정상적인 문장의

---
14) 물론 문학에서의 경우는 예외가 될 수 있지만, 노랫말은 누구나 쉽게 중얼거린다는 점에서 의미범주가 맞지 않는 어휘들의 연어결합이 문제가 될 수 있다.

경우 결합할 수 없는 연어구성이다.15) 이러한 결합구성이 빈번해지면 어휘의 의미범주에 대한 기준도 모호해질 수 있다. 나아가 어휘가 가지고 있는 기본적인 의미자질의 습득에도 악영향을 줄 수 있다.

㉛ a. 옷장을 열어 가장 상큼한 옷을 걸치고   (2NE1-내가 제일 잘나가)
   b. 내가 본 demon 중 가장 아름다운 demon   (박재범-demon)
   c. 억지로 너를 가둬버린 paradise   (인피니트-paradise)
   d. 누가 뭐라 해도 you're my crazy love   (동방신기-crazy love)
     I'm so crazy crazy baby baby   (달샤벳-moonlight)
     그대와 날 더하면 두근두근 crazy   (fx-Me+U)
     oh no we are crazy 한 걸음 걸음 가까이   (서인국-shake it up)
     I'm crazy in exciting Muzic alive   (포미닛--Muzic)

위의 예문에서 보는 것처럼 '상큼한 옷', '아름다운 demon' 그리고 '억지로 가둔 paradise'는 의미자질이 맞지 않는 구성이다. 또한 d의 예문처럼 노랫말에 흔히 나오는 어휘로 'crazy'가 있다. '미치다. 미친'의 이 어휘는 한국어 문장에서는 긍·부정에 모두 사용하고 있지만, 영어 문장에서의 'crazy'는 대부분 부정적 의미로 활용된다. 따라서 노랫말에서의 전달의도 '푹 빠졌다. 매우 좋아한다'를 위한 발화에는 부적절할 수 있다.16) 이러한 어휘를 무분별하게 발화하면 이 어휘에 대한 의미범주의 인식이 달라질 수 있다. 잘못된 연어구성의 문제점이 바로 여기에 있다.

---

15) 연어제약은 임지룡(1992:204-205)에 의하면, 어휘가 가지고 있는 의미를 기준으로 공기 가능성이 결정되는 것이다. 예를 들면, '귀엽다'는 '소녀·아기·병아리·조랑말' 등과 공기 가능하지만, '할머니·어른·고슴도치·늑대' 등과는 공기하기 어렵다는 것이다. 'pretty'의 경우도 'handsome'과 대립구도를 형성하며 연어제약을 형성한다. 곧 'handsome'은 주어로 'girl'과 결합하지 못하고, 'pretty'는 'boy'와 어울리지 못함을 의미한다.
16) 오히려 이런 의미로 발화할 때는 'I am really into you.' 또는 'I really like or love you'로 표현한다.

4. 외국어 사용과 국어교육적 개선방안

4.1. 표준어를 바탕으로 한 어휘선정

국어교육적 관점에서 볼 때 대중가요의 노랫말은 파급력이 클 수밖에 없다. 실제로 대중가요 노랫말은 국어의 표현과 이해능력의 향상에 일조할 수 있다. 익히 알듯이 노래를 듣는 청중이 노랫말에 나타난 언어표현을 가감 없이 수용하기 때문이다. 더군다나 노랫말을 반복적으로 들어 자신도 모르게 외우기까지 한다. 그러다 보니 좋아하는 노래의 노랫말은 일반 언어표현보다 수용력이 더 크기 마련이다. 이렇게 수용된 노랫말은 그대로 일상생활에 전용되어 자연스럽게 발화된다. 더군다나 매체언어의 파급력이 큰 요즘은 국어능력을 향상시키기 위해 노랫말을 텍스트로 사용하는 경우도 종종 있다.

그런데 이렇게 파급력과 영향력이 큰 대중가요의 노랫말이 비표준어인 경우가 많다는 점이다. 그래서 표준어교육을 기본으로 해야 하는 청소년층에게는 악영향을 줄 수 있다.

㉜ a. 내 맘은 딱콩딱콩해 또 내 볼은 부ㄲ부ㄲ해　　　(이현지-키스미)
　　b. 그래 옛지있고 참 쌔끈한데 (엄친아) 깨는 모습인걸
　　　 노래방 18번은 "고해" 그만해 경찰에 신고해
　　　　　　　　　　　　　　　　　　(써니힐-Let's talk about)
　　c. 어 근데 what 오 마이 깜놀! 날아오는 분필　　　(fx-Me+U)
　　d. 쩍벌춤 o.k. 하의실종 o.k. 노래할 수 있다면 출격준비 o.k.
　　　　　　　　　　　　　　　　　　(써니힐-Let's talk about)

㉜의 예문에서 보는 것처럼 표준어 범주에서 벗어난 표현이 노랫

말에 왕왕 등장한다. '부끄부끄'는 매체에서 등장한 후 언중의 입에 자주 오르내리지만 표준어라고는 할 수는 없다. 또한 '엣지있게'나 '새끈하다' 역시 매체에 의해 만들어진 유행어이지만 모두 비표준어이다. '노래방 18번'은 일본어의 잔재라서 이미 '애창곡'으로 순화된 지 오래이다. 매체에 의한 새로운 어휘 표현은 'what 오 마이 깜놀'에 집약되어 있다. 영어와 한국어의 섞임 현상, '깜놀'의 단축어, 'oh my~'식 문형 등이 모두 나타나기 때문이다. 이는 매체를 통해 익숙해진 말이 노랫말에서도 반복 활용된 것이라 할 수 있다. 따라서 이 노래에 익숙한 언중은 이제 이러한 표현을 일상의 발화에서도 거리낌 없이 언표화할 수 있다.17)

  이러한 문제를 해결하기 위해서는 표준어 교육과 올바른 표준어 사용이 전제되어야 하겠다. 물론 노랫말이라는 장르의 특성상 비문법적인 발화라든지, 비표준어 혹은 지나친 구어적 발화가 등장할 수 있다. 하지만 기저에 표준어 교육이 수반되어 있느냐 그렇지 않느냐에 따라 수용양상 및 이해의 태도는 사뭇 달라질 수 있다. 따라서 우선적으로 이루어져야 할 것은 바람직한 표준어 교육이라 하겠다. 이것이 선행되어야만 올바른 언어사용 방법을 습득할 수 있고, 이를 바탕으로 노랫말의 잘못된 표현도 올바로 받아들일 수 있기 때문이다. 실제로 표준어에 대한 제반 사항을 알고 그릇된 표현을 수용하는 것과 그렇지 않은 수용은 상당한 차이가 있다.

---

17) 그러다 보니 '두근두근 이모션 감출 수 없어. 어디선가 본 듯한 너의 눈빛 데자부. 둘만의 비밀 달콤 씁싸름한 러브 스토리 너를 향해 어때 들리니 나의 텔레파시. 살금 또 살금 내 모션 놀라지 마요. 꿈에서도 꿈꿔온 너와 나 오 랑데부'에서의 '이모션, 데자부, 러브 스토리, 텔레파시, 모션, 랑데부'와 같은 외래어 수용은 이제 매우 바람직한 현상처럼 보이기까지 한다.

㉝ a. 누가 봐도 내가 좀 죽여주잖아 / 내가 봐도 내가 좀 끝내주잖아
 (2NE1-내가 제일 잘 나가)
b. 정신줄 놓기 전에 내게 가르쳐줘요 (fx-me+U)
c. 웃기고 앉아있네 무슨 사랑이 장난이니
 헛소리 집어치울래 (시스타-so cool)
d. 정신 줄 놓고 다 미쳐 (서인국-shake it up)

　위와 같은 표현도 실은 표준어를 기준으로 볼 때 바람직하다고 할 수 없다. 극단적 표현 '죽이다. 끝내주다'는 언어표현상 바람직하지 못하다. '정신줄 놓다, 헛소리 집어치워' 등도 순화된 표현으로 대체해야 마땅하다.18) 이런 표현의 문제점을 알고 '누가 봐도 내가 좀 죽여주잖아'라는 노랫말을 수용할 때와 그렇지 않고 분별없이 수용할 때의 결과는 매우 다르게 나타날 수 있다.

　표준어에 대한 인식 및 교육은 모든 언어생활을 표준어로 수행해야 함을 의미하는 것은 아니다. 사안에 따라, 발화 장소 및 장르에 따라 비표준어나 비속어 발화가 갖는 의미도 중시해야 한다. 그러나 그러한 모든 발화의 기저에는 표준어에 대한 올바른 지식이 내재되어 있어야 한다. 기본을 알고 일탈하는 것과 기본에 대한 이해 없이 일탈하는 것은 이후 교정과정에서, 그리고 언표화의 수용에 있어서 많은 차이가 있기 때문이다.

---

18) 이런 거센 표현이 문제가 되는 이유 중 하나가 타인을 배려하지 않는다는 점이다. 타인에 대한 배려나 인정의 마음이 결여되어 그러한 표현을 서슴지 않는 것이다. 이런 표현은 듣는 이만을 무시하는 것이 아니라 궁극적으로는 발화자 스스로를 무시한다는 점에서도 문제의 심각성이 있다.

4.2. 국어문법에 의한 문장 형성

　노랫말은 장르 특성상 구어성이 반영될 수밖에 없다. 그렇다고 구어성이 곧 비문법성이나 설명할 수 없는 문장구조를 함의하는 것은 아니다. 하지만 빈번히 듣는 노랫말의 문장구조는 한국어 문법 범주 내에서 설명하기 어려운 경우가 많다. 이들에 대해 구어성이 포함된 노랫말이기 때문에 문법성이 적용되기 어렵다는 설명은 설득력이 부족하다. 일상생활에서 발화되는 구어적 문장도 기저문은 한국어 문법을 바탕으로 형성되기 때문이다. 이를 바탕으로 구정보가 생략되거나 상황맥락에 의해 추론 가능한 어휘가 생략되는 것이지, 전혀 다른 문법을 적용해서 구어문장이 발화되는 것은 아니다. 다음의 예를 보자.

㉞ a. 못 믿겠음 이걸 봐봐 좀 더 louder　　　(브라운아이드걸스-sixth sense)
　　b. everything을 새롭게 태어날거야　　　　　　　　(G.NA-top girl)
　　c. no love 한 마디면 freeze　　　　　　　　　　　(jun.k-alive)
　　d. love 망설이단 over 모든 걸 걸어 볼 만해　　　(백지영-love game)
　　e. wanna be 넌 full double D.D. body. 상상초월 우월해
　　　　베이글-너도 먹고싶냐 침은 계속 질질 찌질한 stupid
　　　　관심은 hot 가슴에만, 검색순위는 up　　　(써니힐-let's talk about)

　㉞의 예문 구성은 한국어 문장구조인지 영어문장 구조인지 설명하기 어렵다. 한국어 문장구조 안에 어휘의미 단위로 영어를 섞어 표현하고 있으나, 이렇게 형성된 문장구조는 한국어 문법은 물론 영어문법으로도 설명할 수 없다. a의 '좀 더 louder'의 비교급 '-er'과 '좀더'의 중복, b의 'everything을-태어날 거야'의 호응되지 않는 문장구조, c의 'no love → freeze'의 어색한 문장 형성, d의 '망설이단

over'의 억지스러운 문장구성 등은 어느 쪽 문법에도 맞지 않는다. 이러한 현상의 집약된 표현을 e가 잘 보이고 있다.

㉟ a. 니 맘대로 그 손 뻗지 마라 그대로 sit sit 그렇지 그렇지
     (브라운아이드걸스-sixth sense)
  b. no more 달아올라 내 심장 넌 so hot
     눈부시게 뜨거워 like a burn   (서인국-shake it up)
  c. 럭셔리하게 좀 더 핫하게 변신 말고 진한 눈빛 받아볼래
     고민 따윈 no, 맘에 들면 yes   (G.NA-top girl)
  d. 나는 너 아니면 안돼 너만이 make me laugh   (씨앤블루-love girl)
  e. 자 here we go 넌 내 마력에 빠진 걸
     이미 넌 poison eyed 시간이 멈춘 사이
     like a moonlight 날 보는 순간   (달샤벳-moonlight)

위의 예에서 보는 것처럼 국어 문장에 외래어가 때로는 어휘단위로, 때로는 구·절·문장의 단위로 섞여서 발화된다. a의 '그대로 sit'의 경우는 어휘단위로 섞어 발화하고 있지만, 노랫말이라서 기형적인 모습을 쉽게 인식하지 못한다. 만약 일상생활의 발화를 이렇게 한다면 문제를 바로 인식할 수 있다. '철수야 움직이지 말고, 그대로 sit. 알았지?' 이런 식의 발화는 유머기능을 살린 발화로 간주하지, 정보전달이나 의미강조를 위한 발화라 보지 않는다. b는 구처럼 섞어서 '눈부시게 뜨거워 불처럼', c는 '고민 따윈 싫어, 맘에 들면 좋아'로 변환할 수 있는 데도 이렇게 두 언어를 섞어 발화하고 있다. d는 '너만이 나를 웃게 만들지'로 고쳐 받아들일 수 있고, e의 경우는 국어와 영어를 반반 섞어 만든 발화로 '자 여기 있어 넌 내 마력에 빠졌어. 넌 이미 중독되었어. 시간이 멈춘 사이'의 노랫말로 바꿀 수 있다. 곧 국어로도 얼마든지 표현할 수 있는데, 이처럼 영어를 섞어

비문으로 발화한 것이다.19)

 따라서 이런 비문법적인 문장의 양산을 지양하기 위해서는 먼저 올바른 국어 문장을 익혀야 한다. 문법에 의한 문장 유형 '주어+서술어', '주어+목적어+서술어' 그리고 '주어+보어+서술어' 등을 기본 구조로 하여 문장을 만들어내야 하고, 이를 기저문으로 하여 문장성분의 이동이나 생략이 이루어져야 할 것이다. 노랫말의 구어성을 감안하여, 반드시 문법적 문장으로 발화해야 한다고 강요하는 것은 아니다. 그러나 기저문의 올바른 형태를 인식하고 변형시킨 문장과 그렇지 않고 위에서 살펴본 예들처럼 무작위적인 문장을 만들어내는 것은 국어사용의 관점에서 문제가 될 수 있다. 올바른 문장구성 및 문장작법을 바탕으로 한 문장형성법을 숙지해야 변형문장의 허용범주에 대한 기준도 정립할 수 있다. 요컨대 문법적 문장 도출을 가능하게 하는 국어교육이 선행되어야 이러한 문제를 해결할 수 있다.

5. 결론

 이상으로 대중가요의 노랫말에 나타나는 외래어 사용상의 문제점을 짚어 본 후 국어교육적 측면에서 개선방안을 모색해 보았다. 시대가 변하고, 그에 따라 문화와 가치관이 바뀌면서 언어의 사용 양상도 많이 달라졌다. 외국문화나 문물의 무차별적인 수용으로 언어에서도 차용 및 혼용현상이 날로 늘어가고 있다. 이 과정에서 외래

---

19) 이러한 현상은 남다른 표현을 통해 강한 인상을 주기 위함이라 하겠다. 그렇더라도 그 결과로 생겨나는 언어오염 현상에 대해서는 심각하게 고민해야 한다. 대중예술로 치부하면서 언어오염을 방관해서는 곤란하다. 그 해결책의 하나로 국어에 대한 기저지식을 강화하는 것이라 하겠다.

어를 잘 받아들이는 것도 중요하지만, 국어를 온전하게 활용하는 방안을 강구하는 것도 필요하다. 따라서 이 장에서는 외래어가 빈번하게 구사되는 대중가요 노랫말을 분석텍스트로 삼아 올바른 국어사용 방안을 모색해 보았다. 이제까지의 논의를 요약·정리하는 것으로 결론을 대신하도록 한다.

첫째, 대중가요 노랫말에 나타나는 외래어의 실태를 검토하였다. 대중가요의 노랫말에는 국어와 함께 외래어가 쓰이고 있다. 그 유형을 외래어가 단독으로 사용된 경우와 국어 문장과 혼용된 경우로 나누어볼 수 있다. 또한 표기의 측면에서 국어표기와 외래어표기로 세분할 수도 있다. 단일 어휘의 경우 국어표기가 그리 어색하지 않지만, 절이나 문장 단위의 경우는 국어로 표기하는 것이 다소 어색해 보인다.

둘째, 대중가요 노랫말에 나타나는 국어 사용상의 문제점을 살펴보았다. 국어와 외래어를 혼용하다 보니 국적불명의 어휘를 양산하거나 비문법적인 문장을 만들어내곤 한다. 뿐만 아니라 만들어진 문장 안에서의 연어 관계도 허용범주를 넘어서는 일이 빈번하다. 이와 같은 문제점은 올바른 국어습득에 악영향을 미칠 수 있다.

셋째, 국어교육적 관점에서의 타개 방안을 모색해 보았다. 특히 어휘사용과 문장구성의 측면에서 접근해 보았다. 구체적으로 어휘선택에 있어서는 표준어 교육의 중요성을 강조하였다. 어휘변형이 이루어지더라도 표준어를 바탕으로 한 수용과 그렇지 않은 경우는 큰 차이가 있기 때문이다. 따라서 올바른 어휘선택을 위해서는 표준어 교육이 전제되어야 함을 거듭 강조했다. 문장구성의 측면에서는 국어문법에 맞는 문장구사를 중시하였다. 실제로 문법적으로 수용 가능한 문장구조를 바탕으로 생략과 변용 등이 이루어질 수 있다. 결국 국어문법에 맞는 문장구사가 전제되어야 변용된 문장의 이해도 쉬워질 수 있다. 이러한 교육이 이루어질 때 노랫말에 나오는 비문에 대해서도 올바른 언어관으로 수용할 수 있음은 물론이다.

제2장 오락프로그램과 자막어

1. 서론

　텔레비전은 시각과 청각을 두루 활용한 대중매체이다. 출연자들이 등장하는 시각적 화면과 그들의 발화에 의한 청각적 정보가 어우러져 복합적인 정보제공이 가능한 매체라 할 수 있다. 그런데 최근에는 프로그램 출연자들의 발화내용을 자막으로 처리해 청각보다 시각에 의존하여 언어정보를 제공받는 일이 빈번해지고 있다. 그 대표적인 예가 오락프로그램에서 자주 활용하는 자막언어이다.[1]

---

[1] 텔레비전에서 제시되는 자막은 오락프로그램 자막, 뉴스자막, 광고자막, 영화자막, 설명자막 등 다양하다. 이들은 각 장르의 성격상 반드시 제시되어야 하는 경우도 있고, 시청자의 이해를 돕기 위한 기제로서 부차적으로 제시되는 것도 있다. 한성우(2004:191)에서는 사용목적을 중심으로 자막을 다음과 같이 분류하고 있다.
　ⓐ 정보의 함축적 전달 : 뉴스 헤드라인, 기사 요약.
　ⓑ 음성언어 보완 : 방언, 외국어, 음성 변조, 부정확한 발음.
　ⓒ 의도적 표현 수단 : 감정 표현, 연출자의 의도 표현, 흥미와 관심 유지.
　ⓓ 부가 정보 및 세부 자료 제공 : 스포츠 중계, 각종 자료, 노래 가사.
　ⓔ 프로그램 진행 : 로고, 프로그램 이름, 섹션 이름, 장면 전환, 다음 프로그램

자막은 프로그램에서 시청자의 이해를 도울 목적으로 제시되는 부차적인 언어기제라 할 수 있다.[2] 기존의 프로그램 가운데 자막의 도움을 받았던 분야는 주로 외국에서 수입된 영화나 드라마의 번역과 뉴스기사의 타이틀 정도에 한정되었다.[3] 그런데 최근에는 이러한 자막이 장르를 불문하고 거의 모든 프로그램에서 나타나고 있다. 뉴스의 내용을 자막으로 요약해 화면의 하단에 연속적으로 제시하는가 하면, 광고에서도 강조하고자 하는 내용을 자막으로 처리하여 화면 곳곳에 배치한다. 가요프로그램에서는 노래 가사를 자막으로 화면 하단에 제시하며, 오락프로그램에서는 자막을 이용해 출연자의 발화내용을 더 구체적이고 직접적으로 드러낸다. 이렇게 텔레비전 프로그램에서는 자막에 대한 의존이 갈수록 높아지고 있는 실정이다.[4]

그 중 오락프로그램에서는 출연자들의 발화를 전체, 혹은 일부를 자막 처리함으로써 시청자들의 이해를 돕거나 오락성을 강조하곤 한다. 오락프로그램의 경우 다른 프로그램과는 달리 미리 짜인 세부

예고, 프로그램 소개.
[2] 실제로 오락프로그램을 시청할 경우 주변이나 등장인물들 간의 시끄러운 대화, 혹은 삽입음악 등의 효과음으로 인해 출연자의 발화가 잘 들리지 않는 경우가 있다. 그럴 때 제시되는 자막은 출연자의 발화내용을 이해하거나 전체 내용의 흐름을 이해하는 데 유용하다.
[3] 이지영(2003:81-82)에 의하면 우리나라에서 자막의 등장은 1950년대 수입영화에서 시작되었다. 이때 제시된 자막은 영화내용의 번역으로, 영상화면의 아래쪽이나 옆에 쓰이는 것이 일반적이었다. 이런 외화의 자막과는 달리 오늘날에는 다양한 장르에서 자막이 활용되고 있다. 그리고 이때 사용되는 자막의 기능도 장르만큼이나 다양해졌다.
[4] 참고로 본 논문의 분석대상인 오락프로그램은 자막에 대한 의존도가 상당히 높다. <상상플러스>의 경우 한 회 방송(2007년 3월 27일, 50분 기준)분에서 사용된 자막의 횟수는 434회 정도였다. 출연자가 발화할 때마다 자막이 사용된 것이다.

적인 대본이 없기 때문에 사회자의 재량에 의해 이야기가 이어져 나간다. 물론 거시적인 주제는 있지만, 세부 사항에서는 출연자의 자율적인 발화가 때로는 비논리적으로 전개되기도 한다. 드라마나 영화의 발화는 사건전개에 맞춰 작가가 미리 치밀하게 구성해 놓았기 때문에 제시된 모든 발화가 주제를 향해 집약적으로 짜인다. 그러나 오락프로그램은 드라마나 영화처럼 주제에 맞게 잘 짜인 대본이 미리 제시되기 어렵다. 그러다 보니 간혹 이야기의 흐름이 엉뚱하게 흐를 수도 있고, 뜻하지 않은 상황 전개에 의해 중언부언하는 발화가 나타나기도 한다. 그럴 때 제시되는 자막은 이야기의 흐름을 일정한 방향으로 이끌어가고, 강조하고자 하는 내용을 시각적으로 제시하여 주제 파악을 용이하게 해준다. 나아가 화면에서 제시되는 자막은 만화의 말풍선이나 캐리커처럼 시각적 즐거움까지도 줄 수 있다는 점에서 정보전달력이 한층 강화될 수 있다.[5]

따라서 이 장에서는 텔레비전의 각종 오락프로그램에서 그 비중이 점차 강화되고 있는 자막을 중심으로, 그 유형과 기능에 대해 살펴보고자 한다. 오락프로그램에서는 자막이 빈번히 활용될 뿐만 아니라, 다양한 유형이 제시되기 때문에 이를 토대로 자막의 기능과 의미를 살펴보는 것도 의미 있는 일이라 할 수 있다.[6]

---

[5] 물론 오락프로그램에서 자주 사용되는 자막에 대한 문제점이 다수 지적되기도 한다. 그 중의 하나가 한글맞춤법 오류인데, 이는 2004년 방송사에서 도입한 자막교정기의 도움으로 상당부분이 보완되었다. 또한 자막이 정보전달의 다양성을 해치고 획일화된 정보만을 강요한다는 점에서 논쟁거리가 되고 있다. 하지만 이 장에서는 자막을 정보전달의 한 부분으로 간주하고 논의를 전개하도록 하겠다.

[6] 본 논문의 분석 대상은 각 방송사의 대표적인 오락프로그램의 자막이다. SBS의 <야심만만>, KBS의 <상상플러스 old&new>, <프렌즈> 등이 그것이다. 이들 프로그램이 다양한 출연진과 MC의 입담으로 진행되는 토크쇼라는 점과 자막 언어가 활발히 제시되고 있다는 점에 분석 대상으로 선정하였다. 다른 오락프로

2. 오락프로그램 자막어의 유형

　오락프로그램에 나타나는 자막의 유형은 다양할 수 있다.[7] 첫째, 출연자의 발화내용을 자막으로 처리하는 유형을 들 수 있다. 이 유형은 자막의 제시 방법에 따라 출연자의 발화를 그대로 제시하는 것과 출연자의 발화내용을 간단하게 압축하여 요약 제시하는 것으로 나눌 수 있다. 둘째, 비언어적 상황을 자막으로 처리하는 유형을 들 수 있다. 이는 제작진의 의도에 따라 둘로 나눌 수 있는데, 출연자가 발화할 때 빚어지는 상황에 대한 제작진의 의견을 제시한 것과 발화내용에 대한 제작진의 평가를 제시한 것을 들 수 있다. 이를 감안하여 이 절에서는 발화내용을 언어정보처리형으로, 발화상황을 상황정보처리형으로 내세워 자막언어를 검토해 보도록 하겠다.

2.1. 언어정보처리형 자막

2.1.1. 발화텍스트 원본 제시형

　기본적인 자막언어는 출연자의 발화를 그대로 제시하는 것이다.

　　그램에서 제시되는 자막언어들도 이들 프로그램과 거의 유사한 형태이기에 이들을 모집단으로 하여 분석하더라도 그 결과는 동일할 것으로 간주된다. 참고로 각 프로그램의 방영일을 제시하면 다음과 같다.
　　'야심만만' - SBS, 2005년 12월 5일, '상상플러스 old&new' - KBS, 2006년 1월 24일, 2월 21일, 2007년 3월 27일, '프렌즈' - KBS 2007년 4월 5일.
7) 장소원 외(2002:27)에 의하면 텔레비전의 자막은 전통적인 정보 전달용 자막과 흥미 유발형 자막이 공존하며, 전자는 요약이나 제목의 모습을 띠어 문어적인 성격을 갖는데 반해, 후자는 받아 적기, 추론, 메모 등의 형태를 띠어 구어적인 성격을 띤다고 한다. 그런데 최근의 자막언어는 위에서처럼 명확하게 구획할 수 없을 정도로 복합적으로 사용되고 있다.

출연자의 발화는 구어이기에 논리적이거나 체계적으로 발화되지 않는다. 이야기를 하다 보면 지나치게 길어지는 경우도 있고, 주제를 정확하게 찾아내기가 어려운 때도 있다. 그때 제시되는 자막은 발화만을 듣고 정보를 파악해야 하는 시청자의 어려움을 덜어준다. 따라서 발화의미가 쉽게 전달되지 않거나 발화가 지나치게 길어질 때 그 내용을 자막으로 처리하여 청자가 정보를 신속하게 파악할 수 있게 돕는다. 이 경우 주로 출연자의 길어진 발화 가운데 가장 중요하다고 간주되는 주제적 발화를 추출해 자막으로 제시한다. 나아가 이렇게 처리된 자막을 바탕으로 시청자는 의미를 쉽게 파악할 수 있을 뿐만 아니라, 발화상황에서 빚어지는 각종 제약에서도 벗어날 수 있다.[8] 다음의 예를 보자.

① 사랑해선 안 될 사람을 사랑한 적이 있나요?
계속 야심만만을 보면 끝에 알려드리겠습니다.
아무리 발버둥 쳐도 사랑한 그들보다 잘 될 수는 없구나!
게시판을 참조하세요~!   (야심만만-SBS)

위의 자막은 출연자의 발화를 생략 또는 요약하지 않고 그대로 제시한 경우이다. 출연자의 발화 가운데 주제부분에 해당되거나 강조하고자 하는 내용을 뽑아 가감 없이 자막으로 제시한 것이다. 따라서 시청자들은 출연자의 발화에 귀를 기울이기보다는 시각적인 자막에 의존해 우선적으로 의미를 파악한다. 실제로 시청자는 출연자의 발화내용을 듣고 해석·평가하기보다는 자막으로 제시된 내용

---

8) 주로 발화상황에서 발생되는 제약은 다른 등장인물에 의한 소음이나 명쾌하지 못한 발화내용으로 시청자가 발화 의도나 주제를 제대로 파악하지 못하는 경우이다. 혹은 모호한 발화상황으로 시청자가 주제를 파악하지 못할 수도 있다.

을 한 눈에 읽고 의미파악을 하는 경우가 더욱 빈번해지고 있다. 청각정보를 다 듣고 의미를 파악하는 것보다 자막을 한 눈에 읽고 필요한 정보를 파악하는 것이 훨씬 더 신속하기 때문이다. 신속한 정보전달 및 수용이라는 관점에서 볼 때 자막은 그에 부응하는 효율적인 기제라 할 수 있다. 다음의 예에서도 발화내용을 자막으로 처리하고 있다.

② 저보다 똑똑해 보이는 여자는 좋아하지 않습니다.
　두 분 출연료 반납하고 가세요!
　한 번을 못 맞춰봤습니다.
　사람으로 안 봅니다. －　　　　　　　　　　(상상플러스-KBS)

③ A : 우리 허경운 선생님한테 머리 많이 밀렸었잖아~
　B : 허경운 선생님은 머리 안 깎으셨는데?
　A : 너희 아빠 해군이셨고 우리 아빠는 공군이셨잖아. 우리 그 때 군인 아파트에 살았었는데...
　　너희 지붕은 초록색이었고 우리 지붕은 빨간색이었는데...
　B : 몇 동 살았는데?
　A : 112호?　　　　　　　　　　　　　　　　(프렌즈-KBS)

위의 예에서처럼 출연자의 발화내용을 그대로 자막으로 제시하는 경우는 일반적이고 기본적인 방법이다. ③의 경우는 각 출연자가 대화한 내용인데 발화를 그대로 자막으로 처리했다. 그리하여 소리를 듣지 못해도 자막만으로 내용의 흐름을 이해할 수 있다. 따라서 시청자는 자막을 통한 시각적 정보를 바탕으로 전체 정보를 효과적으로 제공받게 된다. 이렇게 발화내용을 자막으로 처리하는 경우는 전체 발화 가운데 주제발화 부분이나 부각시키고자 하는 내용을 추출하여 제시하는 경우가 많다.

2.1.2. 발화텍스트 요약 제시형

이는 출연자의 발화내용을 간략하게 구나 절로 요약하여 제시하는 유형이다. 마치 신문기사나 뉴스에서 사건의 핵심내용을 헤드라인으로 제시하는 것처럼, 출연자의 발화내용을 간단한 구나 절로 압축하여 자막으로 제시하는 것이다. 따라서 시청자는 자막을 보면서 내용을 요약·정리할 수 있다. 다음의 예가 이에 해당된다.

④ 동네마다 룰이 다르다?
　한 손에는 부채 한 손에는 호두
　일주일 앞으로 다가온 설~
　모르는 사람이 정상이다?　　　　　　　　　　(상상플러스-KBS)

⑤ 우리 동네 애들 아닌 애들...?
　책받침 같은 슬리퍼...?!
　뒷조사를 해 봤더니...?
　○○○ 연예인을 사랑했다...?　　　　　　　　(야심만만-SBS)

위의 자막은 마치 뉴스나 신문기사의 표제어처럼 보인다. 이렇게 출연자의 발화내용 가운데 강조할 부분을 제목처럼 제시하는 경우가 발화텍스트의 요약 제시형이다. 이런 경우의 자막은 발화내용에 대한 요약·정리의 기능뿐만 아니라, 발화의 흐름을 간략하게 짚어주어 시청자가 주제나 내용 전개의 흐름을 파악하는 데 도움을 준다. 이러한 요약·정리형의 자막 처리 역시 자막의 유형 중 보편적인 것이라 할 수 있다. 나아가 요약·제시된 자막을 모으면 에피소드처럼 작은 사건을 구성하는 이야기 단위를 형성하기도 한다. 다음의 예를 보자.

⑥ 원수 집안의 아들을 사랑했다?
　로미오와 줄리엣의 사랑처럼?!
　○○ 본인의 얘기...?　　　　　　　　　　　　　(야심만만-SBS)

⑦ 그러던 어느 날...
　밤 11시 20분 그녀의 집 앞
　그 남자가 서 있었다?!
　꽃을...?!
　내 생애 처음 산 꽃다발...?!　　　　　　　　　　(야심만만-SBS)

⑧ 그녀와의 운명이 시작됐다?
　책을 안 가져온 그녀...
　하늘의 계시...?!
　계속 책을 안 가져오는 그녀...?!
　계속 ○○○ 옆자리에 앉는 그녀
　볼펜으로 유혹을...?!
　볼펜 주우면서 눈빛 교환?!
　내려다보던 그녀
　갑자기 그녀가 학교에 오지 않았다?!
　선생님께 물었더니...?
　드디어 전화를...?
　드디어 사랑의 대박...?!
　네가 없는 학교에선 사랑을 배울 수 없다.
　완벽한 사랑 고백?!　　　　　　　　　　　　　(야심만만-SBS)

위의 예는 한 출연자가 발화할 때 연속하여 제시된 자막이다. 그런데 이들을 이어서 함께 제시하면 마치 한 편의 에피소드처럼 이야기가 자연스럽게 이어진다. 그래서 일관된 주제를 향해 구성된 하나의 대본과 같다. ⑥과 ⑦에 요약·제시된 자막은 이야기의 핵심정보만으로 구성되어 청자는 곧바로 신정보를 획득하게 된다. 더불어 이야기의 흐름을 더 생생하게 전개하는 효과까지 거두기도 한다. 특히 ⑧의 예는 한 편의 에피소드처럼 결속성이 확보되어 있다. 이를 통해 청자는 생동감과 현장감을 느끼면서 정보를 재구성하게 된다. 이렇게 발화내용을 요약·제시하는 경우는 발화 전체를 자막 처리하는 것보다 더 중요한 정보를 신속하게 제시할 뿐만 아니라, 이야기 전체의 결속성이나 결속구조까지도 확보하는 장점을 갖는다. 시청자는 이렇게 간략하게 제시되는 자막을 연결하여 보다 용이하게 주제를 파악하게 된다.

2.2. 상황정보처리형 자막

2.2.1. 발화상황 묘사형

오락프로그램에서 제시되는 자막의 다른 유형으로 발화상황을 묘사한 것을 들 수 있다. 발화에 수반되는 행동이나 얼굴표정 등을 포함하는 발화상황은 언어 정보만큼이나 중요한 기제이다. 상황정보를 바탕으로 청자는 언외의 의미를 추가로 획득하고, 이를 바탕으로 보다 정확한 내용정보를 추론할 수 있기 때문이다. 그런데 출연자와 시청자가 같은 공간에 있지 않아 제약을 받게 된다. 즉 텔레비전을 매개로 출연자는 발화하고 시청자는 시청 및 수용하게 된다. 따라서 같은 공간을 공유하지 않기에 상황정보의 활용이 능동적이라고 할 수 없다. 그럴 때 제시되는 자막은 출연자의 발화가 진행되는 동안의 얼굴표정이나 발화상황에 대한 정보를 보조적으로 제공한다. 발화상황을 구체적이고 직접적인 어휘로 자막화함으로써 시청자가 다양하게 해석할 수 있거나 인지하지 못하는 상황정보를 놓치지 않게 한다. 따라서 이 유형의 자막은 발화내용에 대한 보충의 기능을 수행한다고 할 수 있다.[9] 다음의 예를 보자.

⑨ 공손하게~ 점잖게~
천하의 ○○이 시작부터 실수를
오프닝 준비로 이미 탈진 상태
오늘 따라 유독 심기 불편한 ○○   (상상플러스-KBS)

⑩ DJ들 비웃는…?
흥분 열변
(…) 쑥스~
시작부터 웬 날벼락…?!
단호한 방청객 ☺   (야심만만-SBS)

위의 자막은 출연자가 발화하는 동안의 상황을 묘사한 내용이다. 출연자의 얼굴표정이나 몸짓, 억양 등을 바탕으로 추론할 수 있는 모습을 자막으로 처리함으로써 시청자의 이해를 돕고 있다. 따라서 이러한 자막은 시청자가 발화내용과 함께 이야기의 흐름을 보다 정확하게 이해하는 데 도움을 줄 뿐만 아니라, 출연자와 시청자 간의 공감대 형성까지도 가능케 한다.

⑪ A : 어 그런 걸 왜 나한테 물어봐!! (발화 자막)
팩 하고 쏘아붙이며 퇴장 (상황묘사 자막)   (프렌즈-KBS)

⑫ A : 앗 "꽂아!"의 주인공!(상황묘사 자막)
이미 자세 잡은 아이비!(상황묘사 자막)
꽂아…! (발화자막)
터프하게! (상황묘사 자막)   (프렌즈-KBS)

위 자막은 출연자의 발화 자막과 상황묘사 자막이 연속적으로 제

---

9) 물론 이렇게 제시되는 자막언어에 의해 시청자가 일괄적이고 획일적인 정보를 획득하게 된다는 측면에서도 문제점을 지적할 수 있다. 그러나 주제 전달을 더 효과적으로 하기 위한 방편으로 해석할 경우 청자가 주제 정보를 파악하는 데 유용한 정보원의 기능을 수행할 수도 있다.

시된 예이다. 발화내용과 발화상황을 자막으로 제시함으로써, 시청자는 더 쉽게 내용의 흐름을 이해할 수 있다. 이러한 자막에 의한 해설은 흡사 만화를 보는 것처럼 상황을 구체화해 주기 때문에, 시청자는 실감나게 정보를 수용할 수 있다.

또한 발화상황을 묘사한 자막 가운데 일부는 일반 자막처럼 화면의 하단에 제시하지 않고, 출연자의 옆에 처리함으로써 만화기법과 흡사하도록 했다. 즉 출연자 얼굴 옆에 상황묘사의 자막을 위치시킴으로써 말풍선과 같은 느낌을 갖게 한 것이다. 그리하여 화면과 자막이 분리되지 않고 동시적인 것으로 인식하게 만든다.10)

⑬ 두 번째 볼까요?(발화 자막)
　다들 무시~(상황묘사 자막)
　당황~ 울먹~ -　　　　　　　　　　　　　(상상플러스-KBS)

위의 자막은 발화자의 얼굴 근처에 처리된 예이다. 그리하여 시청자는 만화책을 보는 것처럼 그림과 자막을 동시적으로 제공받고, 이를 바탕으로 복합적인 정보 해석이 가능하다.

2.2.2. 발화내용 평가형

발화내용의 평가에 해당하는 자막은 제작자의 입장에서 발화내용과 발화상황을 복합적으로 재해석한 것이다. 이제까지의 유형과 달리 화자나 청자의 입장보다는 제작자의 입장에서 발화내용과 상황

---

10) 사실 자막처리는 프로그램의 제작 이후에 적용되는 과정이어서 동시화면이라고 하기에는 무리가 있다. 자막은 제작자가 최종적으로 프로그램을 편집하는 과정에서 삽입되기 때문에 상당부분 제작자의 의도가 가미되기 마련이다.

을 분석한 후 제시되는 자막이 이에 해당된다. 그래서 이 유형의 자막은 제작자가 유도하는 방향으로 시청자를 이끄는 역할을 맡기도 한다. 실제로 이 유형의 자막은 프로그램을 제작한 후에 제작진이 편집하는 과정에서 첨가되기 때문에 제작자의 의도에 맞춰 제시될 수밖에 없다. 따라서 이 유형은 발화상황에 대한, 그리고 발화내용에 대한 평가라고도 할 수 있다. 다음의 예를 보자.

⑭ 모두 잠시 오해했음 ☺
 언제나 현란한 ○○식 비유?!
 ○○을 간파한 고단수 그 남자.
 친절한 ○○ 씨?!
 영원한 음유시인 달콤한 ○○ 씨
 명탐정 ○○의 예리한 추리...! (야심만만-SBS)

⑮ '상상+' 열혈팬 ○○○ 대감
 말도 안 되는 자기 합리화
 올드앤뉴 사상 초유의 사건
 또 들통나버린 ○대감 나이 (상상플러스-KBS)

위에 제시된 자막은 제작자가 편집하면서 첨부한 상황평가에 해당되는 내용이다. 발화상황을 다시 살펴보면서 내린 평가내용을 자막으로 제시함으로써, 시청자는 시청 방향의 일관성을 어느 정도 유지할 수 있다. 즉 상황 평가에 해당되는 자막은 제작 의도나, 상황 맥락을 바탕으로 전달하고자 하는 주요 내용을 시청자가 잘 이해할 수 있도록 보조하는 기능을 담당한다.

⑯ 기대하시라 형기의 친구 찾기
 형기만큼이나 유쾌한 형기의 친구들

33년만의 기분좋은 재회를 기대하세요.　　　　　　(프렌즈-KBS)

⑰ 오늘 일찍 퇴근하실 것을 권합니다.
　　인생의 무게에 지친 피곤한 가장의 모습...　　　　(프렌즈-KBS)

⑱ 오늘의 특별 힌트 10대들의 추측댓글 곱창 1인분 추가 주문할 때 하는 말
　　시청자 여러분 눈치 채셨습니까?
　　가장 먼저 정답에 근접한 신정환 대감
　　그동안 꼴찌의 설움을 딛고
　　신대감은 우승할 수 있을 것인가?　　　　　　　(상상플러스-KBS)

⑲ 가족 간 대화가 줄어드는 이 세상에!
　　체계적인 성교육은 필요합니다.
　　더구나 부모님이 같이 해주는 성교육이
　　세대 간의 대화를 열어줄 수 있습니다.　　　　　(야심만만-SBS)

　위의 자막은 발화내용과 상황을 바탕으로 평가를 내린 것이다. 이는 제작자의 입장에서 시청자들을 자신들이 유도하고자 하는 방향으로 자연스럽게 이끈 것이기도 하다. ⑰의 경우는 발화상황에서 제시된 화면을 바탕으로 제작한 것이다. 출연자의 외모가 피곤에 지친 듯한 인상을 주었는데 이를 반영하여 '집에 가서 쉬었으면 좋겠다'고 제작자 입장을 드러낸 것이다. ⑱의 예에서는 직접 '시청자 여러분 눈치 채셨습니까?'라는 발화를 자막으로 제시함으로써 제작자의 존재를 드러내기도 한다. 그러면서 상황을 바탕으로 특정 출연자에 대한 평가내용까지 제시한다. ⑲에서 제시된 자막은 프로그램에서 시청자에게 제시하고 싶은 교훈적인 내용을 자막으로 처리하고 있다. 즉 제작자의 입장에서 전달하고자 하는 메시지를, 다소 길지만 자막으로 처리함으로써 시청자가 전달정보를 명료하게 받아들일 수 있게 하였다. 최근의 오락프로그램은 오락성뿐 아니라 공익성까지도 반영하는

경우가 많다. 그래서 바람직한 내용이라고 간주되는 것을 자막으로 처리하여 유익한 정보제공의 기능까지 수행하고 있다. 시청자들은 이런 성격의 자막을 읽으면서 윤리적인 삶에 대해 간접적인 교훈까지 얻기도 한다.

3. 오락프로그램 자막어의 기능

오락프로그램에서 자막을 사용하는 이유는 출연자의 발화의미를 강조하고, 그로 인해 정보전달력을 고양하기 위해서이다. 실제로 발화내용을 자막으로 반복 제시하면, 발화의 청각정보에다 자막의 시각정보까지 제공받는 효과가 있다. 이를 감안하면서 이 절에서는 앞에서 제시한 자막의 유형에 기초하여 각 유형별 기능을 살펴보기로 한다. 유형별로 고찰해야 오락프로그램에서 사용되는 자막의 기능을 다각적으로 살피는 효과가 있기 때문이다.

3.1. 발화정보의 확인 기능

오락프로그램의 자막은 발화정보의 확인 기능을 수행한다. 이는 발화텍스트 원본 제시형과 관련된 기능이기도 하다. 출연자의 발화내용을 그대로 다시 한 번 자막으로 제시하는 이유는 시청자들에게 발화정보를 확인시켜주기 위함이다. 발화자의 발화내용 가운데 주요한 것을 동일하게 자막으로 처리함으로써, 시청자가 전달정보를 두 가지 방법으로 동시에 수용하도록 한 것이다. 즉 청각을 이용한 음성정보와 시각을 이용한 문자정보가 그것이다. 청각으로 제공되는 발화정보를 시각으로 동시에 제공하기 때문에 시청자는 발화정보를 재차 확인할 수 있다. 나아가 같은 내용의 정보를 반복적으로 획득하여 발화의미의 초점이나 전달 주제를 더욱 분명히 인지하는 효과도 없지 않다.

⑳   a. 어른들은 이 말을 이렇게 씁니다.
    b. 이 소리는 3월이 되면 여의도동에서 들리는 깔때기 맞는 소리입니다.
(상상플러스-KBS)

㉑   a. 형기야 너 많이 죽었다~
    b. 그만 이야기해~
    c. 너희 아빠는 해군이셨고 우리 아빠는 공군이셨잖아. 우리 그 때 군인 아파트에 살았었는데…
    너희 지붕은 초록색이었고 우리 지붕은 빨간색이었는데…
(프렌즈-KBS)

㉒   a. 우리 시어머님은 어찌나 ○ 늙으셨는지, 같이 시장에 가면 사람들이 다 자매지간으로 보지 뭐야. 그럴 때마다 은근히 어머님이 부럽더라고.
    b. 글자 수로 갑시다. 일단 넘어 갑시다.
    c. 모든 세대가 자유롭게 대화하는 그날까지 세대공감 OLD &NEW
(상상플러스-KBS)

위에 제시한 예는 모두 발화정보를 자막으로 처리한 것이다. 이들은 시청자들에게 정보를 청각으로 제공하면서 동시에 자막으로 처리하였다. 그리하여 자막은 시청자에게 발화정보를 다시 한 번 확인시켜주는 기능을 수행한다. 간혹 주변 환경의 영향으로 시청자는 발화정보를 정확하게 파악하지 못할 수도 있다. 예를 들어 발화 소리가 크지 않다거나 주변에 소음으로 인해 발화가 명확하게 전달되지 못했을 경우, 시청자는 동시에 제공되는 이러한 발화 원문형 자막의 도움으로 발화정보를 확인할 수 있다. 실제로 프로그램 출연자의 발화는 정확하게 전달되지 못하는 상황이 빈번하게 발생한다. 특히 오락프로그램은 오락성을 담보해야 하기 때문에 발화상황이 그리 좋은 조건은 아니다. 가끔은 발화환경이 번잡스럽거나 소란스러운 상황이 연출될 수도 있다. 이럴 때 제시되는 자막은 시청자들이 발화정보를 확인할 수 있는 요긴한 수단이 된다.

㉓ a. 소설 <열린 사회와 그 적들> - 김소진-
춘하가 넘어졌던 허튼 계단을 성큼성큼 내려오는 게 훤히 보였다. 춘하는 위아래 연분홍 한복을 곱다시 차려입었고, 상호도 어디서 났는지 감청색 양복을 말쑥이 걸친 차림이었다.
b. 다른 문학작품에서 '곱다시'가 들어가 있는 구절을 올려주세요. 추첨을 통해 '상상플러스책'을 선물로 드립니다.

(상상플러스-KBS)

위의 자막 중 a는 구어체라 하기에는 다소 무리가 있다. 여기에서 인용한 자막은 이미 나와 있는 소설의 일부분을 발췌하여 출연자가 발화한 것이다. 다소 길지만 발화내용 그대로를 자막으로 처리하여 부수적인 효과를 도모한 것이라 하겠다. 실제로 '곱다시'와 같은 것은 이제까지의 발화맥락과 잘 이어지지 않기 때문에 시청자가 이해하기가 쉽지 않다. 그러한 점을 감안하여 다소 길지만 원문 전체를 자막으로 처리한 것으로 볼 수 있다. 이렇게 시청자가 익숙하지 않은 내용을 자막으로 처리함으로써 시각을 통해 발화정보를 다시 한 번 확인하는 효과를 거둘 수 있다.

3.2. 발화정보의 명료화 기능

오락프로그램의 자막은 발화정보의 명료화 기능을 수행하기도 한다. 이는 발화텍스트의 요약제시형과 관련된 기능이기도 하다. 발화원문을 요약한 자막은 시청자가 더 명료하게 발화내용을 인지할 수 있도록 한다. 즉 길어진 발화 가운데 중요한 부분을 발췌・요약하여 간단명료하게 자막으로 제시함으로써, 시청자는 전달정보의 핵심내용을 명쾌하게 정리할 수 있다.

㉔ a. 입이 예쁘네요.(발화정보)
　a'. ○○ 관찰결과 : 입이 예쁘다.(자막정보)
　b. 눈꼬리가 예쁘네요.(발화정보)
　b'. ○○ 관찰결과 : 눈꼬리가 예쁘다.(자막정보)　　(상상플러스-KBS)

㉕ a. 오늘의 정답은 곱다시입니다. 오랜만에 만났는데 변함없이 고울 때 '그대로 고스란히'라는 뜻과 비슷합니다. 10대들의 '걍'과 비슷하구요. 이제부터는 '곱다시'라고 쓰는 게 어떨까요? (발화정보)
　b. 오늘의 정답 곱다시.
　　오랜만에 만났는데 변함없이 고울 때.
　　'그대로, 고스란히'라는 뜻과 비슷하다.
　　10대들의 '걍'과 비슷
　　이제부터 '곱다시'라고 쓰는 게 어떨까요?(자막정보)
　　　　　　　　　　　　　　　　　(상상플러스-KBS)

위 ㉔와 ㉕의 예는 모두 출연자가 발화한 내용 가운데 주제에 해당되는 부분을 요약・정리하여 자막으로 제시한 것이다. ㉔의 예는 출연자의 발화 '입이 예쁘네요'와 '눈꼬리가 예쁘네요'를 정리하여 자막으로 제시하고 있다. 그리하여 시청자는 발화내용을 좀 더 간단하게 정리한 자막을 통해 전달정보를 명료하게 받아들일 수 있다. ㉕에서도 발화정보 a를 자막으로 정리하여 b와 같이 시청자들에게 제시한다. 따라서 시청자는 길고 비가시적인 발화정보를 잘 정리된 자막정보를 통하여 명료하게 인지한다.

3.3. 발화정보의 보조 기능

오락프로그램의 자막은 발화정보에 대한 보조 기능을 수행하기도 한다. 이는 발화상황 묘사형 자막이 수행하는 기능이기도 하다. 상황정보의 묘사는 구체적으로 언표화되지 않았지만 발화맥락을 고려하여 제시된다. 이 상황정보는 발화정보를 해석하는 데 아주 유용할 수 있다. 때로는 언표화된 언어정보보다 상황정보를 제시한 자막이 더욱 긴요하게 기능하기도 한다. 실제로 시청자는 상황정보를 전달하는 자막의 도움을 통해 프로그램의 진행에 능동적으로 동참할 수 있다. 이러한 발화정보를 보조해 주는 자막은 프로그램을 제작한 후에 편집 과정에서 삽입될 수밖에 없다. 따라서 전체 발화의 흐름을 주제에서 벗어나지 않도록 제어하는 역할을 겸하게 된다.

㉔ 또! 또! 시작된 현정 놀리기
    오늘따라 유독 심기 불편한 현정   (올드앤뉴-KBS)

㉕ 오랜만의 소중한 우승 / 신대감 기분도 하늘 높이~
    난나나 춤! / 신대감, 신났다! / 공중부양 쇼~   (상상플러스-KBS)

㉖ 친구가 아이비를 위해 준비한 선물!
    중국 유학 중에 잠시 귀국
    아이비의 건강을 위해 보이차를!   (프렌즈-KBS)

위에 제시된 자막은 시청자가 발화상황을 좀 더 쉽게 이해할 수 있도록 돕는다. ㉔에서는 진행자인 '현정'을 놀리는 내용을 다른 출연자들이 연속적으로 발화하자, 이에 대한 상황묘사를 자막으로 처리한 것이다. ㉕ 역시 출연자 신대감이 우승한 상황을 묘사하여 시청자가 현장감 있게 이해할 수 있도록 돕는다. 그리고 '오랜만의 소중한'이라는 자막을 통해 이전의 상황정보가 없는 시청자도 '신대감이 우승한 적이 드물다'는 것을 알 수 있다. 이렇게 자막으로 제시된 발화상황이 발화된 언어정보를 해석할 수 있게 보조하고 있다. ㉖의 자막은 아이비의 친구가 아이비에게 선물을 주는 상황에서 제시된 자막인데, 이 상황묘사를 바탕으로 시청자는 그들의 관계를 세세하게 알 수 있다. 또한 이를 바탕으로 발화내용을 이해하는 일이 용이해질 수 있다.

제작자는 이처럼 시청자가 대화의 흐름을 잘 이해할 수 있도록 언어정보로 제시되지 않는 상황을 해석하여 자막으로 처리한다. 따라서 시청자는 자막을 통해 제공되는 상황정보를 바탕으로 대화의 흐름을 원활하게 이해하게 된다.

발화상황을 적절히 묘사하면서 발화정보를 해석하는 데 보조적 기능을 수행하는 것 중의 하나가 바로 의성어나 의태어, 혹은 이모티콘이다. 제작자는 발화상황에 어울리는 의성어나 의태어를 자막으로 삽입하여 시청자가 정보를 생생하게 전달받을 수 있도록 한다. 나아가 출연자의 얼굴 옆에 자막을 배치시킴으로써, 시청자가 만화책을 보는 듯한 느낌으로 정보를 수용할 수 있도록 한다. 이는 출연자의 감정표현에 쉽게 접근하도록 하는 한편, 생동감 있게 상황을 감지할 수 있도록 돕는다.[11] 다음의 예에서 의성어나 의태어가 발화내용을 보조하는 기능을 찾아볼 수 있다.

㉗ (으이구~)/뻣뻣~/아차/버버버벅~/어허~/
  엥?/쇠~/으이그~/헉/북~ 북~ 북~   (상상플러스-KBS)

㉘ 어질~ 어질~/헉/더듬 더듬/절레~ 절레~/(...) 쑥스~/퍽/
                                    (야심만만-SBS)

㉙ 휘둥그래~/흘끗~/에엥?/흘끔/종종종종종(발걸음 묘사)/수군수군수군/
  음~/어머머머머/버럭~/뜨아~?/엥?/헉!/스윽~/팍!/풋!
  크크크크크/좌절~   (프렌즈-KBS)

　위의 의성어와 의태어는 출연자가 발화하는 상황에서 자막으로 제시된 것이다. 출연자들의 발화내용을 바탕으로 추론할 수 있는 의성어나 의태어를 만화에서 사용되는 말풍선처럼 처리한 것이다. 그림과 글자의 적절한 조화로 발화내용에 생동감과 재미가 더해질 수 있도록 했다. 시청자들은 화면에 제시되는 이러한 의성어나 의태어 자막을 통해 마치 출연자와 같은 공간에 있는 것처럼 느끼면서 정보를 인지하게 된다. 또한 쉽게 지나칠 수 있는 상황을 다시 한 번 자막으로 처리함으로써, 시청자에게 의도된 정보를 제공하기도 한다. 즉 별 의미가 없거나 미미한 발화상황을 구체화함으로써, 은연 중에 시청자가 제작자의 의도대로 정보를 획득하거나 처리하게 만든다.

---

11) 물론 이러한 자막의 삽입은 제작자에 의해 이루어지기 때문에 상당부분 작위적인 면도 없지 않다. 그러나 시청자가 놓칠 수 있는 출연자의 미묘한 감정표현까지 자막으로 처리해 줌으로써 좀 더 세밀하게 발화상황을 이해할 수 있다.

3.4. 발화정보의 분석 기능

오락프로그램의 자막은 발화정보에 대한 분석 기능을 수행하기도 한다. 이는 발화내용 평가형 자막이 수행하는 기능이기도 하다. 이는 제작자가 프로그램에서 한 주제를 염두에 두고 출연자들의 발화를 분석하고 평가하여 자막으로 나타낸 것이다. 그래서 발화내용 평가형 자막은 이제까지 제시된 모든 발화정보와 자막정보를 바탕으로 추론된 것이라 할 수 있다. 다음의 예를 보자.

㉚ 친구야 미안해. 이번엔 꼭 찾을게.(발화정보)
레일을 거슬러서
지나가지 않으려고 그렇게 노력했건만...
거꾸로 레일을 거슬러 오르는 힘찬 연어처럼!(평가정보)
(프렌즈-KBS)

㉛ 어 그런 걸 왜 나한테 물어봐!!(발화정보)
팩 하고 쏘아붙이며 퇴장(상황묘사정보)
모르면 모른다고 하지 왜 화를 내시나..(평가정보)   (프렌즈-KBS)

㉜ 오늘 역시 지난주와 같은 방식?(발화정보)
오호~ 오늘도 내기를?(평가정보)   (상상플러스-KBS)

㉝ 모든 비유는 언제나 음식으로 ☺   (야심만만-SBS)

위의 예는 먼저 제시된 발화내용을 토대로 제작자가 평가한 자막이다. ㉚에서 출연자의 발화 '미안해…'를 바탕으로 출연자에 대한 평가를 내리는 내용이 자막으로 처리된다. 즉 제작진은 레일에 오른 출연자의 심리상태를 파악하여 자막으로 제시한 것이다. ㉛에서도 발화정보를 바탕으로 발화자의 심리가 그리 유쾌하지 않다는 점을 분석하여 제시한 것이다. 물론 중간에 제시된 상황묘사 정보도 발화의 분석에 도움이 된다. ㉜의 자막 역시 이전 발화와 상황을 토대로 평가한 것이다. 출연자의 발화를 그대로 자막으로 제시하고, 이어서 그 발화를 바탕으로 평가한 내용을 다음의 자막으로 처리한 것이다. 즉 출연자의 '지난주처럼 진행합시다'라는 발화를 바탕으로, 분석·평가된 내용을 '지난주처럼 이번 주에도 내기를 하자구요?'로 자막 처리한 것이다. ㉝도 먼저 제시된 발화를 바탕으로 평가된 자막이다. 출연자가 모든 이야기를 음식을 빗대어 발화하자 제작자는 화면 하단에 '모든 비유를 음식으로 하다니!'라는 평가 자막을 제시한다. 그리하여 시청자는 이 자막을 읽으면서 자연스럽게 그에 동조하게 된다. 따라서 이러한 자막을 읽는 시청자는 자막에서 제시된 방향과 같은 입장을 견지하게 된다. 결국 시청자가 평가하는 것처럼 자막을 제시하곤 하는데, 이는 거시적으로 프로그램이 의도하는 주제로 시청자를 이끄는 것이기도 하다.

4. 결론

지금까지 오락프로그램의 자막에 대하여 살펴보았다. 먼저 자막의 유형을 언어정보처리형과 상황정보처리형으로 나누어 그 실태를 검토한 후, 그 기능을 발화정보의 확인 및 명료화, 그리고 발화정보의 보조 및 분석의 측면에서 살펴보았다. 이상의 논의를 결론삼아 요약·정리하면 다음과 같다.

첫째, 오락프로그램에 나타나는 언어정보처리형 자막의 실태를 검토해 보았다. 자막으로 제시되는 정보 중, 가장 일반적인 것이 출연자의 발화내용이다. 오락프로그램에서도 출연자의 발화내용이 자막으로 처리되는 경우가 가장 많다. 그런데 출연자의 발화내용을 제시할 때는 발화텍스트를 그대로 제시하기도 하고, 발화텍스트를 요약해서 제시하기도 한다. 출연자의 발화내용을 그대로 제시하는 것은 전달정보를 시각적으로 다시 한 번 확인하기 위함이다. 그래서 이 유형은 출연자의 발화 중에서 중요하다고 판단되는 부분을 제시하되, 발화내용을 가감하지 않고 그대로 제시한다. 그리고 발화상황과 어울리게 출연자의 발화텍스트를 간단하게 정리해서 제시하는 것을 발화텍스트의 요약 제시형이라 할 수 있다. 이 유형은 출연자의 명료하지 못한 발화내용을 자막으로 집약함으로써 정보전달의 효과를 높일 수 있다.

둘째, 오락프로그램에 나타나는 상황정보처리형 자막의 실태를 살펴보았다. 오락프로그램에서는 상황에 의해 웃음을 유발하는 때가 많다. 또한 오락프로그램이 토크쇼로 진행되는 경우가 많아 실제 담화와 같은 상황이 연출되곤 한다. 따라서 상황정보가 때로는 발화정보보다 중시되기도 한다. 이 유형은 다시 하위류로 발화상황 묘사형과 발화내용 평가형으로 나눌 수 있다. 전자의 경우 출연자가 발화하면서 빚어지는 상황을 문자나 부호로 제시함으로써, 시청자에게 그 상황을 강하게 전달하는 특징이 있다. 그리고 후자의 경우는 출연자의 발화내용을 제작진의 입장에서 분석·평가한 것으로, 프로그램의 제작 의도와도 긴밀히 관련된다.

셋째, 오락프로그램 자막의 기능을 고찰해 보았다. 오락프로그램의 자막은 일반적인 텍스트처럼 다양한 기능을 수행한다. 신속한 정보전달이나 전달정보에 대한 강조의 기능이 그것이다. 또한 발화내용을 제작의도에 맞도록 응집성이 고려되기도 한다. 하지만 이러한 기능은 대부분의 텍스트에서 보편적인 것이다. 따라서 유형별로 그 기능을 분석하는 것이 자막이 수행하는 의미를 다양한 관점에서 짚어보는 결과가 될 수 있다. 이를 감안하여 출연자의 발화텍스트를 기준으로 한 발화정보의 확인 기능, 발화텍스트의 요약을 기준으로 한 발화정보의 명료화 기능, 발화상황의 묘사를 토대로 한 발화정보의 보조 기능, 제작진의 평가를 토대로 한 발화정보의 분석 기능으로 나누어 살펴보았다.

　발화정보의 확인 기능은 출연자가 발화한 내용을 가감 없이 제시한 것으로, 음성언어로 발화된 내용을 다시 한 번 시각화하여 전달 정보를 강조하는 것이다. 시청자는 청각을 이용하여 발화내용을 수용하는데, 이때 자막은 출연자가 발화한 언어정보를 재차 확인하는 기능을 수행한다. 발화정보의 명료화 기능은 구어체로 발화되는 정보를 간단명료하게 정리하여 제시하는 것을 말한다. 출연자의 발화는 비문일 때도 있고, 논리적으로 모순이 생길 때도 있다. 이럴 경우 발화내용을 정리하여 제시하면 정보를 효과적으로 전달할 수 있다. 이는 자막이 장황했던 발화내용을 명료화하는 기능을 담당하는 것이라 하겠다. 또한 발화정보의 보조 기능은 발화내용에 수반되는 여러 사항을 수렴하여 제시하는 것을 말한다. 즉 출연자들 간의 대화에서 발생할 수 있는 다양한 상황을 자막으로 제시함으로써, 발화내용의 의미를 보충하는 효과를 거둔다. 그리고 발화정보의 분석 기능은 출연자의 발화내용이나 발화상황과 관련된 모든 정보를 제작진의 입장에서 재평가한 것을 말한다. 이는 발화내용이나 상황을 제작의도와 어느 정도 상부될 수 있도록 함은 물론, 발화내용이나 상황을 유기적으로 연결시키는 효과를 거둔다.

제3장 유머텍스트와 의사소통

1. 서론

이 장에서는 TV의 다양한 오락프로그램 가운데, "개그콘서트"의 '술 권하는 사회'를 주요 텍스트로 선정하여 유머텍스트의 구조와 의사소통 전략을 살펴보고자 한다.

사회가 복잡해지면서 말이 갖는 기능도 다양해지고 있다. 발화내용을 충실히 전달하는 기능에서부터 말장난이나 유행어를 활용한 언어유희에 이르기까지 그 기능이 다변화되고 있다. 특히 부조리한 사회현상을 꼬집는 풍자나 해학은 언어의 중요한 기능 중 하나인데, 매체의 오락프로그램에서 이러한 언어의 기능을 십분 활용하고 있다. 이러한 프로그램에서는 사회상을 직간접적으로 반영하면서, 그에 대한 옳고 그름을 유머로 표출하곤 한다.

유머란 말이나 행동으로 남을 웃기는 것을 뜻한다.[1] 말로 남을

---

[1] 각 사전에 제시된 유머의 정의는 다음과 같다.
   ① 표준국어대사전: 남을 웃기는 말이나 행동. 우스개 · 익살 · 해학으로 순화.

즐겁게 하기 위해서는 고도의 언어전략이 필요하다. 적확한 언어표현보다 에둘러 표현하는 유머가 훨씬 더 강한 발화기능을 수행하는 경우도 허다하다. 유머는 이제 의사소통을 위한 기제에서 긍정적인 인간관계에 이르기까지 다양하게 쓰이고 있다. 실제로 유머는 상대방에게 거부감을 주지 않으면서도 화자의 발화의도를 효과적으로 전달하는 언어기제이다. 이러한 언어적 기능은 사회가 발달하면서 더욱 세밀해지고 있다.

매체의 다양한 프로그램에서는 이러한 유머를 활용해 사회현상을 풍자하면서 시청자에게 웃음을 선사한다. 이들은 풍자를 통해 매체의 오락적 기능을 수행하는 일면 사회상을 간접적으로 비판하기도 한다. 유머를 통해 본연의 유희적 기능을 달성하면서 직접 꼬집어 말하기 어려운 사회문제를 희화화하거나 재미있게 포장해서 전달한다. 그러한 프로그램 중의 하나가 "개그콘서트"의 '술 권하는 사회' 이다.

'술 권하는 사회'는 세 개의 에피소드로 구성되어 있다. 그리고 각각의 에피소드에서는 사회적으로 이슈가 된 사건을 희화화한다. 따라서 '술 권하는 사회'가 유머텍스트의 구조와 특징을 논하기에 적절한 조건을 갖춘 것으로 볼 수 있다.[2] 나아가 제목인 '술 권하는

---

② 연세한국어사전 : 우스운 농담이나 재치
③ 금성판 국어대사전 : 해학
④ 브리태니커사전 : humor라고도 쓰며, 익살·해학이라고도 함. 복잡한 정신적 자극으로 마음을 즐겁게 하거나 웃음이라는 반사행동을 일으키는 의사소통의 한 형태.
2) 유머텍스트는 궁벽지고 좁은 텍스트라고 할 수 있으나, 언어적 기제에 의해 유머가 구사된다는 점, 사회풍자의 기능을 충실히 수행한다는 점에서 분석 자료로 타당하다고 볼 수 있다. 이 장에서는 위의 특성을 감안해 분석 텍스트로 '술 권하는 사회'를 선정하였다. 특히 2010년 2월부터 3월까지의 방송분 중 네 편의 텍스트를 선정하여 분석하였다.

사회'는 기존 문학 작품의 제목을 패러디하여 이미 유머의 특징인 위트나 풍자의 일면을 보여준다.

따라서 이 장에서는 '술 권하는 사회'를 중심으로 유머텍스트의 구조에 대해 살펴보고, 여기에서 활용되는 의사소통 전략과 그에 따른 특징이 무엇인지 분석해 보고자 한다. 이러한 분석은 유머텍스트의 구조적 특징이나 주제전개 모형과 연결될 수 있고, 이를 바탕으로 유머텍스트의 언어적 위상을 밝히는 데 일조할 것으로 본다.3)

2. '술 권하는 사회'의 텍스트 구조

2.1. 거시적 텍스트 구조

'술 권하는 사회'의 전체 텍스트 구조는 도입-전개-마무리로 이루어진다. 그리고 각각의 단계마다 에피소드가 하나씩 들어 있다. 이 에피소드의 결합과 기능으로 통사적인 거시구조가 구축된다. 즉 단계별 에피소드가 웃음을 유발하는 기제이면서 동시에 이들이 유기적으로 연결되어 시사적인 문제를 풍자하게 된다. 이를 감안하여 텍스트의 구조를 제시하면 다음과 같다.4)

---

3) '술 권하는 사회'는 TV 방송 프로그램이기에 발화텍스트, 구체적으로 구어텍스트로 간주할 수 있으나 개그를 준비하는 과정에서 이미 대본이 나오기에 문어텍스트로 간주해도 무방하다. 따라서 이 장에서는 분석텍스트에 대해 문어텍스트인지 구어텍스트인지에 대한 구분은 추후로 유보하고, 유머텍스트로 처리하여 논의를 진행하고자 한다.

4) 여기서 도입→전개→마무리의 구도는 일반적인 서사물에서처럼 하나의 사건이 생겨나 발전되다가 해결되는 과정을 의미하지는 않는다. 다만 세 사건의 비중에 있어서 첫 번째 에피소드는 도입부분에 알맞게 가벼운 테마로, 전개부분에서의

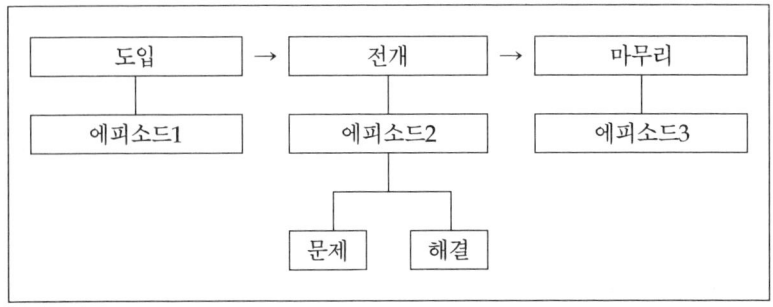

〈표1〉 텍스트의 전체 구조

도입부분은 가벼운 유머로 시작하고, 전개부분에서 본격적인 에피소드를 풀어놓는다. 그리고 마무리에서는 도입부분에서처럼 가벼운 유머로 전체 텍스트를 갈무리한다. 특히 두 번째 에피소드를 효과적으로 부각하기 위하여 짧은 분량이지만 도입과 마무리가 병치되었다. 이렇게 구조화된 텍스트는 주제 전달력을 강화함은 물론, 고정된 틀의 사용으로 구조의 통일성을 기하게 된다. 따라서 시청자 입장에서는 고정된 구조에 의해 핵심적인 메시지를 매 회마다 효과적으로 추론할 수 있다. 즉 고정된 텍스트 틀은 텍스트 수용자의 주제 추론에 강력한 영향을 미치고, 각각의 에피소드 또한 제 기능을 충실히 발휘하며 주제를 부각한다. 몇 회분을 대상으로 위의 구조를 적용해 보면 다음과 같다.

에피소드는 이슈화하고자 하는 핵심 테마로, 마지막의 에피소드는 이전 에피소드들에서 나온 이야기의 정리로 짜인다. 따라서 일반 서사물과 같이 한 사건을 중심으로 start→ending의 의미구조는 아니다.

〈표2〉 텍스트의 구조 분석

단계	도입	전개		마무리
구성	에피소드1	에피소드2		에피소드3
등장 인물	경찰과 여자의 대화	경찰과 남자의 대화		남자와 여자의 대화
		문제	해결	
텍스트1	에스컬레이터를 러닝머신인 줄 알고 뛰었다.	국가의 저출산 문제제기	출산 때마다 로또번호 알려주기	더러운 세상으로 마무리
		문제	해결	
텍스트2	헬스클럽이 나이트클럽인 줄 알고 춤추다 쫓겨났다.	유명한 스포츠에만 관심을 갖는다.	일등만 기억하는 풍토 바꾸자	유명인을 빗대어 풍자하며 마무리
		문제	해결	
텍스트3	진짜 동대문에서 옷을 산다고 난리쳤다.	젊은 여자들이 명품만 선호한다.	명품 육쪽 마늘을 선물했다.	동대문 가서 옷 사라는 이야기로 마무리

〔표2〕에서 보는 것처럼 도입의 에피소드1은 마치 담화의 개시발화와 같다. 가벼운 유머기제를 사용해서 시청자들에게 웃음을 주기 때문이다. 이어 전개에서 전달하고자 하는 핵심 메시지를 발화한다. 유머텍스트에서는 주간별로 사회적인 문제점을 포착해서 에피소드를 구성한다. 그리하여 시청자는 자신이 알고 있는 인지적 배경정보를 바탕으로 에피소드2를 이해하고 수용한다.5) 여기서 활용하는 문

제+해결은 일반인의 상식적인 수준을 벗어난다. 황당하거나 엉뚱한 해결책을 제시함으로써 텍스트 수용자의 웃음을 유발한다. 마지막 마무리 에피소드는 전개과정에서 발화된 내용을 가볍게 갈무리하면서 끝맺는다. 이처럼 '술 권하는 사회'는 세 개의 에피소드가 구조적으로 결속되어 있다.

2.2. 미시적 에피소드 구조

앞에서 말한 바와 같이 '술 권하는 사회'는 크게 세 개의 에피소드로 구성되어 있다. 각 에피소드마다 두 명의 등장인물이 대화를 진행하며, 두 번째 에피소드에 메시지가 집약되도록 했다. 다음의 예를 보자.6)

〈표3〉 '술 권하는 사회' 에피소드

에피소드 1	경1 : 아, 이리 오세요. 여 : 왜 잡아? 경1 : 어디 가요? 여 : 아으. 냄새. 아저씨 담배 펴요? 경1 : 네. 왜요? 여 : 한 대만 빌립시다. 경1 : 뭘 한 대만 빌려요. 여기 금연구역이에요. 여 : 한 대만. 한 대만. 경2 : 웬 소란이야? 무슨 일이야? 경1 : 이 아가씨가 술에 취해 가지구 마트에 있는 카트를 가지고 난동을 부리지 뭡니까? 경2 : 안 되겠네. 경1 : 고생하십쇼. 충성

---

5) 이때 유머텍스트의 'encoding'과 'decoding'이 효과적으로 이루어진다고 할 수 있다.
6) 표 안의 텍스트는 2010년 3월 21일 방송분이다. 방송은 구어로 진행되지만, 논의 전개를 위해 전사하였다. 아울러 분석의 용이성 및 이해를 돕기 위해 한 회분의 내용을 모두 제시하였다.

	경2 : 아, 그래. 수고. 흠흠흠. 아 술 냄새. 아가씨 정신 좀 차리시구요. 마트에 있는 카트는 왜 훔쳐가셨어요? 여자 : 아녜요. 훔친 것 아녜요. 경찰2 : 그럼요? 여자 : 제가 100원 주고 산 거예요. 경찰2 : 그건 빌리는 거지. 사는 게 아녜요.
에피소드 2	남자 : 아. 누가 떠들어? 경찰2 : 아저씨 조용히 해요. 남자 : 알바, 컵라면 가져와. 경찰2 : 여기 경찰서예요. 정신 차리구요. 남자 : 게임 신나게. pc방 알바는 나에게 재떨이를 갈아줬다. 경찰2 : 정신 차려요. 아저씨 남자 : 아저씨 미안합니다. 제가 오늘 많이 먹었어요. 게임중독자라고 혹시 아시나? 경찰2 : 아, 알죠. 남자 : 내가 게임중독자야. 15시간 동안 해요. 내가 게임에 빠져 자기자신 죽어간 지도 모른다는 기사 보구. 야. 진짜 이건 아니다 생각했어요. 경찰2 : 당연 그건 아니죠. 남자 : 야. 이건 진짜 심각하구나. 경찰2 : 아. 심각하죠. 남자 : 그래 가지구 그거 보구 나만의 방식으로 게임을 끊었어요. 경찰2 : 어떤 방식으로요? 남자 : 게임이 생각날 때마다 술을 마셨습니다. 술을 많이 마시면 손이 떨려 마우스를 잡을 수 없어요.
에피소드 3	여자 : 술 마셔도 게임할 수 있어요. 남자 : 무슨 게임? 여자 : 왕게임. 내가 왕이다. 너네 둘이 키스해. 남자 : 남자랑 어떻게 키스해? 여자 : 왕이 시키면 시키는 대로 해야지. 남자 : 게임에서도 왕이 시키는 대로 해야 하는 더러운 세상.

위 [표3]에서 보는 것처럼 세 개의 에피소드로 이루어지고, 각 에피소드마다 유머기제가 들어 있다. 에피소드1은 술 취한 여자와 경찰의 대화로, 에피소드2는 술 취한 남자와 경찰의 대화, 그리고 에

피소드3은 술 취한 여자와 술 취한 남자의 대화로 구성된다. 에피소드1은 전체 텍스트의 도입부분으로 들어가기 역할을 맡는다. 두 번째 에피소드에서는 본격적으로 전달하고자 하는 메시지를 풍자와 유머를 통해 표현한다. 에피소드3에서는 이야기를 마무리하는 유머가 들어간다. 따라서 크게 세 개의 에피소드로 구성되지만, 이들의 역할은 텍스트를 도입-전개-마무리로 구조화한다. 이를 도식화하면 다음과 같다.

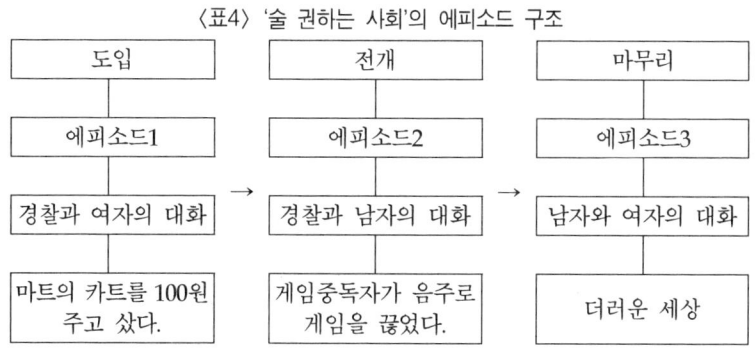

〈표4〉 '술 권하는 사회'의 에피소드 구조

에피소드1에서는 경찰과 술 취한 여자가 먼저 대화를 진행한다. 여자와 경찰의 대화에서 가벼운 유머기제로 시청자에게 웃음을 준다. 여기에서는 여자가 마트의 카트를 훔쳐간 사건에 대해, 여자는 100원에 샀다고 주장하고 경찰은 빌리는 것이라고 정정한다. 100원 주고 빌리는 것을 '100원에 샀다'고 엉뚱하게 주장함으로써 시청자의 웃음을 자아낸다. 에피소드1에서는 이처럼 일상생활에서 쉽게 접할 수 있는 내용을 유머로 제시한다. 에피소드는 질문+엉뚱한 대답+해결의 구도로 짜인다. 여기서 시청자의 기대를 벗어난 엉뚱한 대답이 유머기제로 등장한다.

에피소드2에서는 본격적으로 사회에서 문제가 되는 사건을 제시한다. 위의 예에서는 게임에 중독되어 자식을 죽게 만든 사건을 희화화하여 제시하고 있다. 이어서 게임중독자가 자신의 상태가 심각하다고 간주하고 이를 개선하기 위해 노력했다는 대화가 진행된다. 경찰이 바람직하다고 맞장구를 친 후 방법을 묻자 엉뚱하게도 '술마시기'로 게임을 끊었다고 함으로써 웃음을 자아낸다. 이것이 유머로 간주될 수 있는 이유는 문제가 된 게임의 해결책이 음주이기 때문이다. 그리하여 에피소드2의 세부 구성은 문제점 제시와 이에 대한 해결책 모색으로 구성된다. 물론 여기에서의 해결책은 일반적인 사고를 벗어난 엉뚱한 내용이다. 이것이 수용자에게 웃음을 유발하는 장치인 셈이다. 사회문제에 대한 심각성을 엉뚱하게 바라봄으로써 뜻밖의 웃음을 유발한다.

　마무리 에피소드에서는 '술 권하는 사회'에서 대표적으로 활용하는 '~만 기억하는 더러운 세상'으로 마무리한다. 위의 텍스트에서도 '게임에서도 왕이 시키는 대로 해야 하는 더러운 세상'으로 전체 텍스트를 마무리한다.[7]

　이상에서 살펴본 것처럼 세 개의 에피소드는 각각 추궁+대답+오류수정, 문제+해결 그리고 ~더러운 세상의 구조로 짜여있다. 특히 두 번째 에피소드에서 사회적 문제를 유머와 섞어 표현함으로써 시청자의 기분을 가라앉지 않게 한다. 그리고 본 프로그램의 핵심 프레임 '더러운 세상'을 발화함으로써 전체 텍스트가 완결된다.

---

7) 가끔 세 번째 에피소드에 나오는 '더러운 세상'의 유머기법을 두 번째나 첫 번째 에피소드에서 사용하는 경우가 있다. 그럴 때는 마무리 에피소드에서 '더러운 세상'을 사용하지 않고 다른 유머기법을 활용한다. 따라서 한 회 분에서 '더러운 세상'은 세 가지의 에피소드 중 한 번만 활용한다. 이는 같은 유머기제를 지속적으로 사용할 경우 식상할 수 있기 때문이다.

3. 유머텍스트의 형성 기제

3.1. 비원형적 발화 연쇄

유머텍스트에서 활용하는 기제는 언어적 장치와 비언어적 장치가 있다.8) 언어적 장치는 음운이나 형태, 어휘적 차원에서 유머를 유발하는 것이다. 예를 들면 동음현상·발음·형태 혹은 중의적 의미 등이 그것이다. 비언어적 장치는 언어에 수반되지만 언어적 관점에서 분석하기 어려운 것으로, 몸짓·태도·표정 등을 들 수 있다. 이들은 유머텍스트에서 상호작용하며 텍스트에 적절한 영향력을 행사한다. 어느 쪽이 더 중요하다고 말하기 어렵지만 이 절에서는 언어적 장치에 의한 유머기제를 우선 살피기로 한다.

'술 권하는 사회'에서 유머를 발생시키는 대표 기제는 일반적이지 않은 발화 연속체이다. 다음을 보자.

① 여자 : 나 당신 같은 스타일 잘 알아.
   경찰 : <u>어떤 스타일인데요?</u>
   여자 : <u>내 스타일.</u>

② 여자 : 아으, <u>냄새</u>. 아저씨 담배 펴요?
   경찰 : 네. 왜요?
   여자 : <u>한 대만 빌립시다.</u>

③ 남자 : <u>명품 좋아해?</u>

---

8) 이 장에서는 비언어적 웃음유발 장치는 논외로 한다. 즉 표정·행동·몸짓·태도, 혹은 공간배경 등에 대해서는 언어적 분석의 타당성 확보가 어려워 제외한다. 따라서 이 장에서는 언어자료에서의 웃음유발 기제를 살피는 것이 핵심이다.

여자 : 명품 안 좋아하는 여자 어딨어요?
남자 : 낼 9시까지 <u>압구정 명품 앞으로 나와</u>.
여자 : 오빠, 저 명품 옷 사주게요?
남자 : <u>거기서 버스 타야</u> 동대문 한 번에 가.

위의 발화연속체를 보면 이어지는 발화패턴이 일상대화와는 사뭇 다르다. ①에서 경찰의 질문 '어떤 스타일인가요?'에 대한 대답으로 '내 스타일'이 발화된다. 일상적인 대화에서는 질문 중 '어떤'에 의미의 중점이 놓여 대답에서도 '어떤'의 의미를 충족시킬 수 있는 발화, 예를 들면 '패셔너블한 스타일, 시크한 스타일' 혹은 '촌스런 스타일'과 같이 '어떤'의 의미범주와 호응될 수 있는 발화가 이어져야 한다. 그런데 후행 발화는 '어떤'의 의미를 무시하고 '내 스타일'이라고 엉뚱하게 대답함으로써 수용자의 기대에서 벗어난다.

②의 경우도 여자의 발화에 나타난 냄새라는 어휘에 의해 이어지는 발화내용의 방향이 결정된다.9) 즉 '담배 피는 것'에 대한 부정적인 방향이 이미 선행 발화인 냄새에 의해 결정되었는데, 후행발화에서는 엉뚱하게도 '한 대만 빌려주세요'라는 긍정적 방향으로 선회한다. 일반적인 발화연속이라면 '냄새→담배 피우세요?→네→피우지 말아주세요'의 발화 방향을 기대할 수 있다. 그러나 그렇지 않은 발화연속은 텍스트 수용자에게 엉뚱함을 촉발하고, 이를 바탕으로 웃음을 유발한다. 이러한 엉뚱한 발화 연속은 '술 권하는 사회'의 도입 에피소드나 마무리 에피소드에서 주요한 유머기제이다.

③에서도 역시 압구정 명품 앞으로 나오라는 발화에 의해 여자는

---

9) 어휘 의미적 관점에서 '냄새'는 '후각을 자극하는 긍정적이지 못한 향'으로 방향이 설정된다. 즉 '냄새'는 어휘 자체에 '-긍정'의 방향성이 들어있다. 그에 반해 유의어라 할 수 있는 '향기'는 '+긍정'의 방향성이 개재되어 현대국어 화자 및 청자에게 발화된다.

명품과 관련된 의미해석에 주안점을 둔다. 그래서 '명품 사 주게요?' 라는 기대에 찬 발화를 한다. 그에 어울리게 남자의 기대발화도 일반적으로 '거기서 좋아하는 명품 하나 사줄게' 정도일 것이다. 그러나 이러한 기대는 여지없이 무너지고 후행 발화는 '거기서 버스 타야 동대문에 가'라고 엉뚱하게 전개된다. 이는 '동대문에 가서 명품과는 거리가 먼 물건을 사자'는 발화맥락으로 이어진다. 앞선 발화와는 맥락상 호응되지 않아 웃음을 유발한다. 일반적 발화 연속에서처럼 선행발화의 중심어에 기댄 발화연속이 전개되지 않아 웃음이 야기되는 것이다.

이처럼 텍스트 수용자의 기대와는 다른 방향의 발화가 이어짐으로써 수용자는 가벼운 충격과 함께 유머해석이 가능해진다. 일상대화에서 이루어지는 것을 원형적 발화연속이라고 한다면, 유머텍스트에서의 발화연속은 비원형적이라 할 수 있다.[10] 원형적 발화연속이 선행발화 중에 신정보나 발화의 중심 의미에 주안점을 둔다면, 비원형적 발화연속은 선행발화 중 의미의 중점이나 신정보와는 거리가 먼 내용이 이어진다. 그러다 보니 일상적 발화연속에 익숙한 수용자는 기대가 무너지면서 웃음을 터뜨리게 된다.[11] 비원형적 발화연속은 수용자에게 신선함을 주고, 이러한 신선함에 의지해 언어

---

10) 원형적 발화 연속이나 비원형적 발화 연속은 필자가 설명의 편의를 위해 제시한 것이다. Rosch의 의미의 원형이론(prototype theory)은 사람들이 낱말을 사용할 때 더 원형적인 보기를 발견하고, 이를 통해서 낱말의 의미를 이해한다는 이론이다.(임지룡, 1992:48) 이와 같은 맥락에 의하면 발화의 연속도 일반적으로 수용 가능한 발화 연속을 원형적 발화라 한다면, 일반적 발화 연속에서 좀 멀어진 발화 연속은 비원형적 발화 연속이라 표현할 수 있다. 그러나 추후 이러한 현상에 대해 보다 적확한 표현이 있다면 수정이 얼마든지 가능하다.
11) 이러한 유머의 특징에 대해 구현정(2000)에서는 불일치 현상으로 분석한다. 그리고 손세모돌(1999)에서는 의외성으로, 한성일(2004)에서는 비예측성으로 언급한다.

사용의 청량감이나 감정의 정화 작용이 유발될 수 있다. 이것을 유머 사용에 의한 파급효과라고 해도 좋겠다.12)

　유머는 언어사용에 있어서 즐거움을 추구한다. 그리고 그러한 즐거움은 상대적으로 가볍게 진행되어야 한다. 일반적 언어사용 양상과 달리 비원형적 발화는 일반적 용례에서 벗어나기에 텍스트 수용자를 당황스럽게 하지만, 기대를 무너뜨리는 발화에 의해 재미와 웃음이 촉발된다.

3.2. 인지정보의 활용

　시청자는 개그 프로그램을 보면서 쉽게 이해하기도 하고, 그렇지 않은 경우도 있다. 이것은 개그 자체의 난이도를 논하기에 앞서, 개그 메시지에 대한 배경지식의 문제라 할 수 있다. 개그의 유머 해석 역시 텍스트 수용자의 인지정보를 바탕으로 추론해야 하기 때문이다.

　'술 권하는 사회'에 대해 세 단계의 에피소드를 기준으로 살펴볼 때, 첫 번째 에피소드는 일상생활 문화를 중심으로, 두 번째 에피소드는 사회적인 문제를 중심으로, 그리고 세 번째 에피소드는 첫 번째와 두 번째의 사건을 결합하여 만들어진다. 곧 앞 장에서 살펴본

---

12) 한편 유머가 생겨난 동인을 살펴본 기존의 논의로는 다음을 들 수 있다. 이도영(1999:425)에서는 언어적 웃음 유발 장치로 발음, 어휘적 중의성, 단어 파괴, 사투리 활용, 받침 활용, 음성연상 활용, 대구 활용 등을 제시하고, 비언어적 장치로는 독자의 배경지식, 고정관념, 편견, 선입관, 언어사용에 대한 지식, 대상의 특징 및 형태 등을 언급한다. 손세모돌(1999:10)에서는 유머 형성방법으로 언어적인 것과 내용적인 것으로 이분하고, 언어적인 것으로 동음이의어, 음상유사, 말 전하기, 내용적인 것으로 대상 희화하기, 대상의 특성이나 전형성 이용하기, 상식 깨뜨리기, 연상, 패러디 등을 유형화하여 살피고 있다.

것처럼 전체 텍스트의 구조가 ① 도입, ② 전개, ③ 마무리로 짜여 있는데, 각 단계에서 활용하는 유머의 소재도 그러한 구조와 적절히 호응된다. 이때 도입과 마무리 단계의 의미 추론은 일반적인 인지정보를 바탕으로, 전개에서는 당시의 사회문제에 대한 배경정보를 바탕으로 이루어질 수 있다. 다음의 예를 보자.

〈표5〉 단계에 따른 인지정보(1)

단계	에피소드	추론기제	추론정보
도입	마트의 카트를 100원에 샀다	일상 생활문화	마트의 카트 사용 시 100원 동전이 있어야 한다.
전개	게임에 빠져 자식이 죽는지도 몰랐다.	당시 사회기사	보도된 게임중독 기사를 바탕으로 사회문제를 풍자했다.
마무리	왕이 시키는 게임이야기	일상 생활문화	게임에서도 내 마음대로 할 수 없는 것을 '더러운 세상'으로 희화화한다.

위의 표에서 보는 것처럼 세 단계의 에피소드에 대한 해석은 일상 생활문화정보와 사회기사정보를 활용해야 한다. 이는 텍스트 수용자가 제시된 유머를 효과적으로 이해하기 위해서는 배경정보의 도움을 받아야 함을 의미한다. 곧 시청자의 배경정보가 유머 추론의 적절한 방향과 의미파악에 영향을 미치는 것이다. 만약 시청자가 마트에 있는 카트사용법을 모른다면 도입 단계의 '100원 주고 카트를 샀다'를 유머로 이해할 수 없다. 실제생활에서 카트 사용법을 알고 있는 수용자만이 100원 주고 샀다는 발화텍스트를 유머로 추론할 수 있기 때문이다. 또한 전개부분의 유머도 당시에 실제로 '게임중독에 빠진 젊은 부부가 게임을 하다가 아이를 죽게 만들었다'는 사회기사에 대한 정보가 없으면 이해하기 어려울 수 있다.[13] 이러한 배경정보를 갖

고 있는 수용자는 어떤 사건을 유머의 소재로 끌어왔는지 쉽게 이해하고 주제추론 또한 용이하지만, 그렇지 않은 수용자는 주제추론이 가능하더라도 앞의 수용자처럼 정확할 수가 없다. 또한 마무리 단계에서의 유머 소재인 '왕게임'에 대해서도 놀이문화의 한 종류인 '왕게임'에 대한 이해정보가 없으면 유머로 쉽게 이해하지 못할 것이다. 다음의 예에서도 배경정보의 도움이 추론에 영향을 미친다.

〈표6〉 유머텍스트의 본문

도입	여자 : 동대문에 옷 사러 갔는데 문이 닫힌 거예요. 경찰 : 동대문은 밤늦게까지 하는데. 여자 : 그니까. 그래서 문을 두드렸는데 안 열어주는 거예요. 경찰 : 문을 왜 안 열어? 이 아가씨야. 보물 1호 동대문에 가면 어떻게 해. 진짜 동대문이잖아요.
전개	남자 : 아저씨. 여자들이 가장 좋아하는 선물 1등이 뭐야? 경찰 : 나 뭐니 뭐니 해도 명품백 아닙니까? 명품 가방 남자 : 그럼 내가 선물한 종이학 천 마리는 몇 등이야? 경찰 : 그거 이사 갈 때 다 버리는 거예요. 남자 : 명품을 선물해야 이게 선물이구나 하는 이 더러운 세상. 아, 여자친구한테는 명품 선물하고 엄마한테는 그거 살 때 받은 사은품 선물하는 이 무자식 상팔자 순경아. 경찰 : 아, 뭐예요. 진짜.
마무리	남자 : 명품 좋아해? 여자 : 명품 안 좋아하는 여자가 어딨어요? 남자 : 낼 9시까지 압구정 명품 앞으로 나와. 여자 : 오빠? 저 명품 옷 사주게요? 남자 : 거기서 버스 타야 동대문 한 번에 가.

---

13) 2010년 3월 3일 기사로 3-D게임에 중독돼 생후 3개월 된 딸을 굶겨 죽게 만든 김모(41·무직) 씨 부부 이야기가 보도되었고, 이 기사를 바탕으로 만들어진 유머텍스트이다. 매체를 통해 기사를 접한 텍스트 수용자는 훨씬 수월하게 유머텍스트를 수용할 수 있게 된다.

〔표6〕의 텍스트에서 보는 것처럼 도입에서는 동대문을, 마무리에서는 압구정 명품을, 전개에서는 젊은 여자들의 명품 선호를 배경정보로 가지고 있어야 유머로 이해할 수 있다. 특히 '거기서 버스 타야 동대문 한 번에 가'라는 마지막 발화는 전체 텍스트를 재미있게 마무리하는 기능까지 겸하고 있다. 이를 정리하면 다음과 같다.

〈표7〉 단계에 따른 인지정보(2)

단계	에피소드	추론기제	추론정보
도입	보물 1호 동대문에 가서 옷을 사는 난동을 부린다.	일상 생활문화	동대문시장에 옷가게가 많다.
전개	여자들이 명품을 좋아해서 선물도 명품으로 해야 한다. 엣지 있는 패션을 좋아한다.	당시 사회기사	여자들의 명품 선호에 따른 사회문제가 기사화되었다. 드라마의 유행어 '엣지 있게'를 이해한다.
마무리	압구정 명품 앞에서 만나자.	일상 생활문화	압구정동에 명품을 파는 가게가 많다.

표를 보면 도입에서는 우리나라 동대문에 가면 옷가게가 있다는 생활 관련 배경정보가, 그리고 마무리에서는 압구정동에 가면 명품을 파는 가게가 많다는 배경정보가 있어야 이 단계에서의 유머가 이해된다. 전개 단계에서는 명품선호에 따른 사회적인 문제를 배경정보로 알고 있어야 전체 내용에 대한 이해가 수월하다. 이처럼 유머의 수용자는 스스로의 인지정보를 활용해야 유머텍스트를 쉽고 정확하게 이해할 수 있다.

3.3. 유행어 tool의 활용

'술 권하는 사회'가 텍스트 수용자들에게 많이 알려지게 된 것은 이 코너에서 만들어진 유행어의 역할도 크다. 대표적으로 '일 등만 기억하는 더러운 세상'을 들 수 있다. '술 권하는 사회'에서는 '~더러운 세상'의 유행어를 고정적으로 사용함으로써, 텍스트 수용자에게 유머를 효과적으로 전달하는 효과가 있다. 다음의 예를 보자.

④ 남자 : 예식장은 나에게 식권을 줬다. 국가가 나한테 해준 게 뭐가 있냐? 일등만 기억하는 <u>더러운 세상</u>.
경찰 : 아저씨 왜 이렇게 술을 많이 먹은 겁니까?
남자 : 여자 친구가 나랑 결혼해도 죽어도 애를 안 낳겠다고 하는 겁니다. 그래서 헤어졌습니다. … 우리나라에서 애 키우려면 생활비, 교육비 장난이 아니에요. 국가에서 저출산이라고 애 많이 낳으라고 하는데, 뭐 지원이라도 많이 해 주면서 그런 소리 하시든가.
경찰 : 맞는 말씀 하시네.

⑤ 남자 : 피겨 선수 이름 대봐.
경찰 : 김연아 아녜요.
남자 : 스키점프 선수 이름 대봐.
경찰 : 하정우?
남자 : 일등만 기억하는 <u>더러운 세상</u>.

⑥ 남자 : 넌 이렇게 아름다운데 난 보잘 게 없네. 가진 것도 없구 완전 그지 같네. 그지.
여자 : 아저씨 그 정돈 아니에요.
남자 : 아냐. 난 완전 그지 같애. 신림동 꽃 그지.
여자 : 야, 걔는 잘 생겨서 원빈티 나고 넌 그냥 빈티나.
남자 : 그지도 잘 생겨야 인정받는 이 <u>더러운 세상</u>.

위의 예문에서는 공통적으로 '~더러운 세상'을 활용하여 사회현상을 풍자하고 있다. ④에서의 '일등만 기억하는 더러운 세상'은 '국가'와 관련된다. 즉 저출산과 관련해 국가의 복지정책 부재에 대해 쓴 소리를 한다.14) 이것이 선행발화에서 '국가가 나한테 해준 게 뭐가 있냐?'라는 발화의 시발점이고, 이에 대한 에두른 표현이 '더러운 세상'이다. ⑤의 예문에서는 인기도에 따른 스포츠 선수들의 비애를 빗대어 만든 유머이다.15) 피겨선수 김연아의 이름은 온 국민이 다

---

14) 관련기사는 다음과 같다.
30代 출산비중 60% 육박… 첫 아이 늦어져 저출산 고착화(서울경제, 김광수 기자)
만혼(晚婚) 현상이 고착화되면서 20대 초반 여성들의 출산이 30여 년 전의 10분의1 수준으로 추락했다. 2일 통계청의 '2009년 출산통계 잠정 결과'에 따르면 20대 여성 전체의 출산은 절반가량 줄어든 반면 초산 여성의 평균 나이는 30세를 넘어서는 등 30대 여성의 출산 비중이 60%에 육박했다. 출산 연령의 고령화는 세계 최저 수준인 우리나라의 저출산 문제를 더욱 고착화할 뿐 아니라 자녀들의 양육 및 교육비 부담 증가, 부모세대의 노후준비 부족 등 각종 사회적 문제를 일으키는 주범이 되는 것으로 지적됐다.…저출산 추세에 따라 전체 출생아 수가 1981년 86만7,409명에서 지난해에는 44만5,200명으로 거의 절반 수준으로 줄어들기는 했지만 20대 초반의 출산 감소가 훨씬 심각한 것을 알 수 있다. 1981년보다 지난해 전체 출생아 수가 42만 명 적은 것을 감안하면 대부분이 20대 초반에서 줄어든 것이다. 1980년대에 20대 초반과 함께 출산 주력층을 담당한 20대 후반(25~29세) 여성의 출산도 1981년 36만510명에서 지난해에는 15만6,400명에 그쳐 절반 아래로 떨어졌다.…여성의 평균 출산 연령이 30대를 넘으면서 저출산은 더욱 심화되고 있다.
15) 관련기사는 다음과 같다.
우리가 주목해야 할 태극전사 숨은 기대주는?(엑스포츠뉴스, 김지한 기자)
2010 밴쿠버 동계올림픽을 향한 한국 선수단의 발걸음이 점점 빨라지고 있다. 지난 2일 오전, 서울 태릉선수촌 챔피언 하우스에서 열린 동계올림픽 선수단 결단식을 통해 '톱10' 진입을 위한 각오를 다졌던 선수단은 1일, 봅슬레이팀을 시작으로 스피드 스케이팅팀이 '결전의 땅'에 차례로 입성하며 본격적인 현지 적응을 갖게 된다. 이번 올림픽에서 한국 선수단이 가장 기대를 걸고 있는 종목은 빙상이다. '피겨 여왕' 김연아(고려대)를 비롯해 '메달밭인 쇼트트랙, '역대 최고'를 꿈꾸는 스피드 스케이팅까지 빙상 전 종목에 걸쳐 고르게 메달 획득하는 것을 목표로 하고 있다. 하지만, 주요 외신을 비롯한 언론, 일반 팬들은 일찌감치 몇몇 선수들을 메달 후보로 거론하며 이들에게 집중적인 관심을 가져야 한다는 이야기를 쏟아내고 있다. 단적으로 지난 1일, 미국 AP 통신에서 "한국이

알 만큼 관심과 인기가 높은데 반해, 영화로 새삼 부각된 스키점프 선수의 이름은 모른다. 오히려 영화에 출연했던 영화배우의 이름이 스키점프 선수 이름인 양 빗대어 표현함으로써 인기 없는 스포츠 선수들의 애환을 꼬집고 있다. 영화배우의 이름을 선수 이름이라고 발화함으로써 수용자는 어이없는 웃음을 웃게 되고, 이런 쏠림현상을 '더러운 세상'으로 표현하고 있다. ⑥에서도 역시 당시 기사화되었던 잘생긴 거지를 빗대어 표현하고 있다.16) '사회문제인 거지라도 잘생기면 긍정적인 관점에서 주목받을 수 있다'는 잘못된 인식을 비유적으로 풍자한 것이다. '신림동 꽃 거지→원빈과 같은 이미지→거지라도 잘 생기면 괜찮음'과 같은 우리의 사고방식이 문제임을 지적하면서, 이런 현상이 녹아 있는 곳이 또 '더러운 세상'인 것이다. 시청자는 이런 유머를 보면서 자연스럽게 문제에 대해 인식하고 한번쯤 심사숙고하게 된다. 그러나 바로 이어지는 유행어 '더러운 세상'

금메달 5개를 따낼 것으로 전망된다"며 메달 후보로 6명의 선수를 거론한 바 있다.…올림픽 때 반짝 관심을 받고, 평소에는 '비인기 종목'의 설움 속에 고독한 싸움을 벌여야 하는 선수들. 그러나 내일의 희망을 생각하며, 오늘 흘린 땀방울의 가치를 느끼는 젊은 기대주들의 선전은 한국 동계스포츠의 미래를 밝게 하는 만큼 꼭 필요한 모습이다. 세계에 부딪히며 도전을 펼치는 '숨은 기대주들'이 밴쿠버에서 꿈을 실현하는 '주인공'으로 거듭날 수 있을지 지켜볼 일이다.

16) 관련기사는 다음과 같다.
신림동 꽃거지 VS 얼짱거지 외모 대결? 네티즌 화제 / 원빈 닮은 한국 거지와 성무 닮은 중국 거지, 화제의 인물(뉴스웨이, 이명선 기자)
영화배우 금성무를 쏙 빼 닮은 중국 노숙자 일명 '얼짱거지'로 불리며 인터넷에서 화제가 되고 있다. 덩달아 화제가 되고 있는 국내 '신림동 꽃거지' 역시 이목을 집중시켰다. 4일 중국 포털사이트인 온바오닷컴 따르면, 금성무를 빼닮은 외모 '얼짱거지'는 인터넷에서 화제가 된 이후, 많은 이들에게 관심이 급증해 최근 정서불안과 대인기피증 증세를 보이고 있다. … 중국에 이어 우리나라에서도 얼짱으로 알려진 '신림동 꽃거지'가 새삼 네티즌들의 눈길을 사로잡고 있다. 40대의 이 남성은 배우 원빈과 이민기를 닮은 듯한 외모에 180cm가 넘는 키로 오래 전부터 '신림동 명물'로 주목을 받았다. 네티즌들은 "한국과 중국 거지의 외모대결"이라며 "정말 거지 맞냐?" "모델 포스다" "둘 다 매력 있다" 등 폭발적인 반응을 나타냈다.

이 웃음을 유발하며 문제에 대한 부담감을 완화시킨다. 이것이 이 프로그램의 장점이기도 하다. 사회적으로 문제가 될 만한 사안을 결코 부담스럽거나 거부감이 들지 않게 꼬집는 것이다. 그래서 시청자는 제공된 유머에 공감하기만 하면 그만이다. 이에 대해 불편한 심기를 가질 필요도 없다. 이것이 유머가 가지고 있는 사회적 기능이라 하겠다.17)

4. 유머텍스트의 언어학적 의의

4.1. 구조를 활용한 주제전달력 강화

'술 권하는 사회'에서 살펴본 유머텍스트의 구조는 크게 도입→전개→마무리이다.18) 즉 세 개의 에피소드가 시청자에게 고정된 구조로 제시된다. 이러한 고정구조는 주제전달력을 강화하는 장점이 있다. 고정된 구조에 노출된 시청자가 어려움 없이 핵심 메시지를 파악할 수 있기 때문이다. 다음의 예를 보면 그러한 구도를 더 선명하게 이해할 수 있다.

---

17) 직접적으로 언급할 경우 심리적 부담감이 커지기 때문에 될 수 있으면 가볍게 포장하려는 언어심리가 작용한다. 그래서 유머 기법이 중요한 화법으로 자리 잡게 된 것이다.
18) 여기서 말하는 삼단계 구조는 소설의 사건과는 다소 다르다. 곧 소설처럼 한 사건의 시작과 종결을 의미하지는 않는다.

〈표8〉 도입-전개-마무리 구조에 의한 텍스트 배치

도입	여자 : 제가 홍대클럽에 갔는데, 부비부비를 했거든요. 근데 저를 쫓아내는 것 있죠? 경찰 : 클럽이면 부비부비 할 수 있죠. 근데 왜 쫓아냈대요? 여자 : 거기 헬스클럽이었어요. 경찰 : 거기서 춤추면 안 돼요. 운동하는 데예요. 거기는.
전개	남자 : 피겨선수이름 대 봐 경찰 : 김연아 아녜요. 남자 : 스키점프 선수이름 대봐 경찰 : 하정우? 남자 : 일등만 기억하는 더러운 세상. 일등만 기억하는 풍토 먼저 바뀌어야 합니다. 경찰 : 옳은 말씀하시네. 남자 : 2, 3등이 있기에 1등이 빛나는 거예요. 경찰 : 맞아요.
마무리	남자 : 저기요. 어디서 봤어. 여자 : 처음 보는데. 남자 : 나 봤어. TV에서 봤어. 탤런트 아녜요? 여자 : 아니에요. 남자 : 탤런트 맞는데. 동계올림픽에서 봤다. 여자 : 아이. 김연아? 남자 : 오노. 안톤 오노. 울어봐 똑같아. 똑같아. 4년마다 우리에게 씹을 거리를 주는 고마운 안톤 오노.

위의 예를 보면 이 텍스트에서 전달하고자 하는 메시지는 전개 단계의 '일등만 기억하는 풍토 먼저 바뀌어야 합니다'이다. 이것을 전달하고자 도입에서 가벼운 유머를 던지고, 전개에서 구체적으로 인기종목 스포츠와 비인기종목 스포츠를 빗대어 익살스럽게 표현한다. 즉 피겨스케이트 선수이름은 온 국민이 다 아는데, 스키점프 선수이름은 '스키점프'를 다룬 영화의 배우 이름으로 기억한다고 언급한다.[19] 전개단계에서는 이처럼 사회적 쏠림현상을 꼬집어 비판하

---
19) 스키점프 선수 이름이 하정우인 것은 배경정보로 유머에 접근하기 위해서다.

고 있다. 따라서 텍스트 수용자는 두 번째 등장하는 유머에서 핵심 메시지를 전달받게 된다. 그리고 마무리에서는 앞에서 전개되었던 내용들 중 이야깃거리를 끌어와 유머를 만든다. 여기서는 안톤 오노의 바람직하지 못한 행동을 빗대어 '우리에게 씹을 거리를 주는 고마운 안톤 오노'라고 역설적으로 표현한다. '씹을 거리-고마운'은 상충되는 의미자질을 갖는데, 함께 묶어 표현함으로써 표현의 묘미와 함께 유머로 기능하게 했다.

고정된 구조의 활용은 텍스트 수용자가 별다른 노력을 기울이지 않아도 바로 주제를 추론할 수 있다. 실제로 수용자가 고정된 구조를 인지하면 유머 추론에 상당한 도움이 된다. 더욱이 이 구조는 전체 유머를 유기적으로 연계함으로써 웃음 유발에도 유용하다. 그만큼 이 구조가 유머텍스트를 보장하는 장치라 하겠다.

4.2. 언어유희에 의한 카타르시스 기능

말의 기능은 의사소통에서부터 감정표현·공감·설득·명령 등 아주 다양하다. 그런 다양한 기능의 공통점은 표현의 욕구이다. 그런데 자신의 생각을, 혹은 느낌을 표현하고자 하는 욕구의 발현이 언어이다. 유머는 말하는 이에게 표현의 카타르시스를 느끼게 한다. 표현하고자 하는 뭔가를 유머기제를 통해 발현하고, 그에 대해 만족감을 얻는 것이다.

한편 유머에 활용되는 참신한 표현이나 우스꽝스러운 표현은 텍스트 수용자에게도 희열을 준다. 새롭게 발화된 표현을 수용자들이

하정우 주연의 스키점프 영화 '국가대표'가 사전정보로 인지되어 있으면 유머 해석에 영향을 미치지만, 그렇지 않으면 유머텍스트가 되지 못한다.

반복 활용하면서 유행어가 등장하는 것도 바로 그 때문이다. '술 권하는 사회'의 대표적인 유행어는 '일등만 기억하는 더러운 세상'이다. 이러한 표현을 들으면서 수용자는 감정적 교감을 갖게 되고, 이후 다른 담화상황에서 이를 활용하게 된다. 다음의 예를 보자.

⑦ a. 게임에서도 왕이 시키는 대로 해야 하는 <u>이 더러운 세상</u>
 b. 거지도 잘 생겨야 인정받는 <u>이 더러운 세상</u>
 c. 국가가 나한테 해 준 게 뭐가 있냐? 일등만 기억하는 <u>이 더러운 세상</u>

⑦의 예에서 공통적으로 나오는 발화 '이 더러운 세상'은 수용자에게 극적 희열감을 안긴다. 언중은 이런 비슷한 내용을 말하고 싶어도 다양한 요인으로 삼가게 된다. 그런데 '술 권하는 사회'를 통해 이런 표현을 접하고는 웃음과 함께 대리만족을 느낀다. 일종의 감정적 카타르시스를 맛보는 것이다. 감정의 희열을 불러오는 언어유희는 이외에도 여러 곳에서 찾아볼 수 있다.

⑧ a. 여자 : 아저씨, 이거 들어줘요.
  남자 : 가방 들어드려요?
  여자 : <u>내 얘기 들어줘요</u>.
 b. 남자 : 학창시절 운동할 때 1등 자리를 양보했어요. 그렇게 <u>운동했어요</u>.
  경찰 : 운동하셨구나. 무슨 운동하셨어요?
  남자 : <u>학생운동했어요</u>. 물러가라 물러가라 전쟁이다 도망가자.
 c. 여자 : 나 <u>당신 같은 스타일</u> 잘 알아.
  경찰 : 어떤 스타일인데요?
  여자 : <u>내 스타일</u>

⑨ a. 걔는 잘 생겨서 <u>원빈티</u> 나고 넌 그냥 빈티나.
 b. 4년마다 우리에게 <u>씹을 거리를 주는</u> 고마운 안톤 오노.

⑧과 ⑨의 예에서 보는 것처럼 재치있는 말장난을 통해 언어유희를 실현한다. ⑧ a는 '들어주다'의 의미를 서로 달리 해석했다. b역시 운동의 의미범주를 각기 다르게 정해 의미가 달라지도록 했다. c에서는 스타일의 적용을 다른 분야로 돌려 웃음을 유발했다. 시청자는 발화된 어휘의미의 범주가 기대했던 것과는 다른 방향으로 흘러감에 따라 웃음을 짓게 된다. 시청자가 쉽게 생각할 수 있는 어휘의미의 기대치를 과감하게 버리고, 엉뚱한 방향의 의미와 결합시킴으로써 웃음을 유발하는 것이다. ⑨의 a는 비슷한 발음 같지만 의미는 정반대이다. 이런 엉뚱한 조합이 시청자들의 웃음을 유발한다. b의 '씹다'와 '고맙다'는 공존하기 어려운 어휘이다. '씹다'는 남의 말을 무시하거나 비난, 힐난하는 부정적인 의미이고 '고맙다'는 이와 정반대의 의미범주인데, 공존하기 어려운 이 두 어휘를 함께 묶어 표현함으로써 재미있는 표현과 의미를 만들어냈다. 그리고 이는 시청자에게 재미와 함께 언어적 희열을 맛보게 한다. 유머가 발화자는 물론 수용자에게도 감정적인 카타르시스를 가능케 하는 것이다.

5. 결론

현대사회의 언어생활 가운데 빼놓을 수 없는 기제가 유머이다. 우리는 유머를 통해 메시지를 부드럽게, 혹은 재미있게 전달·수용한다. 유머는 생산자와 수용자가 상황맥락을 공유한다는 전제 아래 활용되는데, 문제를 강하게 발화하지 않으면서도 생산자의 발화의도를 효과적으로 전달하는 것이 유머기제이다. 유머는 표면적으로는 언어유희처럼 보이지만, 화자나 청자의 인지정보를 바탕으로 메시지의 표현과 전달이 이루어진다. 이것이 유머가 가지고 있는 장점 중의 하나이다. 직접적으로 표현하지 않으면서도 화자의 표현 욕구와 청자의 수용 욕구가 충족되기 때문이다. 그리고 여기서 소위 말하는 언어에 의한 카타르시스의 발현도 가능하다. 지금까지의 논의를 요약·정리하면 다음과 같다.

첫째, 유머텍스트 '술 권하는 사회'는 미시구조와 거시구조로 파악할 수 있다. 미시구조에서는 각 에피소드마다 두 명의 인물이 등장하여 생활이나 사회적 문제를 소재로 웃음을 유발한다. 하지만 이들 각각의 에피소드는 독립된 상태보다는 전체를 아우를 때 웃음유발이 돋보인다. 이는 거시적인 구조로 이들을 파악해야 함을 뜻하는 것이기도 하다. 실제로 각각의 에피소드는 '도입-전개-마무리'의 구조를 보인다. 이들이 연계될 때 유머텍스트의 구조도 견고해진다.

둘째, '술 권하는 사회'는 몇 가지 특징적인 요소가 가미되어 유머텍스트를 구축한다. 즉 비원형적 발화 연쇄, 인지정보에 의존한 의미 해석, 유행어 tool의 활용이 유머텍스트를 담보한다. 비원형적 발화 연쇄는 등장인물 간에 주고받는 대화가 일상적인 추론을 벗어나 웃음을 유발하고, 인지정보에 의존한 유머 해석은 수용자와 연계되어 웃음을 유발한다. 그리고 '일등만 기억하는 더러운 세상'과 같은 유행어 툴의 활용으로 시사적인 문제를 풍자한다. 궁극적으로 이들이 연합해서 '술 권하는 사회'가 유머텍스트로 자리매김하는 것이다.

셋째, '술 권하는 사회'는 유머텍스트이지만 언어학적 의의를 갖는다. 우선 전체 구조가 삼단으로 구비되어 주제전달력이 강한 텍스트라는 점에서 그 가치가 있다. 또한 언어유희가 수용자에게 대리만족과 함께 희극적인 카타르시스를 맛보도록 하거니와 이러한 유머가 사회구성원 간의 원활한 소통 기제로 활용될 수 있다는 점에서 의미가 있다.

이 장에서 해결하지 못한 비언어적 전략에 대한 연구도 의사소통에서 매우 중요하다. 때로는 언어적 전략보다 비언어적 전략이 더 강한 발화효과를 거두기도 한다. 이에 대한 심도 있는 접근과 논의가 보완될 필요가 있는데, 이는 훗일의 과제로 유보한다.

제4장 부조리극과 텍스트성

1. 서론

이 장에서는 이근삼 희곡의 대표작이라 할 수 있는 <원고지>를 중심으로, 부조리극의[1] 텍스트 구조와 텍스트성, 나아가 텍스트언어학적인 특징을 분석하는 것이 주목적이다.

이근삼의 <원고지>는 1960년대에 발표된 반사실주의를 표방하는 희곡 텍스트로, 현대사회를 살고 있는 한 중년부부의 삶을 통해 현대인의 불안의식과 정체성 문제를 다루고 있다. 이 작품은 새로운 사조인 반사실주의와 표현주의 양식을[2] 표방하여 기존 작품에 나타

---

1) 부조리극이란 이치에 맞지 않는 극작품이라는 의미로, 1950년대 미국이나 유럽에서 일어난 일군의 극작가의 작품에 붙인 이름이다. 부조리극은 구성이나 성격 묘사가 불합리하고 기이하여 전통적인 기법을 거부하며 인간 실존의 환상과 몽상적 세계를 묘사하고 있는 것으로, 카뮈의 <시시포스의 신화>에서 크게 영향을 받아 일어났으며, 대표작에는 베케트의 <고도를 기다리며>, 이오네스코(Ionesco, E.)의 <코뿔소> 따위가 있다.(국립국어원, 표준국어대사전 '부조리극')
2) 표현주의는 이미원(1997:99-100)에 의하면, 주관적인 진실을 강조하면서 다음

나는 일반적인 기법과는 차별성을 확보하고 있다. 실제로 이 텍스트의 표현방법이나 사건전개 양상을 살펴보면, 우리 주변에서 흔히 볼 수 있는 한 집안의 모습이지만, 그 구체적인 발화에서는 앞뒤가 맞지 않는 비현실성을 보이고 있다. 즉 모순된 표현과 과장된 발화가 연속되고, 고도의 상징과 역설이 사용되어 일상성을 벗어났다. 그럴지라도 이 작품을 하나의 완결된 텍스트로 보는 데는 문제가 없다. 비현실적인 언어표현, 등장인물의 모순된 발화, 그리고 양분화된 무대배경3) 등이 상당히 작위적이고 과장된 듯한 인상을 주지만, 사실 이러한 모든 장치를 작가가 주제전달을 위한 기제로 활용하여 텍스트 전체의 결속성은 공고한 편이다. 즉 이 작품이 비현실성을 표방하는 부조리극일지라도, 일관된 언어표현과 일정한 사건을 통해 주제전달을 도모했다는 점에서 완결된 텍스트로 보는 데 문제가 없다.4)

<원고지>의 텍스트 유형을 좀 더 세부적으로 살펴보면, 발화텍스트 중 서사텍스트이면서 대화텍스트로 규정할 수 있다. 또한 작품텍스트이면서 문자로 기록되었다는 점에서는 문서텍스트로 볼 수 있다.5) <원고지>에서는 텍스트 처음에 하나의 사건이 제시되고, 이

과 같은 특징을 갖는다. ① 강력한 메시지를 중심으로 하나의 주제나 모티프 위주로 구성된다. ② 주인공은 현대 사회의 물질주의나 압력·위선 및 타인들의 무감각에 의해 희생된다. ③ 극의 각 요소들을 최소한의 본질로만 표현하려 한다. ④ 시각적인 왜곡이 두드러진다. 본 논문의 분석 텍스트인 <원고지>는 이러한 특징을 매우 잘 반영하고 있는 대표적인 표현주의 작품이라 할 수 있다.
3) 실제로 <원고지>의 무대배경은 두 세트로 구성된다. 하나는 아버지와 어머니의 중심 활동무대인 거실이고, 다른 하나는 이와 대조되는 장남과 장녀의 활동무대인 방이다. 두 배경은 각기 주제의식을 감안하여 의도적으로 상반되게 표현하였다. 이 역시 주제로의 결속성 강화를 위한 장치라 하겠다.
4) 본 논문에서도 이 작품에 대하여 하나의 주제를 일관되게 표방하는 완결된 서사텍스트로 간주하고, 언어적인 특징을 분석하고자 한다.

사건이 텍스트가 끝날 때까지 일관되게 추진된다.6) 따라서 일정한 사건을 중심으로 짜인 서사텍스트이면서 동시에 등장인물의 대화와 무대설명, 해설로 구성된 희곡텍스트이기도 하다.7)

현대인들은 물질만능주의에 집착하면서, 진정으로 아끼고 사랑해야 할, 그래서 최고의 가치로 표방해야 할 것들을 상당부분 잃어가고 있다. 그 대표적인 것이 자기 삶의 정체성과 방향성 상실이라 하겠다. <원고지>에서는 이러한 현대인들의 문제를 역설을 통해 신랄하게 비판하고 있다. 실제로 <원고지>에서는 등장인물들이 역설적으로 발화하고, 이러한 언어적 표현이 독자로 하여금 작가의 의도를 간파할 수 있도록 한다. 따라서 역설적인 발화와 텍스트 중간 중간에 제시되는 의도된 배경묘사는 텍스트 전체의 주제 응집력과 긴밀하게 관련된다.8)

---

5) 고영근(1999:264-268)에서는 텍스트를 크게 발화텍스트, 작품텍스트, 문서텍스트, 영상텍스트로 대별하고, 그 하위유형을 다음과 같이 제시하였다.

발화텍스트	① 대화텍스트(화자와 청자가 사사로이 대화를 주고받는 텍스트) ② 독백텍스트(화자 자신이나 청자를 마음속에 상정하고 수행되는 발화 텍스트) ③ 독화텍스트(연사가 원고를 들고 청중을 향해 발화하는 텍스트) ④ 서사텍스트(일정한 줄거리를 가진 이야기를 음성언어의 형식을 빌려 남에게 이야기하는 텍스트)
작품텍스트	① 시 ② 소설 ③ 희곡, 시나리오, 라디오/TV 극본 ④ 수상류
문서텍스트	공문서, 영수증, 논문, 신문, 광고 등의 문자로 기록된 실용텍스트
영상텍스트	영화, TV, 컴퓨터의 화면을 통해 나타나는 영상

6) 텍스트 전체의 사건은 '부모는 열심히 돈을 벌어 자식을 양육할 의무가 있고, 자식은 그런 부모의 부양을 받을 권리가 있다'는 내용을 축으로 작은 에피소드들이 연결된다.
7) 희곡텍스트는 사건이 등장인물들의 대화로 전개되어, 실제 구어발화를 분석하는 것과 유사하다. 따라서 등장인물의 구어적 발화를 분석하면 실제 언어사용 양상까지 미루어 고찰할 수 있다.
8) <원고지>에 사용된 역설적 표현은 일견 텍스트성을 저해하는 요소로 생각될 수 있다. 그러나 이 텍스트가 작가가 전달하고자 하는 메시지를 암묵적으로 제

이에 이 장에서는 부조리극의 대표작으로 논의되는 <원고지>의 텍스트 구조를 분석한 다음, 결속구조와 결속성을 살펴보도록 한다. 이어서 부조리극인 <원고지>의 텍스트언어학적 특성을 몇 가지로 나누어 검토하도록 하겠다. 이와 같은 논의가 부조리극의 언어학적 특성을 밝히는 데 조금이나마 보탬이 되었으면 하는 바람이다.

2. 부조리극 - <원고지>의 텍스트 구조

<원고지>의 등장인물은 모두 네 명이다. 중년 교수인 아버지와 세속적인 어머니, 그리고 그들의 장남과 장녀가 등장한다. 텍스트 시작부터 마무리까지 이 네 명의 등장인물이 이야기를 이끌어 간다. 중간에 나오는 감독관과 천사는 실제 인물이라기보다는 아버지의 의식 속에 잠재해 있는 추상적 존재라 할 수 있다.9) 희곡작품에서는 실제적인 인물의 언행이 중요한데, 이러한 추상적인 존재의 등장은 얼핏 보아 비현실적이라 할 수 있다. 하지만 현실공간에서 실제 인물과 가상인물이 공존하도록 함으로써 주인공의 절실한 심사를 부각한 것으로 볼 수 있다. 즉 아버지가 자신의 삶에서 무엇인가 돌파구를 찾고 싶어 하는 마음을 반영한 것이라 할 수 있다. 이와 같

시한 점을 감안하면, 오히려 역설적 표현이 주제의 심오함, 비장함, 나아가 주제 강조의 기능을 구현한다고 볼 수 있다. 직설적으로 주제를 제시하면, 설사 그 주제가 매우 중요할지라도 독자의 집중도는 오히려 줄어들 수 있다. 때로는 주제를 역설적으로 제시하는 것이 주제의 중요성을 더욱 강조할 수 있다.
9) 박혜령(1999:299-315)은 주인공의 주관적 무의식의 영역을 시각화하여 드러낸 것이라 하였다. 즉 가족 부양이라는 사회적 책임감이 강박적으로 시각화된 존재로의 감독관이 등장하며, 사고를 정지한 채 자동번역기로 전락한 교수에게 젊은 날의 정렬과 학자로서의 꿈을 일깨우는 천사가 등장한 것이다.

은 사정으로 무의식적으로 내재된 존재가 드러난 것이라 하겠다.[10]

<원고지>는 아버지와 어머니, 장남과 장녀로 구성된 평범한 4인 가족의 일상적인 사건이 독자로 하여금 자신의 삶을 반추하도록 한다. 가족들은 아버지를 애정으로 대하지 않고 단순히 경제적 의지처로 인식한다. 그래서 어머니와 자식들은 경제적 목적에 따라 아버지에게 부지런하면서도 많은 일을 하도록 채근한다. 나아가 부모로서의 책임을 무의식적 존재인 '감독관'이 강요한다. 따라서 <원고지>에서는 일차적으로 일상에서 흔히 볼 수 있는 의무감에 억눌린 현대인의 삶을 다소 과장되게 보여준다. 그리고 장녀와 장남은 부모를 사랑과 존경으로 대하지 않고, 그들의 욕구를 해소해 주는 매니저 정도로 간주한다. 자식의 경제문제를 해결해 주는 것은 부모로서 당연한 의무라고 생각하는 장녀와 장남은 텍스트의 처음부터 끝까지 일관되게 부모에 대해 조금의 애정도 갖지 않는다. 부모를 단지 수단으로 여기는 비인간적이고 비도덕적인 모습을 보인다. 이와 같은 내용을 간략히 제시하면 다음과 같다.

<표1> <원고지>의 내용 전개도

도입(A)		가족소개	장녀 소개, 장남 소개, 아버지 소개, 어머니 소개
전개(B)	B-1	독촉	아버지에게 출판사 주인을 만나라고 재촉하는 어머니
	B-2	되풀이되는 일상	되풀이 되는 일상 - 음악, 신문기사, 식사, 번역, 생일
	B-3	쉬고자 하는	쉬고 싶어 하는 남편

---

[10] 작품 내에서 등장인물의 이상향을 제시하는 '천사'와 이상향의 추구를 상쇄시키는 '감독관'이 등장한다. 그러나 이들은 모두 실제 인물이 아니라 무의식 속에 존재하는 추상적인 대상이다.

		남편	
	B-4	책임	자식들이 상기시켜주는 부부의 책임
절정(C)	C-1	감독관	현실의 의식을 대변해 주는 감독관 등장
	C-2	천사	이상향을 대변해 주는 천사 등장
결말(D)	D-1	반복되는 일상	되돌아온 현실과 무의식적으로 수긍하는 아버지
	D-2	독촉	의무에 짓눌린 부모의 삶 반복

　<표1>에서 알 수 있듯이 <원고지>는 매우 단순한 사건 구조를 보인다. 아버지가 퇴근한 저녁부터 다음날 아침까지의 일상을 매우 평범하게 나열하고 있기 때문이다. 작가는 우리 주변에서 흔히 볼 수 있는 저녁부터 다음날 아침까지 아버지의 모습을 보여줌으로써, 독자를 삶의 관찰자로 만든다. 그리하여 등장인물들의 삶을 관조하면서 스스로의 삶을 객관적으로 반성하게 만든다. 이것이 작가가 의도한 핵심이라 하겠다. 주인공인 아버지의 삶이 얼마나 무의미하고, 무가치한지를 의도적인 언어표현으로 나타내고, 이를 보는 독자는 자신의 삶을 반성하며 더 나은 방향을 모색하게 된다. 그러나 텍스트의 결말에서는 주인공 부부가 상황을 반전시키지 못하고, 다시 원래의 무의미하고 무가치한 삶으로 되돌아가고 만다. 잠깐 동안이나마 깨달았던 아버지의 이상향은 순간적으로 사라지고, 언제 그랬냐는 듯 현실로 되돌아온다. 오히려 이러한 결말이 독자에게 더 큰 반향을 불러일으킬 수 있다. 즉 독자는 일상으로의 회귀라는 뜻하지 않은 결론을 작가의 암묵적인 경종으로 받아들이게 된다. 그래서 다시 한 번 자신의 삶을 돌아보면서 진정한 삶의 방향과 추구해야 하는 이상이 무엇인지를 깨닫게 된다. 이상의 내용을 반다이크의 거시구조에 입각해 도식화하면 다음과 같다.[11]

<표2> <원고지>의 거시구조

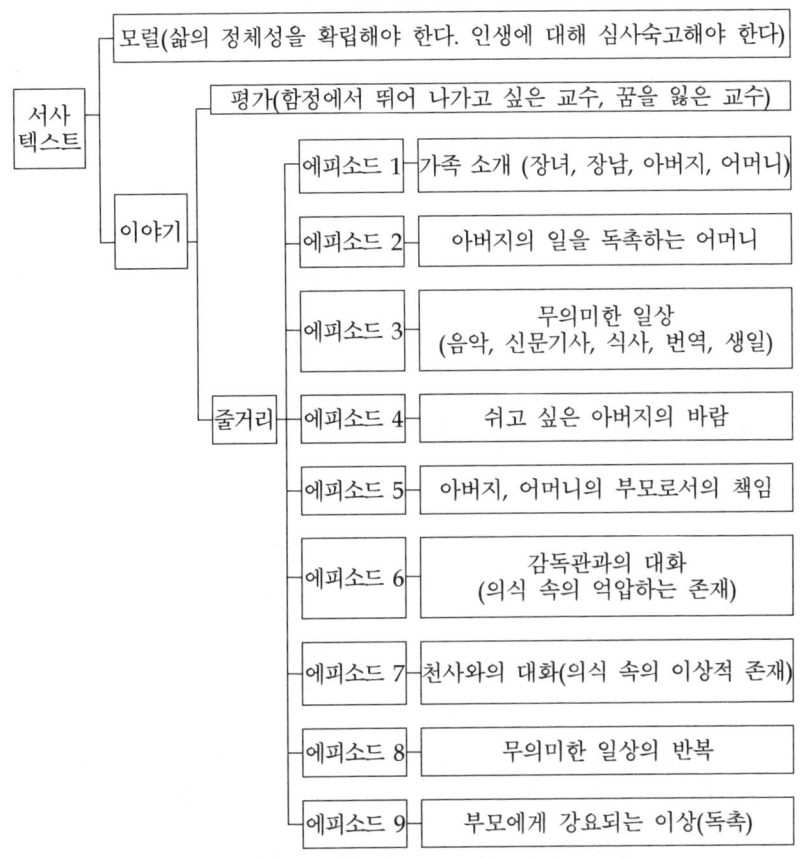

<표2>에서 볼 수 있는 것처럼, <원고지>는 9개의 에피소드와 아버지에 대한 작가의 평가 및 모럴로12) 구성되어 있다. 각각의 에피

---

11) 반다이크의 서사구조는 일정한 사건을 가시적으로 단계화시킨 것이다. 예를 들어 소소한 에피소드를 모은 윗단계가 줄거리이고, 이 줄거리에 평가가 합쳐진 것이 이야기이다. 이에 대해 고영근(1999: 216)과 정시호(2001:230- 235)를 참고하여 제시하면 다음과 같다. ① 서사텍스트 : 이야기+모럴, ② 이야기 : 줄거리+평가, ③ 줄거리 : 에피소드 1… 에피소드 n, ④ 에피소드 : 배경+사건, ⑤ 배경 : 갈등+해결.

소드는 시간적 배경과 공간적 배경, 그리고 등장인물의 변화를 기본 축으로 삼아 구획된 것이다.13)

　에피소드를 살펴보면 저녁부터 다음날 아침까지 일어나는 일상적인 사건을 다루고 있다. 장녀가 나와 본인은 물론 가족을 한 명씩 소개하고(에피소드 1) 이어 어머니가 퇴근한 아버지의 책무를 상기시키며 일할 것을 독려한다.(에피소드 2) 아버지는 무의미한 일상을 거듭하면서(에피소드 3), 쉬고 싶은 의사를 표명한다.(에피소드 4) 이러한 상황에서 어머니와 아버지에게 부과된 부모로서의 의무를 장녀와 장남이 상기시킨다.(에피소드 5) 이렇게 전개되던 이야기는 아버지의 잠에 의해 일단락된다. 이어 아버지와 '감독관',(에피소드 6) '천사'의 대화가 전개되는데(에피소드 7) 여기에서 작가는 우리가 진정으로 생각하는 삶의 방향과 정체성에 대해 각인시킨다. 아버지 역시 자신의 삶에 대해 돌아보면서 그동안 잊고 있었던 꿈을 상기하고는 갈등에 빠진다. 추상적 존재인 '감독관'과 '천사'의 퇴장 이

---

12) 여기서 제시되는 모델은 결국 '자기 삶의 정체성 확립'이다.
13) 윤석민(2004:70-71)에서는 문학작품에 대한 통합구조 분석을 제시하며, 이를 위한 기준으로 ① 시간변화 ② 공간변화 ③ 행위참여자 변화 ④ 화제 변화를 제시한다. 이 장에서는 시간적 배경을 나타내는 어휘나 공간이 달라지는 어휘, 혹은 등장인물의 교체를 중심으로 에피소드를 구분하였다. 이를 간단히 제시하면 다음과 같다.

에피소드	시간적 표제어/공간적 표제어
# 에피소드 1	막이 오르기 전 …
# 에피소드 2	잠시 후, 교수를 흔들어 깨운다.
# 에피소드 3	잠시 사이,
# 에피소드 4	이 때 밖에서 시계가 여덟 시를 친다.
# 에피소드 5	잠시 후, 응접실 불이 서서히 꺼지고 …
# 에피소드 6	푸랫트홈 방의 불이 꺼지며 다시 응접실이 밝아진다.
# 에피소드 7	푸랫트홈 방이 다시 밝아진다.
# 에피소드 8	잠시 후에 새소리 닭우는 소리와 더불어 무대가 밝아진다.
# 에피소드 9	교수 퇴장, 장남 등장, 장남과 장녀는 소파에 앉아 …

후, 원래의 일상으로 돌아온 아버지는 언제 그랬냐는 듯 아주 당연하게 그의 일상적인 아침을 맞는다.(에피소드 8) 아버지는 이상적 삶을 찾기 위해 노력하기보다는 원래의 자리로 아무런 갈등 없이 돌아오고 만다. 독자는 아버지가 삶을 재조명하고 이상적인 삶의 길로 전환하기를 바라는데, 오히려 태연자약하게 암울한 일상으로 돌아와 어제를 반복한다. 어머니 역시 자신의 어제를 반복하면서 부모로서의 책임이라는 굴레에서 벗어나지 못한다.(에피소드 9)

<원고지>는 텍스트 전체적으로 갈등을 유발하는 중차대한 사건보다는 일상에서 일어나는 소소한 이야깃거리를 통해 독자에게 자신의 평범한 삶을 돌아보게 만든다. 이 과정에서 작가는 주인공인 아버지에 대해 '사고할 수 없는, 함정에 빠져 있는, 꿈을 잃은' 등의 평가를 부여하고, 나아가 '이런 상태에서 벗어나, 진정으로 원하는 삶을 살기 위해 깨어나라'는 모럴을 던진다. 표면상 굵직한 사건이 나타나지 않지만, 소소한 일상 속에서 일어나는 작은 갈등이 결국은 하나의 커다란 주제 아래 묶이도록 했고, 이렇게 엮인 이야기는 중심 주제를 향해 결집된다. <원고지>는 이처럼 남의 일상을 엿보는 것으로 자신의 삶의 문제점이 무엇인지 자각하게 만든다. 그리하여 독자는 최종적으로 삶의 문제점을 깨닫게 되고, 이를 계기로 자신의 삶을 재조명하게 된다.

요컨대 <원고지>를 반다이크의 서사구조를 중심으로 분석한 결과 하나의 주제를 향해 모든 사건이 결집되고 있다. 따라서 이 작품은 부조리극일지라도 서사텍스트로 구비되어 있음을 확인할 수 있다.

3. 부조리극 – <원고지>의 결속구조와 결속성

3.1. 결속구조

텍스트의 결속구조(cohesion)는 보그란데&드레슬러의 텍스트성에 의한 표지로서,[14] 이현호(1994:31)에 의하면 텍스트 표층 구성요소들 간의 문법적 의존 관계를 의미한다. 텍스트 내 문장들 간의 통사적 결속기제로는 회기(recurrence), 병행구문(parallelism), 환언(paraphrase), 대용형(pro-form), 생략(ellipsis), 상(aspect), 접속표현(junctive expressions) 등을 들 수 있다. 물론 희곡텍스트인 <원고지>에서도 결속구조를 나타내는 표지가 빈번하게 사용되고 있다. <원고지>에 나타나는 예문을 통해 각각을 살펴보도록 한다.

먼저 <원고지>에서 가장 빈번하게 제시되는 회기(recurrence)는 완전히 같은 형태의 회기와 일부 변형이 가해진 회기로 나타난다. 인용문을 보도록 하자.

① 교수 : 그 곡이름이 뭐지?
    처 : "찬란한 인생"이라 나요.
    교수 : 찬란한 인생이라. 찬란한 인생이 자꾸 되풀이된다는 말이군.

---

[14] 이현호(1994:31-36)에 의하면 텍스트를 더욱 텍스트답게 만들어주는 요소로 일곱 가지의 텍스트성을 언급한다. 즉 결속구조·결속성·의도성·용인성·정보성·상황성·상호텍스트성이 그것인데, 앞서 언급한 결속구조와 결속성은 텍스트의 통사적·의미적 결속장치라 할 수 있다. 그리고 텍스트 생산자 입장을 따른 것이 의도성과 상황성이고, 수용자 입장에서 논의되는 것이 용인성과 정보성이다. 상호텍스트성은 텍스트와 다른 텍스트 사이의 상호작용에 의한 것이라 할 수 있다. 그 중 텍스트의 언어적 기능에 가장 근접한 것이 결속구조와 결속성이라 할 수 있다. 따라서 이 장에서는 일차적으로 결속구조와 결속성을 중심으로 분석하고자 한다.

② 장녀 : 돈!
　　장남 : 돈!
　　장녀 : 자식에 대한 책임!
　　장남 : 자식에 대한 책임!

③ 교수 : 가지 마시오. 내 희망, 내 정열은 어떻게 되는 거요. 꿈을 주십시오 내 꿈, 내 꿈!

　위의 발화에서는 선행화자의 발화에도 불구하고 지속적으로 일정 어휘를 반복한다. ①의 '찬란한 인생'과 ②의 '돈, 자식에 대한 책임', 그리고 ③의 '꿈'이 연속 발화되어 통사적 연결고리로 작용한다. 회기는 일반발화에서 빈번히 활용되기에, <원고지>에서도 텍스트 전반에 걸쳐 자주 제시된 것이다.[15] 회기를 지나치게 구사하면 지루함을 유발하지만, 적절하게 안배하면 앞 뒤 통사구조의 긴밀성이 강화된다. 이는 청자가 이야기 전개를 이해하는 데 도움이 되기 때문이다.

　<원고지>에 나타나는 병행구문(parallelism)은 작가의 특별한 의도 아래 활용되고 있다. 이는 작가가 같은 문형을 반복함으로써, 앞 뒤 내용의 연결을 의도한 것이기도 하다. 다음의 예문을 보자.

---

15) 이외에도 이 텍스트에 나타나는 회기의 예는 다음과 같다.
　① 감독관 : <u>원고, 원고</u>
　　교수 : 네 곧 됩니다. 똑 독촉이군!
　　감독관 : <u>원고, 원고</u>
　　(교수 쇼파 한구석에 굴러 있던 가방을 갖고서…)
　　감독관 : <u>원고, 원고</u>
　② 처 : <u>지금 하시는 번역</u>은 언제 끝나요?
　　교수 : <u>지금 하는 번역</u>이 몇 가지나 있지?
　③ 처 : 그렇지만 김 씨 만나는 일이 제일 바쁘지 않아요? 내일까지 내야 하는데 저는 어떡해요?
　　교수 : <u>내일 만나, 내일 만나</u>.

⑤ 장녀 : 죄다 연령이 다르고, 직업이 다르고, 성격이 다르고, 여기 오시기 전에 잡수신 저녁식사의 찬거리도 다르지 않겠어요.

⑥ 장녀 : 양말, 하이힐
   장남 : 잠바, 마후라
   장녀 : 용돈, 교과서, 과자
   장남 : 떡국, 만둣국, 설농탕
   장녀 : 영화값, 연극값, 다방값
   장남 : 교재비, 차비, 동창회비

예문 ⑤와 ⑥은 병행구문을 활용하여 발화내용에 대한 통일성과 범주화를 꾀하고 있다. ⑤는 장녀가 텍스트 서두에서 소개하는 부분인데, '~이 다르다'의 문형을 반복함으로써 발화내용에 통사적 통일성을 부여한다. 이는 통사적 연결고리가 될 뿐만 아니라 독자가 의미를 파악하는 데도 용이하다. ⑥은 장녀와 장남이 엄마에게 요구하는 발화인데, 두 개의 발화가 쌍을 이루고 있다. 즉 '양말, 하이힐'과 '잠바, 마후라'가 동일 리듬감을 가지며, '용돈, 교과서, 과자'와 '떡국, 만둣국, 설농탕'이 병행구문으로 대구를 이루고 있다. 마지막의 '영화값, 연극값, 다방값'과 '교재비, 차비, 동창회비'도 역시 병행구문으로 대구를 이룬다. 각각의 발화에서 의미장이 같은 어휘들을 발화함으로써 발화어휘의 통일성을 꾀한 것이다.

<원고지>에서는 결속성을 획득하기 위하여 의미를 반복하고 있다. 즉 환언(paraphrase)을 통해 앞 뒤 발화문의 결속구조를 공고히 다지고 있다. 다음의 예문을 보자.

⑦ 장녀 : 저는 이 집의 첫딸입니다. 장녀란 말입니다. … 그러나 저는 남자가 아닙니다.

⑧ 교수 : 내 꿈을 도로 찾아 주십시오. 생각할 힘을 주시오. 요즘은 통 사고를 할 수가 없습니다.

⑦에는 세 번의 발화가 제시되는데, 첫 발화에 사용된 '첫딸'이 이후 발화에서는 다른 표현으로 대치된다. '첫딸'에서 '장녀'로, 다시 '남자가 아닙니다'로 표현이 바뀌고 있다. 모두 '장녀'로 연결될 수 있는 발화이다. 역시 ⑧에서도 '내 꿈'→'생각할 힘'→'사고'로 이어지고 있다. 처음에 발화된 '내 꿈'이 이후 발화에서 표현이 바뀌지만, 모두 첫 발화 '내 꿈'으로 귀결되는 것들이다.

<원고지>의 결속 기제로 대용(pro-form)과 생략(ellipsis)을 더 들 수 있다. 작가는 이미 발화된 내용을 짧고 간단한 표현으로 대치함으로써 표현 효과를 강화하거나 텍스트의 효율성을 높이려고 한다. 그래서 구정보화된 것을 되도록 언표화하지 않는다. 다음의 예문을 보자.

⑨ 처 : 당신도 참, 그건 옛날 신문이에요. 오늘 것은 여기 있는데.

⑩ 장남 : 밥 세 끼도 제대로 못 먹이고, 학비도 제대로 못 주는 부모들이, 아들딸이 결혼할 때가 되면 아주 귀찮게 간섭을 한단 말입니다. 우리는 이런 버릇을 버려야 합니다.

⑪ 처　 : 옷을 갈아입으시니 한결 시원하지 않아요?
　 교수 : 난 (∅) 잘 모르겠어.
　 처　 : 김 씨 만나 봤어요?
　 교수 : 아니, 원체 바빠서 (∅).
　 처　 : 그렇지만 김 씨 만나는 일이 제일 바쁘지 않아요? 내일까지 내야 하는데 전 어떡해요?
　 교수 : 내일 만나, 내일 만나.

⑫ 교수 : 괜찮아. 밥 먹었어.
　처　 : 어디서요? (∅)
　교수 : 여기서 먹었던가? 아니야, 거러서 먹었던 것 같기도 하구.
　처　 : 언제요? (∅)
　교수 : 오늘 아침에도 먹었고, 점심도…. 글쎄…그러나 보니 밥을 먹었는지 안 먹었는지 분간을 못 하겠군.

⑨에서 ⑫까지는 대용과 생략을 활용하여 발화의 신속성과 간결성을 확보하고 있다. ⑨와 ⑩은 선행발화에 제시된 내용을 후행발화에서 '것'과 '이런'으로 대치함으로써 간결성이 담보되었다. 이렇게 하면 청자는 선행발화의 내용을 상기하면서 후행발화의 신정보를 파악할 수 있다. ⑪에서는 처의 발화를 교수는 거의 반복하지 않는다. 그저 자신이 전달하고자 하는 신정보만을 발화하여 청자가 신정보의 의미파악에 집중할 수 있게 한다. ⑫에서도 교수의 발화에서는 '밥'이 지속적으로 생략된다. 따라서 발화의 초점이 '밥'이 아니라 먹는다는 행위에 집중된다. 이러한 생략이나 대용은 발화에서 보편적인 기제로 결속구조를 강화하는 데 아주 중요하다.

3.2. 결속성

텍스트를 더욱 텍스트답게 만들어주는 요소가 결속성(coherence)이다. 이현호(1994)에 의하면 결속성은 텍스트 전체에 사용된 발화들이 하나의 중요한 메시지를 향해 의미적으로 연결고리를 형성하는 것을 의미한다. 청자는 자신이 가지고 있는 인지정보와 발화가 오고가는 상황정보를 바탕으로 텍스트의 주제를 추론한다. 이때 텍스트 발화 간의 의미적 결속성을 확인하는 일이 매우 중요하다. 의미적 결속성을 확인하고, 이들을 연쇄그물망으로 연결하여 작가가 전달하고자 하는 주제가 무엇인지를 파악하기 때문이다.

<원고지>에도 이러한 의미적 결속성을 강화하는 표지가 다수 나타난다.

> ⑬ 책상 위에는 원고지가 그득히 쌓여있다. 소파는 흔히 볼 수 있는 형이지만 씌운 카바의 무늬는 원고지의 칸 그대로다. … 벽의 무늬들도 원고지의 칸 그대로다. … 동물원의 코끼리 우리 같은 철창을 방불케 하는 도어, 형무소의 철문 같다고 함이 좋을지도 모른다.
>
> ⑭ 아래위 양복이 원고지를 덧붙여 만든 것처럼 이것도 원고지 칸투성이다. … 허리에 쇠사슬을 두르고 있는데, 허리를 돌고 남은 줄이 마루에 줄줄 끌려 다닌다. 쇠사슬이 도어 밖까지 나가 있어 끝이 없다. … 처는 교수 허리에 친친 감긴 철쇄를 풀어 헤치고, 소파 뒤에 긴 막대기에 감겨 있는 또 하나의 굵은 줄을 풀어 교수 허리에 다시 감아 준다. "옷을 갈아입으시니 한결 시원하지 않아요?"

⑬은 교수와 처가 머무르는 거실을 묘사한 부분이다. 책상 위에 있는 원고지에서 시작된 묘사는 모두 '원고지' 무늬와 연결된다. 즉 거실 소파도 원고지 무늬, 벽도 원고지 무늬, 문도 원고지처럼 네모진 철창이라 발화한다. 모든 묘사가 처음 시작된 원고지로 귀착된다. ⑭는 교수의 옷차림을 묘사하는 장면인데, 교수의 옷 역시 원고지를 연상시키는 무늬이고, 거기에 쇠사슬 허리띠를 두르고 있다. 그리고 귀가한 남편의 옷을 처가 갈아입도록 하는데, 역시 아까 둘렀던 철쇄를 푸는 대신 굵은 줄을 감아준다. 모두 '원고지'의 칸처럼 폐쇄적이고, 억압적인 의미로 일관하고 있다. 결국 이러한 발화는 '원고지'가 상징하는 것처럼 '삶에 대한 구속, 족쇄'를 중심으로 의미

적 결속성이 형성된다.

특히 <원고지>에 나타나는 의미적 결속성은 등장인물을 소개하는 외양묘사에서 두드러진다. 등장인물의 외양묘사에서는 처음부터 끝까지 일관되게 의미적 결속성을 바탕으로 언표화하고 있다. 따라서 정보를 파악하는 청자의 입장에서는 이를 바탕으로 주제를 추론할 수 있다.

> ⑮ 장녀 - 무지무지한 젖통이, 뒤로 사정없이 바그라진 엉덩이, 입은 보통 여자의 서너 배, 빨간 칠을 한 아가리.
> 장남 - 미끈하게 생긴 장남.
> 교수 - 중년에 퍽 마른 얼굴, 이마에는 주름살이 가고, 찌푸린 얼굴은 돌 모양 변화가 없다.
> 처 - 과거에는 살도 쪘지만, 현재는 몸이 거의 헝클어져 있다.
> 감독관 - 흉측한 얼굴, 지옥의 옥리를 방불케 하는 까만 옷차림, 긴 횟초리를 든 손

<원고지>의 등장인물은 고유명사 없이 그저 '장남, 장녀, 교수, 처'의 일반명사로 언급된다. 그리고 이들의 소개 역시 다소 부정적인 이미지를 담고 있다. 등장인물을 일관되게 부정적으로 묘사하면 의미적 결속성이 획득된다. 작가는 모든 등장인물을 바람직하지 않은 모델로 제시하고 있다. 청자는 이러한 등장인물을 통해 자신의 삶과 비교·대조하게 된다. 이를 바탕으로 텍스트에서 요구하는 '삶에 대한 재정비', '진실한 삶으로의 이행'이라는 주제로 귀결되도록 한 것이다. 그리고 자신의 삶과 비교하고, 나의 삶에서 개선할 점을 점검하게 만든다.

희곡텍스트 <원고지>에는 이처럼 통사적 결속구조와 의미적 결속성을 공고히 다질 수 있는 기제들이 빈번하게 사용되고 있다. 이

로 인해 이 작품은 통일성이 담보되어 짜임새 있는 텍스트가 될 수 있었던 것이다.

4. 부조리극-<원고지>의 텍스트언어학적 특징

4.1. 이원적 대립구조

<원고지>는 등장인물과 무대 배경, 그리고 발화내용이 이원적 대립구조를 형성하고 있다. 등장인물에서는 '교수와 처↔장녀와 장남'이, 그리고 추상적 인지인물로 '감독관↔천사'가 대립되고 있다. 무대배경 역시 암울하고 부정적인 이미지를 표방하는 부모의 거실과 화려하고 현대적인 이미지를 표방하는 자녀들의 방이 대립구조를 형성한다. 따라서 이들이 발화하는 내용 역시 부모 입장과 자녀 입장이 대립된다.

⑯ 책상에는 원고지가 그득히 쌓여있다. 소파는 … 원고지의 칸 그대로다. 벽이 … 흡사 원고지를 고추 세운 것 같다. 벽의 무늬들도 원고지의 칸 그대로다. 철창을 방불케 하는 도어.↔후레트홈 … 후면에는 화려한 색깔로 칠이 되어 있다. 한구석에 고운 색깔의 소파가 있어 … 사치품이 여기저기 놓여 있다. 소왕국 같은 인상을 준다. … 굉장히 밝다.

⑰ a. 아버지는 쾌활한 얼굴↔찌푸린 얼굴은 돌 모양 변화가 없다.
　b. '아아' 하고 토하는 큰 하품은 무엇에 두드려 맞은 비명같이 …↔늘 이렇게 달콤한 하품을 하십니다.
　c. 어머님은 늘 아버지의 건강을 염려하세요.↔잠자는 교수의 주머니를 샅샅이 턴다. 그 액수가 적음에 실망을 한다.

⑱ 감독관은 얼굴이 흉측하게 생기고 아래 위를 까만 옷으로 차리고 있어 지옥의 옥리를 방불케 한다. 긴 회초리를 든 손을 방안에 밀어 넣더니 잠자는 교수를 회초리로 때린다.↔감상적인 음악이 조용히 흘러나오며, 천사가 미소를 지으며 가벼운 발레를 추면서 들어온다.

⑯은 무대배경에 대한 설명이다. 앞 쪽 어두우면서 원고지 무늬 일색인 곳은 교수와 처가 주로 거주하는 공간으로, 이들 부부의 인상을 드러내면서 동시에 그들의 인생을 은유적으로 묘사한다. 칸칸이 쳐져 있는 원고지처럼 교수와 처의 삶은 여유롭지 못하고 쫓기듯 억눌려 있다. 반대로 장남과 장녀가 머무는 공간은 화려하고 밝으며, 여러 가지 장식품으로 가득하다. 생각없고 진지하지 못한 자녀들이 물질만능에 젖어 있음을 비유적으로 묘사한 것이다. 이러한 대립구조 속에서 독자는 진정으로 추구해야 하는 가족의 모습을 묵시적으로 깨닫게 된다. ⑰은 같은 상황에 대한 정반대의 발화가 제시된다. a는 장남의 선행발화로 '아버지는 쾌활한 얼굴이십니다'이지만, 이어서 등장하는 아버지는 '찌푸린 얼굴'로 묘사된다. b의 아버지 하품은 마치 '비명'같다고 묘사되는데, 이어지는 장녀의 발화에서는 '달콤한 하품'으로 언급된다. 역시 c에서도 장녀가 '어머니의 아버지에 대한 애정'을 언급했지만, 어머니는 그와는 거리가 먼, 경제적 가치에 대한 것만 언급한다. 이처럼 등장인물의 발화나 행동은 같은 상황이나 같은 인물에 대해 상반된 표현으로 일관한다. 그리하여 관객은 이러한 비논리적인 상황을 지켜보면서 텍스트가 표방하는 주제가 무엇인지를 추론하게 된다. ⑱에 제시된 감독관과 천사는 텍스트에 실제 등장하는 인물이라기보다는 교수의 의식 속에 존재하는 추상적 인지물이다. 이들도 역시 대립구도를 형성하고 있음은

물론이다.

<원고지>는 이처럼 전반적으로 극과 극의 이원적 대립구도를 견지하고 있다. 관객은 이 대립구도 속에서 진정으로 추구해야 하는 삶의 가치가 무엇인지 도출하게 된다.

4.2. 텍스트 생산자의 평가적 발화

일반적으로 하나의 텍스트는 화자-청자의 구도가 상정된다. 그리고 이 화자-청자의 구도를 만들어낸 작가가 있고, 화자-청자에 의해 만들어진 텍스트를 감상하는 독자가 있다. 그리하여 텍스트 내의 화자는 종종 작가로 간주된다. 그리하여 화자의 발화를 통해서 작가가 전달하고자 하는 메시지를 파악하는 것이 일반적인 텍스트 주제 접근방법이다.16) 그러나 분석텍스트인 <원고지>의 발화를 자세히 살펴보면, 텍스트 내에 마치 작가가 들어와 등장인물이나 혹은 내레이터처럼 스토리를 정비해주는 듯한 인상이 강하다. 즉 작가 혹은 내레이터가 텍스트 안에 등장해서, 앞뒤 내용의 흐름을 중간 중간 정리해주는 듯한 표현이나 각 상황에 대한 평가를 나타내는 일이 빈번하다.

⑲   a. 무지무지한 젖통이와 뒤로 사정없이 바그라진 엉덩이에, 관중들은 <u>첫 장면에 위압을 느낀다</u>.
       b. 스포트 라이프에 번쩍이는 귀고리, 목걸이, 손목걸이가 관중들 <u>눈에</u>

---

16) 정진원(1999:19)에 의하면 텍스트 생산자와 독자는 암묵적으로 이해하고 넘어가는 사이이기에 생산자 자신도 이 두 위치를 넘나드는 어중간한 존재로 자리잡는다고 언급한다. 즉 '텍스트 생산자=작가'라는 등식이 성립되는 것으로 보았다.

거슬린다.
c. 큼직한 괘종시계도 하나 전체적으로 소왕국 같은 인상을 준다.

⑲에 나타난 표현은 객관적인 상황설명에 그치지 않고, 그 상황을 바라보는 관객이나 혹은 독자의 평가까지 유도한다. 그리하여 독자는 자연스럽게 평가된 내용처럼 상황을 인식하게 된다. 상황만을 객관적으로 제시하지 않고, 그 상황에 대한 주관적 평가까지 함께 언급하여 독자의 관심을 유도한다. 이렇게 텍스트 내에 마치 또 다른 내레이터가 존재하는 듯한 표현이 <원고지>에는 빈번하게 나타난다.

정진원(1999:22)은 이러한 표현을 '텍스트 생산자 화법'으로 논의하는데, 그에 의하면 텍스트 생산자는 텍스트 안의 등장인물과 상황설명 등을 주재하는 존재이다. 텍스트 생산자는 텍스트 내에서 전개되는 이야기에 대해 주관적인 판단을 내리고 그것을 표면화한다. 물론 사건전개에 직접 개입하는 등장인물은 아니지만, 텍스트 상황에 대한 주관적 판단이나 등장인물에 대한 평가여부를 게재한다.17) 텍스트의 등장인물은 각기 자신의 입장에서 사건전개에 참여하고, 텍스트 생산자는 전개되는 일련의 사건이나 등장인물의 언행에 대해 판단한 것을 텍스트 중간 중간에 배치한다.18) 그리고 이것을 읽는 독자는 자연스럽게 텍스트 생산자가 제시한 주관적 평가를 받아들이게 된다.

---

17) 이러한 표현에 대해 정진원(1999:33)에서는 문학에서 언급되는 설화성(narrativity)의 개념으로 설명한다. 설화성은 작중 세계에 대해 작가가 해석하고 의미를 부여하면서 이야기를 전달하는 방식으로 이를 '텍스트 생산자 화법'이라 설명한다.
18) 이러한 부분은 전체 텍스트에서 모두 지문으로 처리하고 있다.

⑳ a. 교수 - '아아' 하고 토하는 큰 하품은 <u>무엇에 두드려 맞아죽은 비명 같이 들려</u>, 오히려 관객들을 놀라게 한다.
　b. 장남, 장녀
　　ⓐ 시끄럽고 귀가 아픈 곡이면 <u>어떤 음악이건 상관없다</u>.
　　ⓑ 소파에 앉아 <u>무엇을 처먹고 있는</u> 장남과, <u>아무렇게나 앉아</u> 화장을 하고 있는 장녀가 보인다.
　　ⓒ 달콤한 음악과 더불어 장남 장녀가 <u>또 무엇을 처먹으면서</u> 거울 앞에 가더니…
　　ⓓ 장남과 장녀는 소파에 앉아 <u>고약한 세리처럼</u> 버티고 처의 귀가를 기다린다.
　c. 감독관 - 얼굴이 흉측하게 생긴데다 아래 위를 까만 옷으로 차리고 있어 <u>지옥의 옥리를 방불케 한다</u>.

⑳의 예문을 보면 a에서는 '교수'의 하품하는 행동에 대한 텍스트 생산자의 평가가 개입되고 있다. b의 장남과 장녀에 대한 언급에서는 텍스트 생산자의 부정적 평가가 나타난다. '시끄럽고 귀가 아픈 곡'이면 무엇이든 다 좋아한다는 것 역시 텍스트 생산자 입장에서의 평가이며, 나아가 이들에 대한 묘사를 '무엇을 처먹고, 아무렇게나 앉아 화장하고→또 무엇을 처먹고→고약한 세리처럼 버티고 앉아' 등도 텍스트 생산자의 부정적 평가를 담고 있다. 장남과 장녀에 대해 텍스트 생산자가 혹독하게 평가하면서 이를 여과 없이 텍스트 전면에 언급함으로써, 독자는 이들 인물에 대해 부정적 평가를 내릴 수밖에 없다. 또한 c처럼 감독관의 경우도 '지옥의 옥리를 방불케 한다'는 표현으로 그에 대한 종합적 판단을 내리는데, 독자는 이러한 표현에서 직·간접적으로 영향을 받는다.

<원고지>에서는 이처럼 텍스트 생산자가 마치 작품 내에 존재하는 내레이터처럼 주관적 평가를 언표화하고 있다. 이러한 표현은 텍스트 수용자에게 자연스럽게 판단의 기준을 제공하게 된다.

4.3. 반어적 발화에 의한 상징기법

<원고지>는 부조리극으로 언급된다. 부조리극은 삶의 무의미함, 무목적성을 보여줌으로써 독자나 관객이 현실적인 삶을 인식하도록 유도한다. 또한 지나친 과장이나 반어적 표현은 독자로 하여금 상반된 해석을 내리도록 한다. 가시적이고 직접적으로 주제에 대해 언급하는 대신에 반어적이고 비합리적인 표현으로 인생과 삶이 무엇인지 깨닫게 한다. <원고지> 역시 비합리적이고 반어적인 발화로 전체 텍스트가 구성된다. 독자는 이러한 비논리적이고 비현실적인 발화를 통해서, 역으로 현실적인 주제를 추론하게 된다.

㉑   a. 우리 집은 크게 자랑한 만한 것은 못 되지만 <u>남부럽지 않게</u> 살고 있습니다.
       b. <u>건강하기</u>가 이루 말할 수 없습니다.
       c. 우리 집이 비교적 행복한 것도 우리 부모님의 <u>열렬한 책임감</u> 때문입니다.

㉑ a의 '남부럽지 않게 살고 있는 우리 집'은 장녀의 발화이지만, 이 텍스트를 읽거나 보는 독자 입장에서 보면 이 집은 매우 심각한 상태에 놓여 있다. 그리고 간단하게 가족 소개를 마치고 나서 b처럼 '건강하기가 이루 말할 수 없다'고 가족에 대해 마무리한다. 그러나 <원고지>의 등장인물과 이들이 구성하는 가족은 아무런 목적의식 없이 살아가는 존재이며, 가족구성원 간의 애정도 전혀 없다. 즉 일반적 기준으로 상당한 문제점을 안고 있음에도 불구하고 장남과 장녀는 '남부럽지 않고, 건강하고, 행복하고, 부모의 열렬한 책임감' 등으로 가족을 표현한다. 특히 장남의 '열렬한 책임감'은 실제로는 '열

렬한 중압감'일 것이다. 이처럼 반어적 표현은 텍스트 전반에서 나타난다. 그래서 이 텍스트에서 자주 사용되는 반어적 표현은 독자에게 강한 상징으로 다가온다.

㉒ a. 아버지는 늘 <u>쾌활한 얼굴</u>에다 발걸음은 <u>참새처럼 가볍지요.</u>
b. 밖에서 돌아오시면 늘 이렇게 <u>달콤한 하품</u>을 하신답니다.
c. 어머님은 늘 <u>아버지의 건강을 염려</u>하세요. … 남편의 주머니를 뒤지는 부인 … 제 말이 맞지요?
d. 그 곡 이름이 뭐지? - "<u>찬란한 인생</u>"이라나요.

㉒의 발화에서도 반어적 표현이 빈번하게 나타난다. a의 아버지에 대한 발화 '쾌활한 얼굴, 참새처럼 가벼운 발걸음, 달콤한 하품' 등은 장녀 입장에서의 표현이지만, 독자의 입장에서 판단하면 역시 반어적 표현이다. 또 늘 아버지의 건강을 염려하는 어머니는 남편이 자고 있는 동안 그의 주머니를 뒤져 돈을 찾는다. 이러한 일련의 사건은 독자들에게 반어적 행동으로 인식되고, 이 반어적 행동을 바탕으로 독자는 상징적 의미를 추론하게 된다. d의 교수와 처의 대화에서 '찬란한 인생'이라는 곡명도 역시 등장인물의 '찬란하지 못한 인생'을 비꼬아 표현한 것이다.

<원고지>의 전반적인 대화구조는 이처럼 반어적인 표현이 주를 이루고 있다. 이를 바탕으로 작가는 독자들에게 삶의 진정성을 일깨워주고자 하였다. 반어를 이용한 상징은 앞서 언급한 부조리극의 일반적인 특징인데, <원고지> 역시 이러한 반어적 발화를 이용하여 주제를 추론하도록 유도한다.

4.4. 간접화법을 통한 주제 제시

<원고지>의 주제는 삶의 목적성과 정체성 확립이다. 반복되는 일상 속에서 진정으로 추구해야 하는 것이 무엇인지를 간접적으로 제시한다. 이를 위해 작가는 한 가정의 모습을 상당한 과장과 비약, 그리고 반어적 대화를 통해서 제시한다. 그리고 주제 역시 발화 중간 중간에 상징적으로 배치하고 있다. 다음의 예를 보자.

㉓ a. 김씨면 어떠고 이씨면 어때? 박씨면 또 어때? 아닌게 아니라 누가 누군지 분간을 못 하겠어.
b. 똑같은 곡을 되풀이하느냐 말이오.
c. 참 비가 많이 왔군, 강원도 쪽의 눈이 굉장한 모양인데. 또 살인이야. … 남편이 자기 아내한테 또 매맞았군.
d. 여기서 먹었던가? 아니야, 거기서 먹었던 것 같기도 하구. … 오늘 아침에도 먹었고, 점심도……
e. 밤낮 생일을 치르고 있으니 어떻게 된 거요?
f. 교수는 받기가 무섭게 기계적으로 번역을 한다.

㉔ a. 원고지가 행결 크고 시원해 뵈는군. 마음이 탁 트이는 것 같아.
b. 나의 희망, 나의 정열의 옛 모습이야.→나에게도 불타는 듯한 정열이 있었어요. 밤을 새워가며 아름다움을 노래하고 진리를 위해 온 생애를 바치겠노라고 떠들던 때. 꿈같은 시절이었습니다.→내 꿈을 도로 찾아 주십시오. 생각할 힘을 주시오.→이 함정에서 뛰어 나가고 싶습니다. 꿈을 주십시오.

㉓에서는 텍스트 전체의 주제를 일차적으로 간단하게 언급하고 있다. 즉 <원고지>에서 표방하는 '반복되는 일상 속에서 자신의 정체성 찾기'를 각인시키기 위한 전조작업으로 반복되는 무의미한 일상을 제시한다. 매일 반복되는 일상에 대한 등장인물의 거부의식을

간접적으로 표면화시킨 것이다. a, b는 교수의 발화로 매일 같은 일의 연속인데 '굳이 정확하지 않으면 뭐 어때!'와 같은 의식을 a에서 언급하고, 이에 대한 거부감을 표현한 발화가 b에 이어진다. 즉 '똑같은 곡을 되풀이하는' 지겨움을 간단하게 언급한 것이다. c는 반복되는 기사이다. 3년 전 신문기사와 3년 후의 신문기사가 똑같이 제시된다. 실제 있을 수 없는 일이지만, 작가는 의도적으로 신문기사를 같게 배치함으로써, 무의미한 일상의 반복을 또 다른 방법으로 제시하고 있다. 그리하여 독자는 관찰자적 입장에서 자신의 일상이 같은 날들의 반복임을 다시 한 번 인식하게 된다. d, e, f 역시 반복되는 일상을 교수 주변의 잡다한 일을 제시함으로써 간접적으로 보여준다. 그리고 ㉔에서 무의미하게 반복되는 일상에서 벗어나고자 하는 등장인물의 의식을 드러낸다. 이러한 표현은 결국 독자가 도달해야 하는 것이기도 하다. 즉 작가는 등장인물의 발화에서 독자가 느껴야 할 것들을 간접적으로 나타내는데, 이를 주제의 간접 발화라 할 수 있다. 잃어버린 꿈과 삶에 대한 열정의 필요성을 독자에게 간접적으로 호소한 것이다.

5. 결론

이근삼의 <원고지>는 일상생활과 괴리된 듯한, 그래서 비현실적으로 인식되는 언어표현이 지배적이지만, 오히려 이러한 반어적 표현이 독자에게 강한 인상을 준다. 이 장에서는 이러한 <원고지>의 텍스트 구조를 검토한 다음, 텍스트성과 텍스트언어학적 특징에 대해 살펴보았다. 지금까지 논의한 것을 결론 삼아 요약하면 다음과 같다.

첫째, <원고지>의 텍스트구조를 살펴보았다. <원고지>는 작품텍스트로 네 명의 인물이 등장하여 일상사를 담론한다. 먼저 도입부에서는 딸이 등장하여 가족을 소개하고, 전개부에서는 어머니가 아버지에게 경제활동을 촉구한다. 아버지는 반복되는 일상사에서 벗어나고 싶은 의지를 드러내지만, 자식들은 부모의 역할을 상기시키며 아버지를 압박한다. 절정부에서는 가상의 인물인 감독관과 천사가 등장하는데, 감독관은 아버지에게 현실인식을 강조하고, 천사는 이상적인 삶을 이야기한다. 결말부에서는 모든 인물이 일상적인 삶을 벗어나지 못한 채 어제와 같은 생활을 반복한다. 이를 반다이크의 서사구조에 대입하면, 이 작품은 삶의 정체성, 인생에 대한 성찰을 모럴로 제시하고, 이야기에서는 꿈을 잃은 주인공이 함정에서 뛰어나가고 싶은 욕구가 평가내용으로 상정된다. 줄거리에서는 에피소드가 모두 아홉 가지로 세분되는데, 각 에피소드에서는 네 인물의 언행을 통해 자아정체성을 잃고 일상사를 반복하는 문제점을 역설적으로 비판하고 있다.

둘째, <원고지>에 나타난 결속구조와 결속성을 고찰해 보았다. 먼저 결속구조를 회기·병행구문·환언·대용·생략을 중심으로 검토하였다. 회기는 가장 빈번하게 제시되면서 통사구조의 긴밀성을 담보함과 동시에 독자가 이야기를 이해하는 데 도움을 주고 있다. 병행구문은 작가가 같은 의미장의 어휘를 반복함으로써, 발화내용에 통사적 통일성을 부여하고 있으며, 환언에서는 동일한 의미를 반복적으로 제시하여 발화문의 결속구조를 공고히 하고 있다. 대용에서는 이미 발화된 언어표현을 짧고 간단한 표현으로 대치함으로써 표현 효과를 강화하고, 효율성을 높이기 위하여 구정보화된 것을 언표화하지 않기도 한다. 이러한 기제들의 작용으로 이 작품은 자연스럽게 텍스트의 결속구조가 공고해졌다. 다음으로 작품의 제목이나 배경·인물묘사를 통해 결속성을 강화한 사례를 살펴보았다. 제목인 '원고지'는 아버지와 어머니가 거처하는 거실은 물론 다양한 요소가 이와 연계되도록 했다. 일상의 중압감·구속감과 반복적으로 제시되는 판에 박힌 삶을 원고지를 통해 부각한 것이다. 그리고 이 작품은 거시적인 배경을 폐쇄적·과거지향적인 거실과 개방적·현대지향적인 자녀들의 방으로 양분한 후 부모들의 무한한 책무를 강조하고 있다. 이는 부모를 통해 일상에 얽매인 현대인을 풍자·비판한 것이라 할 수 있다. 인물묘사에서도 각각의 인물에 대해 일관되게 부정적으로 그림으로써, 작자가 의도한 현대인의 문제점으로 귀착되도록 했다. 결국은 제목이나 배경 및 인물묘사를 통해 일상을 살아가는 현대인의 문제에 초점이 놓이도록 했다. 이는 다양한 요소가 주제를 향해 집약되도록 하여 결국은 결속성을 강화한 것으로 볼 수 있다.

　셋째, <원고지>의 텍스트언어학적 특성을 살펴보았다. 이 작품은 부조리극이기 때문에 텍스트언어학적인 측면에서 다양한 특성을 가지고 있다. 그 중 이 장에서는 크게 네 가지로 나누어 그 특징을 살펴보았다. 첫 번째로 이원적 대립구조에 대해서 고찰하였다. 이 작품은 현대인의 자아상실에 대한 문제를 과장적·풍자적으로 보이고 있다. 그래서 양극단으로 배경과 인물을 설정하고 인물의 언행도 상반되게 처리하였다. 이는 극명한 대조를 통해 작가의 의도가 돋보이도록 한 것이다. 두 번째로 텍스트 생산자의 평가적 발화에 대해 검토하였다. 이 작품은 사건이 전개되는 곳곳에 작가가 내레이터처럼 개입하면서 인물이나 상황을 평가하고 있다. 이를 통해 독자는 작가의 의도를 간파·이해할 수 있다. 세 번째로 반어적 발화에 의한 상징기법을 살펴보았다. 작가는 이 작품에서 현대인의 문제점을 극명하게 보이는 것이 주목적이다. 이를 위해 작가는 현실을 그대로 그리지 않고 역설 기법을 통해 강조하였다. 특히 부정적인 것을 긍정적으로 발화함으로써, 독자들에게 강한 인상을 주고자 하였다. 네 번째로 간접화법을 통한 주제 제시를 고찰하였다. 작가는 현대인이 일상에 치어 살면서 자아를 상실하고, 이상향을 잃어가는 문제를 지적하되 직설화법보다는 부정적인 상황을 반복 제시하는 것으로 만족했다. 즉 특정 상황을 간접적으로 제시하면서 문제의 심각성을 독자들이 간파하도록 하였다.

■ 참고 문헌 ■

제1부 매체유형과 텍스트

○ 신문광고와 텍스트

강연임(1999),「담화에서의 생략조건과 대상에 대하여」,『한국언어문학』 43집, 한국언어문학회.
김정선(1997),「텔레비전 광고 텍스트의 구조와 대화」,『한양어문』 15, 한양어문학회.
김정자(1999),「잡지 기사의 구어성 분석」,『텍스트언어학』 7, 한국텍스트언어학회.
김혜숙(2000),『현대 국어의 사회적 모습과 쓰임』, 월인.
김혜정(1998),「신문표제어의 텍스트 양상 연구」,『선청어문』 25집.
박금자(1999),「일간신문 제목에 나타나는 응집성, 패러디, 생략현상」,『텍스트언어학』 7집, 한국텍스트언어학회.
손자희(1996),「광고 주체, 광고의 신화」,『이미지』, 현실문화연구회.
신선경(1999),「TV광고의 텍스트 언어학적 특징」,『텍스트언어학』 7집, 한국텍스트언어학회.
이현호 외(1997),『한국 현대 희곡의 텍스트 언어학적 연구』, 한국문화사.
이현호(1994),『한국 현대시의 담화·화용론적 연구』, 한국문화사.
정희자(1998),『담화와 문법』, 부산외국어대출판부.
하인츠 파터 지음, 이성만 옮김(1995),『텍스트언어학 입문』, 한국문화사.

○ 잡지광고와 텍스트

강연임(1999),「담화에서의 생략조건과 대상에 대하여」,『한국언어문학』 43집, 한국언어문학회.
김정선(1997),「텔레비전 광고 텍스트의 구조와 대화」,『한양어문』 15

집, 한양어문학회.
김정자(1999), 「잡지 기사의 구어성 분석」, 『텍스트언어학』 7, 한국텍스트언어학회.
김태옥·이현호(1995), 「담화 연구의 텍스트성 이론과 적합성 이론」, 『담화와 인지』, 담화인지학회.
김혜숙(2000), 『현대 국어의 사회적 모습과 쓰임』, 월인.
김혜정(1998), 「신문표제어의 텍스트 양상 연구」, 『선청어문』 25집.
박금자(1999), 「일간신문 제목에 나타나는 응집성, 패러디, 생략현상」, 『텍스트언어학』 7집, 한국텍스트언어학회.
손자희(1996), 「광고 주체, 광고의 신화」, 『이미지』, 현실문화연구회.
신선경(1999), 「TV광고의 텍스트 언어학적 특징」, 『텍스트언어학』 7집, 한국텍스트언어학회.
이현호 외(1997), 『한국 현대 희곡의 텍스트 언어학적 연구』, 한국문화사.
이현호(1994), 『한국 현대시의 담화·화용론적 연구』, 한국문화사.
정희자(1998), 『담화와 문법』, 부산외국어대 출판부.
하이츠 파터, 이성만 옮김(1995), 『텍스트언어학 입문』, 한국문화사.

○ 공익광고와 텍스트

공익광고 자료(2000-2006), 한국공익광고협의회.
강명윤(2003), 『언어와 세계』, 한신문화사.
김선희(2000), 「광고 언어의 다양한 쓰임과 그 특성」, 『한글』 248, 한글학회.
강연임(2001), 「잡지광고의 텍스트성에 대하여」, 『한국언어문학』 47집, 한국언어문학회.
_____(2001), 「신문광고의 텍스트언어학적 고찰」, 『어문연구』 37집, 어문연구학회.
김영순, 오장근(2004), 『광고 텍스트 읽기의 즐거움』, 연극과 인간.
고영근(1999), 『텍스트이론』, 아르케.
박영준 외(2006), 『광고언어론』, 커뮤니케이션북스.
서은아(2003), 『신문광고와 언어』, 역락.
이종열(2004), 『비유와 인지』, 한국문화사.

이현호(1994),『한국현대시의 담화, 화용론적 연구』, 한국문화사.
장소원 외(2002),『말의 세상, 세상의 말』, 월인.
최기호 외(2005),『언어와 사회』, 한국문화사.
카네코 히데유키(2004), 이화자, 주영현 옮김,『세계의 공익광고』, 한국방송광고공사.
히로다까시(2005),「광고언어의 은유 유형과 특징」,『광고언어연구』, 도서출판 박이정.

제2부 매체언어와 텍스트

○매체언어와 대립어

금성판 국어대사전(1992), 금성출판사.
김미형(2005),『생활의미론』, 한국문화사.
김선희(2000),「광고 언어의 다양한 쓰임과 그 특성」,『한글』248, 한글학회.
김영순·오장근(2004),『광고 텍스트 읽기의 즐거움』, 연극과 인간.
박영준(2005),「광고언어 연구의 동향과 과제」,『광고언어연구』, 박이정.
손남익(2006),「국어 반의어의 존재 양상」,『한국어 의미학』19, 한국어의미학회.
알란 크루스(2002), 임지룡, 김동환 옮김,『언어의 의미』, 태학사.
이영헌, 유재근 옮김(2003),『의미론의 신경향』, 한국문화사.
임지룡(1996),『국어대립어의 의미상관체계』, 형설출판사.
_____(1998),『국어의미론』, 탑출판사.

○ 매체언어와 외래어

강범모(2009), 「한국 영화 제목의 어휘론」, 『한국어학』 42, 한국어학회.
고성환(1998), 「신문, 잡지 분야의 외래어 사용 실태」, 『새국어생활』 8-2.
김미형(2005), 『생활의미론』, 한국문화사.
김세중(1992), 「신문 광고와 외래어」, 『새국어생활』 2-2, 국립국어원.
김수현(2005), 「방송 언어의 외래어 사용 실태」, 『이화어문논집』 23, 이화어문학회.
김수현(2009), 「외래어의 관용 표기에 관한 고찰」, 『이중언어학』 39, 이중언어학회.
김어진(2009), 「외국어에 중독된 한국 1-10」, 조선일보 기사, 9. 13-9. 30.
김정우(2003), 「광고 언어 사용 양상의 통시적 변천」, 『한국어학』 20, 한국어학회.
김정우(2005), 「인쇄광고 본문(Body Copy)의 의미전달 유형」, 『국어연구와 의미정보』, 월인.
김정은(2004), 「광고언어에 나타난 현대인의 의식 문화」, 『사회언어학』 12-1, 한국사회언어학회.
김정은(2005), 「국어에 나타난 언어문화」, 『국어연구와 의미정보』, 월인.
김하수(1999), 「한국어 외래어 표기법의 문제점」, 『배달말』 25-1, 배달말학회.
김희정(2001), 「외래어 사용에 대한 광고효과 연구」, 『광고학연구』 12-2, 한국광고학회.
東照二(2001), 鈴木潤, 박문성 공역, 『재미있는 사회언어학』, 보고사.
민현식(1998), 「국어 외래어에 대한 연구」, 『한국어의미학』 2, 한국어의미학회.
민현식(2001), 「간판언어의 의미론」, 『한국어의미학』 9, 한국어의미학회.
박영순(2007), 『한국어의 사회언어학』, 한국문화사.
박영준(2002), 「광고언어 연구의 동향과 과제」, 『한국어학』 17, 한국어학회.
박은하(2009), 「한국 영화 제목의 외래어 사용 실태」, 『사회언어학』

17-1, 한국사회언어학회.
성기철(2004), 「언어와 문화의 접촉」, 『한국언어문화학』 1, 국제한국언어문화학회.
송철의(1998), 「외래어의 순화 방안과 수용대책」, 『새국어생활』 8-2, 국립국어원.
신지연(2008), 「사회환경의 변화에 따른 국어학의 연구과제와 방법론의 변화」, 어문연구학회 발표요지집, 어문연구학회.
심영택(2001), 「청주 지역 옥외 광고물 외래어 표기 실태 조사」, 『논문집』 38, 청주교육대학교.
양명희(2007), 「한국인의 언어의식의 변화」, 『사회언어학』 15-1, 한국사회언어학회.
오선희(2005), 「외래어 수용에 관한 임계사용자 가설」, 『어학연구』 41-1, 서울대 어학연구소.
윤혜정(2000), 「옥외 광고물의 외래어 사용실태 연구」, 『한국어의미학』 7, 한국어의미학회.
이상혁(2002), 「외래어의 개념 및 유형 설정」, 『돈암어문학』 15, 돈암어문학회.
이선영(1998), 「상호, 상표 분야의 외래어 사용」, 『새국어생활』 8-2, 국립국어원.
이승명(1982), 「외래어 수용 양태에 대한 어휘 의미론적 연구」, 『수련어문논집』 9, 수련어문학회.
이은경(1998), 「방송 분야의 외래어 사용」, 『새국어생활』 8-2, 국립국어원.
이주행(1992), 「신문 잡지광고에 나타난 언어의 문제」, 『새국어생활』 2-2.
이주행(2002), 『대중 매체와 언어』, 역락.
임규홍(2003), 「한국 신문의 외래어 지면 이름에 대한 언어학적 분석」, 『사회언어학』 11-1, 한국사회언어학회.
장소원 외(2002), 『말의 세상, 세상의 말』, 월인.
장소원(1999), 「광고 카피의 언어학적 분석」, 『방송통신대논문집』 27, 한국방송통신대학교.
조준학 외(1981), 「한국인의 언어의식」, 『어학연구』 17-2, 서울대 어학연구소.
조항록(2004), 「한국 언어문화와 한국어 교육」, 『한국언어문화학』 1-2, 국제한국어문화학회.
채 완(2004), 「아파트 이름의 사회적 의미」, 『사회언어학』 12-1, 한국사회언어학회.
최경봉(2007), 「외래어 사용의 긍정적, 부정적 측면과 그 수용 방안」, 『어문연구』 35-1, 한국어문교육연구회.
최용기(2000), 「광고 언어 조사 연구」, 『겨레어문학』 25, 겨레어문학회.
최재희 외(1992), 「외래어 사용의 심리적 배경과 그 효과에 관한 연구」, 『한국언어문학』 30, 한국언어문학회.
최형강(2007), 「신문의 어휘와 문자 사용 양상」, 『사회언어학』 15-2, 한국사회언어학회.

○ 매체언어와 어휘의미

김정자(2007), 「'국어' 교육과정의 매체 언어 교육 내용」, 『국어교육학연구』 28집, 국어교육학회.
김혜숙 외(2010), 『매체언어교육의 이론과 실제』, 동국대출판부.
김혜숙(2000), 「매체언어의 국어교육적 수용의 필요성과 방안에 대하여」, 『동악어문논집』 36집, 동악어문학회.
마광호(1998), 「어휘 교육의 과제」, 『국어교육연구』 5집, 서울대 국어교육연구소.
박수자(2000), 「의사소통 매체와 언어표현의 특징」, 『국어교육학연구』 10, 국어교육학회.
박인기(2010), 「국어교육과 매체언어문화」, 『국어교육학연구』 37, 국어교육학회.
변정민(2005), 「어휘구조와 매체언어에 나타난 한국 문화 현상」, 『한국언어문화학』 2-2, 국제한국언어문화학회.
우한용 외(2003), 『신문의 언어문화와 미디어 교육』, 서울대학교 출판부.
윤여탁 외(2007), 「매체언어 교육의 본질에 대한 연구」, 『국어교육연구』 19집, 국어교육학회.
윤여탁 외(2009), 『매체언어와 국어교육』, 서울대학교출판문화원.

은주연(2003), 「매체활용을 통한 읽기 능력 신장 방안」, 『동국어문학』 제15집, 동국어문학회.
이석주 외(2002), 『대중매체와 언어』, 도서출판 역락.
이선웅(2009), 「대중매체 언어연구의 현황과 과제」, 『어문학』 103, 한국어문학회.
임지룡(1992), 『국어의미론』, 탑출판사.
임지룡(1997), 「21세기 국어 어휘의미 연구의 방향」, 『한국어의미학』 1, 한국어의미학회.
장소원 외(2002), 『말의 세상 세상의 말』, 도서출판 월인.
정구향(2002), 「매체언어 교육의 내용범주와 수용 양상 연구」, 『새국어교육』 63호, 한국국어교육학회.
정현선(2007), 「기호와 소통으로서의 언어관에 따른 매체언어교육의 목표에 관한 고찰」, 『국어교육연구』 19집, 서울대 국어교육연구소.
최미숙(2010), 「고등학교 국어 선택과목과 매체언어교육」, 『국어교육』 131, 한국어교육학회.
한국교육과정평가원(2007), 2007 개정교육과정해설 국어, www.kice.re.kr.

제3부 매체예술과 텍스트

○ 대중가요와 외국어

강연임(2009), 「광고문구에 나타난 외래어의 양상과 언어의식」, 『한국언어문학』 71, 한국언어문학회.
구본관, 오현아(2011), 「외래어 표기규범에 대한 국어교육적 고찰」, 『문법교육』 14, 한국문법교육학회.
김광해(2003), 「기초어휘의 개념과 중요성」, 『새국어생활』 13-3, 국립국어원.
김수현(2005), 「방송에서의 외래어 사용 실태분석」, 『사회언어학』 13-2, 한국사회언어학회.
김영선(1999), 「한국어의 외래어 차용」, 『한국어의미학』 5, 한국어의미학회.

김하수(2005), 「국어순화의 문제점과 극복의 길」, 『새국어생활』 15-1, 국립국어원.
김홍석(2007), 「대중가요 노랫말 속의 정서법 소고」, 『한어문교육』 17집, 한국언어문학교육학회.
김홍석(2009), 「20세기 후반 대중가요 노랫말의 오용실태」, 『새국어교육』 83, 한국국어교육학회.
남성우(1990), 「어휘」, 『국어연구 어디까지 왔나』, 서울대 대학원 국어연구회.
노명희(2009), 「외래어 단어형성」, 『국어국문학』 153, 국어국문학회.
박용찬(2007), 「새로운 방식의 외래어 순화」, 『어문연구』 134, 한국어문교육연구회.
박은하(2009), 「한국 영화제목의 외래어 사용실태」, 『사회언어학』 17-1, 한국사회언어학회.
심지연(2006), 「국어 순화어의 생성과 정착에 대하여」, 『한국어학』 30집, 한국어학회.
오선희(2005), 「외래어 수용에 관한 임계사용자 가설」, 『어학연구』 41-1, 서울대어학연구소.
이신형(2009), 「외래어의 자생적 기능에 관한 고찰」, 『새국어교육』 82, 한국국어교육학회.
이정복(2008), 「외래어 순화정책의 방향」, 『어문학』 99집, 한국어문학회.
임규홍(2004), 「한국 텔레비전 방송의 외래어 프로그램 이름에 대한 언어학적 분석」, 『한글』 263, 한글학회.
임지룡(1992), 『국어 의미론』, 탑출판사.
임지룡(2009), 「20세기 국어 어휘와 어휘연구」, 『국어국문학』 152, 국어국문학회.
최경봉(2007), 「외래어 사용의 긍정적·부정적 측면과 그 수용방안」, 『어문연구』 133, 한국어문교육연구회.
최형광(2007), 「신문의 어휘와 문자사용 양상」, 『사회언어학』 15-2, 한국사회언어학회.

○ 오락프로그램과 자막어

강지혜(2006),「자막 번역과 언어 사용의 경제성」,『텍스트언어학』21집, 한국텍스트언어학회.
남가영(2001),「영상텍스트와 문자 텍스트의 결합 양상에 대한 고찰」,『한국텍스트과학의 제과제』, 역락.
박수자(2000),「의사소통 매체와 언어 표현의 특징」,『국어교육학연구』10권, 국어교육학회.
이동석(2003),「방송 자막 언어의 문제점과 개선 방안」,『방송언어와 국어연구』, 월인.
＿＿＿(2006),「뉴스 자막 언어의 오류 실태 연구」,『어문논집』54, 민족어문학회.
이주행(1999),「텔레비전 자막에 쓰인 언어에 관한 연구」,『국어화법과 방송언어』, 한국화법학회.
이지영(2003),「미디어에 있어서의 자막기록의 의미와 전달성」,『한국기록관리학회지』제3권 제2호.
장소원 외(2002),『말의 세상, 세상의 말』, 월인.
한성우(2004),「자막의 효율적 이용 방안에 대한 연구」,『방송과 우리말』, 문화방송우리말위원회.

○ 유머텍스트와 의사소통

구현정(2000),「유머담화의 구조와 생성 기제」,『한글』248, 한글학회.
남경완(2002),「유머텍스트에 나타나는 화용적 추론 구조의 양상에 대하여」,『언어과학연구』22, 언어과학회.
남경완(2002),「유머텍스트의 내적 구조와 추론 양상」,『텍스트언어학』13, 텍스트언어학회.
노지니(2001),「이야기 놀이 담화의 구성전략」,『한국 텍스트과학의 제과제』, 역락.
손세모돌(1999),「유머형성의 원리와 방법」,『한양어문』17, 한국언어문화학회.
이도영(1999),「유머텍스트의 웃음 유발 장치」,『텍스트언어학』7, 텍스트언어학회.
이석규(2008),「위트의 효용성과 표현 전략」,『우리말의 텍스트 분석과 현상 연구』, 역락.
이선웅(2005),「TV 코미디 프로그램의 유머 분석」,『어문학』89, 한국어문학회.
이재원(2003),「유머텍스트 연구」,『독어교육』28집, 한국독어독문학교육학회.
이재원(2006),「의사소통이론에 기댄 유머텍스트의 분석」,『독어교육』35집, 한국독어독문학교육학회.
임지룡(1992),『국어의미론』, 탑출판사.
주경희(2007),「언어 유희적 기능의 개념 정립의 필요성」,『텍스트언어학』23, 텍스트언어학회.
한성일(2002), 「유머텍스트의 사회언어학적 연구」,『사회언어학』10-1, 한국사회언어학회.
한성일(2003),「유머텍스트의 의도성과 용인성」,『텍스트 분석의 실제』.
한성일(2004),「유머텍스트의 구조와 원리」,『화법연구』7, 한국화법학회.
한성일(2006),「유머텍스트의 응결성과 응집성」,『겨레어문학』37집, 겨레어문학회.

○ 부조리극과 텍스트성

고영근(1996),「한국 고전작품에 대한 텍스트 언어학적 분석」,『새국어생활』제6권 제1호, 국립국어연구원.
고영근(1999),『텍스트이론』, 아르케.
고영근(2001),『문법과 텍스트 과학, 문법과 텍스트』, 서울대학교 출판부.
김영학(1999),「이근삼 희곡 <원고지> 연구」,『한국언어문학』42권, 한국언어문학회.
김태옥(1996),「텍스트 언어학과 현대문학」,『새국어생활』6권1호, 국립국어연구원.
박용익(2006),「이야기란 무엇인가?」,『텍스트언어학』20, 한국텍스트언어학회.
박혜령(1999),「이근삼 희곡 <원고지> 연구」,『외대어문논집』14, 부산대학교 어문학연구소.
신지연(2002), 「『월인석보』「안락국전」의 텍스트 구조」, 『문법과 텍스트』, 서울대학교 출판부.
신지연(2007), 「시(詩) 텍스트의 일곱 가지 텍스트성」, 『텍스트언어학』 23, 텍스트언어학회.
윤석민(2004), 「텍스트 언어학과 문학작품 분석」, 『한국어학』 25, 한국어학회.
이미원(1997), 「이근삼 희곡 연구- 한국 연극의 현대성 탐구 I」, 『한국연극학』 10, 한국연극학회.
이석규 편저(2003), 『텍스트 분석의 실제』, 도서출판 역락.
이설아(2002), 「이근삼 희곡 연구 -상호텍스트성을 중심으로」, 인하대학교 석사학위논문.
이현호(1994), 『한국 현대시의 담화, 화용론적 연구』, 한국문화사.
정시호 옮김, 반 데이크 저(2001), 『텍스트학』, 아르케.
정진원(1999), 『중세 국어의 텍스트 언어학적 접근』, 한국문화사.
조동일(2000), 「문학작품의 구조 분석」, 『텍스트 언어학』 9, 텍스트 언어학회.

■ 찾아보기 ■

ㄱ

가독성 ······················· 116, 118
간접화법 ···························· 252
강압성 ································· 71
개시발화 ···························· 207
거시구조 ····················· 205, 234
격식체 ································· 81
결속구조 16, 18, 20, 21, 38, 39, 76,
       187, 238
결속기제 ····························· 34
결속성   16, 18, 20, 28, 31, 34, 38, 46,
       76, 187, 243
결속성(coherence) ················ 242
계몽성 ································· 71
공상위어 ···························· 97
공익광고 ···························· 57
공지시 ································· 25
공하위어 ···························· 97
과장 ································· 250
관용적 표현 ······················· 70
광고 ·························· 15, 17
광고 생산자 ······················ 116
광고 수용자 ······················ 116
광고문구 ···················· 107, 109

광고언어 ···························· 88
광고주 ························ 59, 62
구어문체 ···························· 50
구정보 ······················· 18, 174
구정보와 ···························· 18
극단적 의미 ······················ 135
극성 ································· 94
기능적 문장 투시법 ············ 39
기본의미 ·· 127, 131, 133, 144, 145
기저문 ······················· 174, 176
기호정보 ···························· 17

ㄴ

노랫말 ······················· 156, 157

ㄷ

담화맥락 ···························· 79
대립관계 ···························· 105
대립구도 ···························· 246
대립구조 ···························· 103
대립어 ································· 89
대용(pro-form) ···················· 241
대용어 ································· 77

대용형(proforms)22, 25, 39, 43, 238
대중가요 ·················· 155, 157
대중매체 ······························ 179
대화발화체 ··························· 48
대화원리의 지식 ···················· 30
대화체 ·································· 50
독백체 ·································· 50
동위 계열형 대립어 ············· 94
동의어 ································ 134
동질성 ·································· 89
듀얼 아이덴티티 ················· 122

ㄹ

로고 ······························ 59, 62

ㅁ

매개변수 ······························ 89
매체 ················ 15, 36, 148, 172
매체담화 ······························ 15
매체언어 ···························· 131
매체의미 ···························· 145
맥락 ···························· 79, 145
명료성 ································ 51
명료화 ······························ 195
몸짓 ·································· 212
문서텍스트 ······················· 231
문어적 ······························ 157
문자텍스트 ······················· 149

문장성분 ···························· 176
문제제기 ······························ 65

ㅂ

반다이크 ······················ 234, 237
반어적 ······························ 250
발화 ···································· 79
발화맥락 ···························· 138
발화문 ································ 58
발화상황 ············ 79, 189, 197
발화연속 ···························· 214
발화연속체 ······················· 213
발화의도 ··········· 79, 127, 204
발화정보 ··········· 192, 195, 199
발화텍스트 ······················· 231
발화환경 ···························· 194
발화효과 ·················· 109, 164
백과사전적 지식 ················· 30
범주 확대형 대립어 ·········· 99
병행구문 ············ 22, 39, 40, 77
보그란데&드레슬러 ········· 238
본문 ············ 18, 52, 59, 60, 61
부분회기 ······················ 39, 40
부제 ···································· 18
부제발화 ···························· 52
부조리극 ···························· 229
비언어적 장치 ··················· 212
비영리광고 ························ 57

비원형적 ················· 214
비유적 표현 ············· 70

ㅅ

상(aspect) ············ 22, 39, 238
상하관계 ··················· 98
상호텍스트성 ········ 18, 20, 38
상황맥락 ··················· 174
상황설명 ··················· 65
상황성 ················ 18, 20, 38
상황정보 17, 19, 30, 46, 89, 187, 196, 242
상황정보처리형 ············ 182
생략(ellipsis) ············ 22, 26, 39, 44, 183, 238, 241
생략과 회기 ·············· 33
서사구조 ··················· 237
서사텍스트 ················ 237
선택제한 ·············· 88, 138
선행발화 ··················· 214
선행생략 ··················· 27
수미쌍관 ··················· 51
순행생략 ··················· 27
스키마적 지식 ············ 30
슬로건 ············ 59, 60, 61, 82
신정보 ········ 18, 43, 44, 45, 54
신조어 ··········· 116, 119, 125
심층구조 ················ 31, 34

ㅇ

안내광고 ··················· 57
어휘의미 ············· 144, 145
어휘장 ················ 90, 103
억양(intonation) ········· 22, 39
언어 우월의식 ············ 121
언어오염 ··················· 176
언어유희 ············· 203, 224
언어적 장치 ·············· 212
언어적 지식 ·············· 30
언어정보 ··· 17, 18, 19, 43, 46, 196
언어정보처리형 ············ 182
언표내적 지식 ············ 30
언표화 ··················· 46
AIDMA 법칙 ············ 19
에피소드 ··················· 205
엘리트 클로저 ············ 121
역행생략 ··················· 27
연속성 ··················· 46
연어 ··············· 164, 169, 170
연어제약 ··················· 170
영리광고 ··················· 57
영상텍스트 ················ 231
오락프로그램 ········· 179, 181
완곡 표현 ················ 73
외국어 ··················· 108
외래어 ············· 108, 119, 157
용인성 ················ 18, 20, 38

우월의식 ····· 119	
유머텍스트 ····· 203	
유행어 ····· 119, 203, 219	
음성전사 ····· 163	
음운 ····· 212	
응집력 ····· 46	
의도성 ····· 18, 20, 38	
의문문 ····· 60	
의문문 표제 ····· 61	
의문형 ····· 83	
의미맥락 ····· 91	
의미범주 ····· 116, 118, 170	
의미의 변주(變奏) ····· 125	
의미의 희화화 ····· 133	
의미자질 ····· 88, 133, 138, 170	
의미장 ····· 90, 145	
의미적 결속성 ····· 29, 78, 244	
의미전달 ····· 111	
의미차용 ····· 162	
의사소통 ····· 44, 203, 224	
이미지정보 ····· 17	
이원적 대립구도 ····· 247	
인쇄매체 ····· 149	
인지구조 ····· 57, 95, 108	
인지적 추론과정 ····· 19	
인지정보 · 19, 29, 30, 46, 215, 242	

ㅈ

자막 ····· 180
자막언어 ····· 179
자막정보 ····· 199
작품텍스트 ····· 231
잡지광고 ····· 37, 44
적합성 ····· 16, 17, 46
전경화 ····· 61
전조응함 ····· 25
전체회기 ····· 39, 40
접속표현 ·····
접속표현(junctive expressions)
  ····· 22, 39, 238
정도자질 ····· 18
정보성 ····· 18, 20, 38
정보전달 ····· 175
정보추론 ····· 31
종결어미 ····· 83
주제 응집력 ····· 231
주제 집약적 ····· 52
주제발화 ····· 54
주제어 ····· 52, 54
주제응집력 ····· 32, 48
주제전달력 ····· 70
지면광고 ····· 18, 37
지면매체 ····· 108

ㅊ

차용 ·· 159
참신성 ·· 71
창조성 ·· 57
청유문 ·· 60
청유문 표제 ·· 61
초점정보 ·· 43
추론 ············· 64, 68, 80, 174, 199

ㅋ

코드 믹싱 ·· 121
코드 스위칭 ···························· 121, 122

ㅌ

텍스트 ·· 145
텍스트 구조 ······················· 58, 229
텍스트 수용자 ····························· 224
텍스트 틀 ······································· 206
텍스트성 ············· 16, 20, 229, 238
통사범주 ·· 145
통사적 결속구조 ························· 244
통사적 결속기제 ························· 238

ㅍ

파생의미 ·· 131
평서문 표제 ···································· 61
평서문(감탄문) ································ 60
평서형 ·· 83

표

표제 ······················· 18, 53, 59, 60
표제발화 ································· 52, 54
표제어 ···································· 52, 69
표준어 ·································· 88, 171
표준화법 ·· 88
표층구조 ···························· 29, 34, 39
프레임 ·· 47

ㅎ

홍보성 ·· 57
화용적 대립어 ······················· 87, 93
확장의미 ·· 127
환언(paraphrase) ·· 22, 77, 238, 240
회기(recurrence) ············ 22, 39, 238